U0049908

理學叢書 41

# 認知治療 第二版
## 基礎與進階

# Cognitive Behavior Therapy:
## Basics and Beyond（2nd Edition）

Judith S. Beck 著

陳品皓・羅愔愔・曾孟頤・蔡佳螢 譯

# 譯序

　　60、70年代，美國賓州大學助理教授的Aaron T. Beck醫師，以實證研究為基礎發展出認知治療模式，在當時仍以精神分析為主流的心理治療界，帶來了重大的變革與貢獻。認知治療模式逐漸在往後的三、四十年間日益成熟茁壯，成為當代心理治療的主流思潮，不僅在臨床應用上獲得大量的研究支持，也造福無數心理疾患的求助者。如今，認知行為治療不僅已經奠定其在焦慮症、憂鬱症以及恐慌症的療效地位，其它像是創傷後壓力症候群、強迫症、各類型的畏懼症，以及諸如下背痛、結腸炎、高血壓等許多慢性疾病，認知行為治療模式也被證實同樣有效。

　　我們這群譯者從事臨床心理衛生工作已有多年，無論是提供個別、團體心理健康服務、督導學生臨床實習或是各類講座授課，認知行為治療的思維與概念都在其中扮演相當重要的角色，也可以說是吾人在實務中應用相當廣泛的一門學科。

　　目前坊間有關認知行為相關的參考書目琳瑯滿目，常常令許多學生、實習生、新手治療師以及資深工作者目不暇給，而不知道該如何挑選；又或者在面對個案時，往往容易流於形式與落入工具的僵化使用，忽略了對個案狀態的理解與同在。而有關認知行為學派看待個案問題的理論觀點、個案概念化的架構與步驟、如何適切運用認知模式的技巧來協助案主、妥善使用相關的架構工具以增進治療效果、評估個案是否適合認知行為治療，以及面對阻抗的個案如何因應等等，都是吾人臨床實務上常見的重要議題。在本書中，上述的問題皆有觀念上詳細、條理清楚的介紹及說明。

　　本書作者Judith Beck博士，不但是Aaron Beck醫師的女兒，同時也是Beck醫師認知行為理論的嫡傳弟子，其理論涵養與實務歷練皆深受同業肯定，無庸置疑。其著作更受Beck醫師的大力推崇與讚賞，堪稱經典中的經典。透過本書的問世，Judith Beck博士希望可以為認知行為療法提供一個清楚而明確的架構，透過實務中真實案例的說明，引導吾人探究

並厚實認知行為模式的原理原則與基本概念，完備良好的實務與理論基礎。

　　本書初版甫問世，便獲得許多讀者的支持與肯定，也成為國內各大專院校相關系所指定的參考用書。在第二版中，作者更是將全世界讀者回饋的精要融入新版的編撰中，以期能夠提供讀者重要的元素及提醒。無論是各相關領域的學生、研究生，或是新手，乃至於資深治療師，本書都相當值得參考閱讀，以持續精進本職學能。

陳品皓、羅惜惜、曾孟頤、蔡佳縈
臨床心理衛生工作者

# 原推薦序

　　我對於《認知治療：基礎與進階》（*Cognitive Therapy: Basics and Beyond*）的第一版能獲得如此成功的迴響，感到相當高興。這本書對於認知行為療法在心理治療的領域中提供了新的理解與學習，而我相信對於剛踏入認知行為治療的學生來說，也會受到相當的歡迎。而大量快速的研究與觀點的拓展，不斷推動這個領域朝向令人振奮的新方向，我對於本療法能夠融入各種概念結構及為治療病人的努力表示讚賞。

　　我想要帶著讀者回到認知療法剛發展的那個年代。當我第一次開始用一連串治療程序，也就是我後來所謂的認知療法（現多半稱為「認知行為療法」）來治療病人時，我完全不知道這個與我過去所受的精神分析法完全南轅北側的療法，將會指引我往什麼方向去。根據我的臨床觀察、系統化的臨床研究以及實驗心得，我推論出在憂慮或焦慮的精神症狀中，其核心議題可能跟某些思考的障礙有關，這些疾病反映出病人在解讀某些特定經驗上的系統性偏差。當我對患者指出他的解釋性偏誤，並且提供了其他可以選擇的思考方式後，我發現這樣的方法可以很快地減輕患者的症狀。而教導患者使用這些認知技巧可以幫助他們持續進步。這種專注於此時此刻的問題模式，幾乎可以在短短的十至十四週之間完全改善患者的症狀。之後，我們的研究團隊、臨床醫師以及研究人員的研究也都一致支持了這種療法應用在焦慮症、憂鬱症及恐慌症的效用。

　　在1980年代中期，我可以這麼說，認知療法是一種有系統的心理治療法。它包含了幾個特點：(1)理論的人格及心理病理模式有實徵的研究支持；(2)治療的理論是由一系列的原則與策略所組成，並且緊密的與心理病理的模式結合；(3)來自臨床研究結果的實徵證據支持本療法的治療效果。

　　從早期我的研究開始，直到現在許多新一代的治療師、研究員及教師們，不僅建構了本療法的心理病理學模式，並且將認知療法廣泛的應

用在各種精神疾病上。這些系統性的研究拓展了人格與精神疾病的基礎認知面向，增進了各種疾病其獨特訊息處理及回憶歷程的知識，以及個人脆弱特質與壓力間的關係等等。

現在認知行為療法在許多心理及醫學疾病的應用範圍之大，比起早年我初次將認知療法使用於焦慮症與憂鬱症的情景來說，前者實在是超乎我的想像。根據全世界各地，其中又以美國為主的大量研究，已經證實了認知行為療法對於創傷後壓力症候群、強迫症、各類型的畏懼症以及飲食疾患有良好的療效。而在合併藥物治療下，認知行為療法對躁鬱症、精神分裂症也能有相當的助益。此外，認知療法也能對許多慢性疾病帶來幫助，像是下背痛、結腸炎、高血壓以及慢性疲勞症候群等等。

在當前認知行為療法琳瑯滿目的應用領域下，一個有熱情的新手治療師該如何入門呢？或許我們可以從《愛麗絲夢遊仙境》（*Alice in Wonderland*）的經典語錄中得到啟示：「一切要從頭開始。」這讓我們回到本文一開始的問題，本書是由作者Judith Beck博士，也是令人推崇的第二代認知行為治療師（同時也是頭一個在青少年時期，就已經聽過我闡述理論的人之一）所編寫，其目的就是希望可以為認知行為療法提供一個清楚的基礎架構。儘管認知行為療法有相當多不同的應用療法，但它們全部都是奠基於本理論之上。就算是經驗老道的資深認知行為治療師，也可以透過閱讀本書，而在個案概念化技巧、制訂有效的治療計畫，以及書上治療個案中的各式疑難雜症中獲益。

當然，沒有任何一本書可以涵蓋所有認知行為療法的知識，惟本書是進階認知療法的重要書籍，適合所有已經接受過認知療法訓練的治療師所使用（參見**附錄B**）。

Judith Beck博士是絕對有資格介紹認知行為治療的專業人士。在過去的二十五年裡，她舉辦了無數的工作坊，提供認知行為治療的教學訓練，並督導新手及資深治療師，不僅協助發展認知療法在各種疾病的治療方案，也積極參與認知行為療法的相關研究。在這些厚實的基礎下，Judith Beck博士所寫的這本書，對於認知行為療法的應用帶來大量豐富的實用資訊，第一版出版後就已是大部分心理學碩士生、精神科醫師、社

工師以及諮商訓練的必備教材。

　　認知行為治療的實務工作並不簡單，我觀察過許多臨床工作者的治療歷程，他們可能會強調「自動化想法」在治療中的重要，但卻沒有真切地從案主的觀點來瞭解患者的世界，也缺乏對「合作性之實徵主義」的體悟與意識。而Judith Beck博士著作本書的目的，就是要教育、教導以及訓練新手與資深治療師有關認知行為療法的一切，而她也成功達到了這個目的。

AARON T. Beck 醫師
貝克認知行為治療學會
賓夕法尼亞大學醫學院精神科

# 原序

　　過去這二十年來，在認知行為療法的領域中有許多令人振奮及驚喜的事情發生，隨著各項創新的研究與探索，認知行為療法成了許多疾病的治療選擇之一，並不只是因為它能夠快速降低患者的痛苦，帶來緩解，同時也因為它能夠為患者帶來良好的生活。而「貝克認知行為治療學會」（Beck Institute for Cognitive Behavior Therapy），也就是我們這個非營利組織的宗旨，就是希望能從費城出發，立足世界，全面提供身、心健康的高度專業訓練資源。但是僅透過舉辦工作坊以及各種訓練方案，離我們的目標仍然很遙遠。在歷時二十五年，訓練了數千位治療師後，我仍然覺得需要有一本基礎的專業書籍，以便不熟悉認知行為療法理論、方法及實務的讀者能夠反覆參考使用。

　　本書的應用範圍相當廣泛，從相關健康領域到心理健康的專業人員，不管是從未接觸過認知行為療法的讀者，或是想持續進修、增進個案概念化、擬定治療計畫、評估療效以及學習技術的資深治療師，都能從本書中獲益。為了方便與讀者溝通，整本書中我選擇了一位病患：莎莉（名字及身分都經過變造）作為案例說明。她在許多方面都是理想的人選，而且她的療程相當符合認知行為療法的「標準」程序，包括病情單純以及屬於憂鬱症首次發作。雖然本書所選擇的治療案例是一位進步良好的憂鬱症伴隨焦慮反應的患者，但治療中所使用的技術同樣也可以應用在其他廣泛的問題上。本書也提供各種疾病應用上的參考資料，以便讀者能夠依據實際需求適當選擇。

　　本書第一版已超過二十多種語言在全球發行，我從各地收到的眾多回饋指教中，吸收了良好的建議，並融入了新一版的編撰中。在評估與行為喚起的部分，我加入新的工具，包括：「認知治療評量表」（Cognitive Therapy Rating Scale，在許多研究與訓練方案中被用來評估治療師的能力）、「認知個案撰寫表」（Cognitive Case Write-Up，依據認知治療學會的版本為基礎建置，是個案評估時不可或缺

的工具）。我也綜整了相關的資料，在治療關係、蘇格拉底式提問（Socratic question）、引導使用案主的優勢能力及資源，以及家庭作業（homework）等部分，提供重要的元素與提醒。我透過臨床實務、教學、督導；透過研究以及出版相關論述；透過與學生及同儕討論，從新手到專家、從許多不同國家的經驗交流中、從專精於不同疾病以及各種認知行為領域的專家們身上，我不斷在其中自我增進與學習。

　　若沒有認知治療之父——Aaron T. Beck，同時也是我的父親，一位優秀的科學家、理論家、實踐者以及一位好人，將不可能有本書的問世。我也從每一位共事的督導、先驅者與患者身上學到了許多寶貴的經驗，我由衷地感謝他們。

JUDITH S. Beck 博士

# 目　錄

**Chapter 1**　緒論　19

**Chapter 2**　治療總回顧　39

**Chapter 6** 行為活化 117

 **Chapter 7** 第二次與之後的會談：結構與形式 141

 **Chapter 8** 結構化治療會談的問題 169

**Chapter 12** 回應自動化想法 253

**Chapter 13** 辨別與調整中介信念 267

**Chapter 14** 辨別與調整核心信念 305

**Chapter 15** 其它的認知與行為技巧 339

# Chapter 1 緒論

陳品皓

　　1960年間，賓州大學精神科助理教授Aaron T. Beck，在心理健康領域中開啟了一場重大的革命。Beck醫師是受過完整訓練，並且具備實務經驗的精神分析師。他有豐富的科學涵養，同時Beck認為，如果要讓醫界能夠接受精神分析的概念，那麼精神分析的理論就必須透過實徵而嚴謹的研究證明。在50年代末期及60年代早期，Beck開始投入一系列的研究，他深信這些研究結果將能為精神分析的理論提供更實徵的療效證據。然而，結果卻事與願違，Beck醫師的研究結果讓他不得不開始去尋找憂鬱症的其他可能解釋；他發現扭曲、負向的認知型態（原發性思考與信念）是憂鬱症最初始的特徵，Beck並因此發展出一種短期的治療模式，這種治療模式的核心，是針對病人的憂鬱式認知進行現實的評估。

　　以下的問題將會在本章提供說明：

---

- 什麼是認知行為治療？
- 它發展的歷史背景與脈絡為何？
- 研究如何證明它是有效果的？
- 理論基本的教條為何？
- 你要如何成為一個有效能的認知行為治療師？

---

##  什麼是認知行為治療？

　　Aaron Beck在1960年代發展出一種新的心理治療學派，稱為**認知治療**（cognitive therapy）。而在現今的心理治療領域中，治療師多半以**認知行為治療**（cognitive behavior therapy）稱之，本書也將沿用此一名詞貫穿全書。

　　Beck設計出這種具有結構性、期程短、強調此時此刻的心理治療模式，主要用來處理憂鬱或是立即性的困擾，以及修正失功能（不正確或無益處）的思想及行為。從那時開始，Beck及其他治療師成功地把這種

技術運用在各種不同的精神疾病與適應問題上。針對不同病症，認知治療會調整治療焦點、技術及療程，但是理論的基本假設與架構並沒有改變。在每一個由Beck原初理論所延伸出來的認知行為治療模式中，治療始終是建立在針對特定疾病的認知架構、信念與行為策略上（Alford & Beck, 1997）。

治療同時也強調個案的概念化，也就是對每一個獨特的案主都有個別化的理解（如案主特定的信念與行為模式）。治療師會透過修正案主的思考與信念等方法，來促成認知的改變，進而對案主的情緒與行為帶來改變。

Beck在發展認知行為治療的過程中，曾由許多不同的領域中各自擷取寶貴的精華，像是早期的哲學家如Epicetus之輩，或是理論學家如Karen Horney、Alfred Adler、George Kelly、Albert Ellis、Richard Lazarus，以及Albert Bandura等。而Beck昔日在認知行為理論所奠基的基礎，今日已由世界各地的許多學者與治療師，擴大了他的應用範疇，因限於篇幅，本書不在此一一介紹。

不管是哪一種認知行為治療模式，大體上都依循著Beck原初治療的核心架構，只是在案主的概念化與治療的方式上有著程度上的不同。這些治療學派包含理情行為療法（rational emotional behavior therapy, Ellis, 1962）、辯證行為療法（dialectical behavior therapy, Linehan, 1993）、問題解決療法（problem-solving therapy, D'Zurilla & Nezu, 2006）、接納與許諾療法（acceptance and commitment therapy, Hayes, Follette, & Linehan, 2004）、暴露療法（exposure therapy, Foa & Rothbaum, 1998）、認知歷程療法（cognitive processing therapy, Resick & Schnicke, 1993）、認知行為分析系統療法（cognitive behavioral analysis system of psychotherapy, McCullough, 1999）、行為活化療法（behavioral activation, Lewinsohn, Sullivan, & Grosscup, 1980; Martell, Addis, & Jacobson, 2001）、認知行為矯正療法（cognitive behavior modification, Meichenbaum, 1977），以及許許多多其他的療法。Beck的認知行為療法在以認知為基礎的架構上，去吸收融合其他治療師或其他心理治療的技術。透過心理治療史的

回顧，讀者或許對於認知行為治療的最初及其演變能夠有詳細而豐富的理解（Arnkoff & Glass, 1992; A. Beck, 2005; Clark, Beck, & Alford, 1999; Dobson & Dozois, 2009; Hollon & Beck, 1993）。

　　認知行為治療目前已經被廣泛地應用在不同教育程度、社經地位、文化背景與年紀的對象身上。它也被運用在私人照護與各式醫療機構、學校、職業計畫，以及監獄與其他單位處所，治療也可以採取從團體、夫妻到家庭的形式進行。而本書將會針對個別治療的部分詳加介紹，通常一次治療大約四十五分鐘甚至更短。而某些種類的病人，如思覺失調症（schizophrenia，即精神分裂症）等患者，可能無法持續一整節的治療時間，治療師可以利用案主門診或預約復健的時機，彈性地應用認知行為的技巧提供治療，而不是固守僵化的標準缺乏變通。

##  治療的理論基礎

　　簡而言之，認知模式（cognitive model）認為，失功能的想法（會影響案主的情緒與行為）在所有心理障礙中是相當普遍而常見的現象。而當人們學習用更務實且合宜的方法來評估他們的想法時，他們會發現自己的情緒跟行為都將有所進步。舉例來說，如果你原本就已經有些憂鬱傾向了，偏偏這時候不幸又被人惡意跳票，你可能會出現一種**自動化想法**（automatic thought），也就是一種突然浮現在腦海中的意念：「我什麼事情都做不好。」而這種想法接下來會引發一些反應：你可能會感到難過（情緒），然後縮回自己的被窩裡（行為）。但如果你去檢驗這些想法或意念的真實性，你可能會發現自己過分概括，也就是想太多了，而事實是你事情都做得很好。因此，從新的角度來看待自己的經驗，會讓你的感受好很多，並且促進更良好的行為。

　　為了要能夠持續維持案主在情緒及行為的進步效果，認知行為治療師會在更深層的認知層次下功夫：這層次包含案主對自己、對世界以及對他人的基本信念。對案主深層的失功能信念進行調整，而這能夠帶來

長期的改變。舉例來說，如果你老是低估自己的能力，這很可能是因為你有一種認為自己很無能的深層信念。去調整這些信念（像是從更客觀的角度來看待自己，自己同時具有優點也有缺點，而非僅是缺點），就可以改變你在生活中面對某些特定情境時的知覺。一旦這麼做，就算以後在某個特定場合犯了錯，你也不會一直堅守著「我什麼事都做不好」的結論不放，反而可以從一種「我對這種（特定任務）不太擅長」的客觀角度來看待自己。

 ## 認知行為治療的相關研究

認知行為治療在1977年剛發展時就曾被大量地作為研究的主題（Rush, Beck, Kovacs, & Hollon, 1977）。截至目前為止，總計超過五百篇以上的研究指出，認知行為治療在精神疾病、心理問題、一般醫學疾病合併心理困擾者皆有顯著的療效（參考Butler, Chapman, Forman, & Beck, 2006; Chambless & Ollendick, 2001）。**表1-1**列出許多能成功應用認知行為治療的疾病及適應問題。而更詳細的資訊可以參考：www.beckinstitute.org

過去的研究也指出，認知行為治療在社區模式亦可有效實施（參考 Shadish, Matt, Navarro & Philips, 2000; Simons et al., 2010; Stirman, Buchhofer, McLaulin, Evans, & Beck, 2009）。部分利用電腦輔助進行認知行為治療的研究結果也發現有其效用（參考 Khanna & Kendall, 2010; Wright et al., 2002）。研究也指出，有幾種疾病的患者在接受了認知行為治療後，同時出現神經生物學的改變（參考 Goldapple et al., 2004）。更有數百份的研究證實認知模式在憂鬱症與焦慮症的療效。有關認知行為治療更廣泛的綜合說明可以參考Clark 與其同僚（1999），以及Clark與Beck（2010）的研究回顧。

### 表1-1　認知行為療法成功治療的部分疾病類型

| 精神科疾病 | 心理問題 | 一般醫學疾病合併心理困擾 |
| --- | --- | --- |
| 重度憂鬱症 | 夫妻問題 | 慢性下背疼痛 |
| 老年憂鬱症 | 家庭問題 | 鐮狀細胞病疼痛 |
| 廣泛性焦慮疾患 | 病態性賭博 | 偏頭痛 |
| 老年焦慮症 | 複雜性哀傷 | 耳鳴 |
| 恐慌症 | 家庭照顧者壓力 | 癌症疼痛 |
| 懼曠症 | 生氣與敵意 | 身體化疾病 |
| 社交焦慮症 | | 激躁性結腸症（腸躁症） |
| 強迫症 | | 慢性疲勞症候群 |
| 品行疾患 | | 風濕性疼痛 |
| 藥物濫用 | | 勃起功能障礙 |
| 注意力不足與過動疾患 | | 失眠 |
| 身體健康型焦慮 | | 肥胖 |
| 身體畸形性疾患 | | 外陰疼痛 |
| 飲食疾患 | | 高血壓 |
| 人格違常 | | 波斯灣戰爭症候群 |
| 習慣疾患 | | |
| 習慣不正常障礙 | | |
| 雙極性疾患（合併藥物治療） | | |
| 思覺失調症*（合併藥物治療） | | |

譯註：現已將精神分裂症改以思覺失調症稱之。

##  Beck 認知行為療法的發展脈絡與背景

　　在50年代晚期至60年代初期，因為精神分析學派認為憂鬱症是一種敵意內化所導致的結果，Beck醫師決定要透過科學的方法來驗證這種說法。他調查了憂鬱症患者的夢境內容，依據精神分析的理論，他預期這群病人的夢境應該會比一般正常人出現更多以敵意為主題的內容。然而

出乎他意料的是，憂鬱症患者的夢境很少有與敵意相關的內容，反而充滿了大量與缺陷、剝奪和失落相關的主題。他認為這些夢境主題與病人清醒時的思維存在某種相似性。而Beck其他類似的研究結果，讓他不禁開始懷疑精神分析學派認為憂鬱症來自病人受苦的需求，這種說法可能並不正確（Beck, 1967）。同時期，精神分析學派的影響力與發展，也開始像骨牌一樣連串地崩解。如果說精神分析的概念無法被證實，那還有什麼角度可以理解憂鬱症的概念呢？

當Beck醫師聽著躺在沙發上的病人娓娓訴說自己時，他開始瞭解到，這些案主偶爾會表述出兩種思想流：自由聯想以及對自己快速的評估式想法。舉例來說，Beck有一位女性案主，在詳盡地描述了自己過去的性經驗後，她說到自己感到很焦慮，Beck醫師試著詮釋這層焦慮的意義：「妳認為我正在評判妳。」案主回答：「不，我是擔心我讓你覺得很無聊。」而在對其他憂鬱症個案提出了類似的澄清後，Beck醫師發現他所有的患者都曾經歷過這種「自動化」的負向思考歷程，而這種思想和案主的情緒是緊緊綁在一起的。於是Beck醫師開始協助案主試著去辨識、評估，並且回應他們缺乏現實又不適應的想法。最後，Beck醫師的這種做法竟然讓案主有了快速的進步。

Beck開始將這套療法教授給賓州大學的精神科住院醫師。而住院醫師們同樣也發現，接受認知行為療法的病人反應良好。而當時的總醫師A. John Rush（目前也是憂鬱症治療的專業權威）曾和Beck討論過認知行為的療效應該接受檢驗。他們都認為認知療法應該要和其他療法進行比較，以瞭解其效用。於是在1977年，他們正式發表了一篇研究，透過憂鬱症患者的隨機分派與變項控制，結果發現認知療法與當時廣被使用的抗憂鬱劑（imipramine）相比，治療效果幾乎一樣。這是一項令人震驚的結果，也是首次將心理治療拿來和藥物治療相比的研究。Beck、Rush、Shaw，以及Emery（1979）等人在該研究兩年後，共同出版了歷史上第一本認知治療的實務手冊。

認知行為治療在治療憂鬱症上有幾個重要成分，包含聚焦在協助案主解決問題；行為活化；辨識、評估及回應自己憂鬱式的想法，尤其是

對自己、對世界以及對他人的負向想法。1970年代晚期，Beck與賓州大學的博士後研究員開始把研究的主題放在焦慮上。於是研究者開始仔細評估焦慮症患者害怕的情境，仔細的考慮他們內、外在的資源，並強化這些資源。焦慮症患者也需要減少他們的迴避行為，並且嘗試去面對害怕的情境，以便用來檢驗他們對行為的負向預期。從那時候開始，認知模式依據不同的焦慮疾病類型，各自發展出更精煉的架構，並獲得認知心理學的實證支持，有關治療結果的研究更進一步確立了認知行為療法對焦慮疾患的療效（Clark & Beck, 2010）。

　　時間快速地飛過。現在Beck 醫師及其同事，還有世界各地的研究者，針對日益增加的各式心理問題，持續有系統的進行研究、理論化，修正並且檢驗認知治療應用在這些問題的效果。今日在美國以及世界上大多數的國家中，認知療法或認知行為治療學派，已成為許多研究所必修的科目之一。

##  認知治療的基本原則

　　雖然治療必須依案主的需求而定，然而認知行為治療仍然有一些普遍性的原則適用於所有案主。在本書中，筆者會舉一位憂鬱症病人莎莉的例子，來說明治療的核心宗旨，並且示範如何使用認知治療來瞭解案主的困擾，以及如何透過這層理解來建立治療計畫與規劃每次的治療重點。莎莉是一位幾近理想的案主，她同意筆者將每次治療的情形編寫進書中作為案例。對於狀況與莎莉不同的其他案主，筆者也會在治療的調整上提供一些提醒事項。但是讀者應該要更仔細學習如何針對憂鬱症以外的其他類型患者（參考 J. S. Beck, 2005; Kuyken, Padesky & Dudley, 2009; Needleman, 1999），或是在治療中遇到挑戰的個案時，如何進行個案概念化、制定策略，並且實施治療技術。

莎莉,十八歲的單身女性,她在大一下時前來尋求筆者的協助。因為她在過去四個月中感到相當憂鬱和焦慮,而且對於處理日常生活中的事項感到困難。她達到DSM-IV-TR(《精神疾病診斷與統計手冊》第四版修訂版,*Diagnostic and Statistical Manual of Mental Disorders*;美國精神醫學會,2000)中,重度憂鬱發作、中等嚴重程度的診斷標準。(在本書**附錄A**中有莎莉的清楚描述)

認知行為治療的基本原則如下:

**原則一 認知行為治療是對案主問題的持續動態性瞭解與彙整,同時以認知架構作為個案概念化的基礎**

筆者用三個參照系統將莎莉的問題概念化。首先,筆者找出讓莎莉悲傷難過的近期想法(我是個失敗者,我每件事情都做不好,我永遠都不會快樂的),以及她的問題行為(孤立自己、花太多的時間睡覺而且不對外求助)。這些問題行為來自莎莉失功能的想法,並且回過來再增強她原先的負面想法。第二,筆者找出在莎莉憂鬱症首次發作時,影響她知覺的肇因(例如第一次離家去外地、在學業上的努力等等,都會使她出現一種自己無能的信念)。第三,筆者假設莎莉成長的過程中,可能曾經發生某些關鍵事件,以及她解讀這些事件的方式,可能是讓她容易罹患憂鬱症的前置原因(例如莎莉容易將個人的優點和成就歸因於運氣,而將自己的脆弱看成是「真實自我」的應證)。

筆者基於憂鬱症的認知模式以及評估莎莉在會談中所提供的相關資料,對她進行個案概念化。同時也會在之後的會談中持續不斷地從蒐集到的資料中去調整概念化的架構。從治療策略的角度來看,筆者會將已形成的概念化架構與莎莉分享,並向她求證這種架構的真確性。甚至在治療的過程中,筆者會協助莎莉從認知模式的角度回過頭來看看自己的經驗。舉例來說,莎莉學著去找出與悲傷情緒有關的想法,並且針對想法試著評估與制定出更具適應性的反應。這麼做不僅可以減輕她的不適,還可以增進更多功能良好的行為。

## 原則二　認知行為療法需要健全的治療同盟關係

　　莎莉就像許多輕度憂鬱症以及焦慮症的病人，基於她對筆者的信任，建立合作關係並沒有什麼困難。筆者努力將所有諮商情境中基本而必要的元素帶到治療關係中：溫暖、同理心、尊重、真誠的關心與各項技巧。透過同理的陳述、專注的傾聽，以及正確的摘要案主的想法與感受，來表達筆者對莎莉的在乎與關心。筆者會指出她的成功事件，不論事件的大小，並且維持一種客觀的正向態度。筆者也會請莎莉在每次會談尾聲做個總結，以確認她是否瞭解會談的重點，以及對療程保持正向的態度。在第二章中筆者會對認知行為療法的治療關係有更詳盡的描述。

## 原則三　認知行為療法重視協同關係與積極參與

　　筆者鼓勵莎莉將治療看成一種團隊工作，與治療師一起決定在會談中工作的重點、會談的頻率，以及每次會談之間可以做的回家功課。治療初期，筆者會比較主動建議治療的方向，並且整理我們在會談中討論的結果，而當莎莉憂鬱的情形減少，在治療中的社會性反應增加之後，筆者會鼓勵她在會談中增加自己的主動性：包括決定要討論什麼問題、找出想法中扭曲不真確的部分、整理會談中的重點，以及設計自己的家庭作業。

## 原則四　認知行為療法是目標導向與問題聚焦取向

　　筆者在初次會談中請莎莉舉出她的問題並且設定具體而特定的目標，以便我們兩個人都能瞭解她將朝什麼方向前進。比如說：莎莉一開始提到她覺得很孤單，而在筆者的引導下，莎莉可以用行為的詞彙具體描述她的目標，如開始結交新朋友，並且花更多時間在目前的朋友身上。之後，當討論到如何增進每天的例行事項時，筆者試著幫助莎莉去評估，並且回應那些阻礙她達成目標的想法，像是：「我朋友並不想跟我在一起」、「我疲倦到沒辦法跟他們出去」等。首先，筆者協助莎莉檢驗這些想法的證據，來澄清想法是否真確；然後，莎莉也就更願意直接透過行為實驗（見第十三章「以行為實驗檢驗信念」，第291、292

頁）來檢驗自己的想法，而一旦她能夠看清自己扭曲的想法並且調整它們，莎莉便愈能夠直接解決問題，並因此降低孤立的感受。

## 原則五　認知行為療法強調「當下」

對大部分的個案來說，治療主要是將焦點放在案主目前的困擾問題，以及使他（她）感到痛苦的特定情境上。莎莉一旦能夠回應她的負向想法，並且在按部就班的增進生活品質下，她開始會感到狀況有所好轉。治療師通常傾向檢驗案主「此時此刻」所呈現的問題，而非關注當事人過去的診斷。唯有以下兩種情形，治療師會將焦點放在案主的過去：第一，當案主強烈希望討論過去的事件經驗，而若不這麼做可能危及治療師與案主的同盟關係時；第二，當案主在失功能的想法中「卡住」時，協助案主去瞭解童年深植於他們想法中的信念，或許可以幫助當事人去調整自己固著的意念（「嗯嗯，難怪你總是認為自己很無能。你知道有多少像你一樣在這種經驗中成長的孩子，會相信她是很無能的，但這並不表示這種想法就是真的，或不見得是完全百分之百真確？」）

舉例來說，筆者在治療過程中幫助莎莉去瞭解她幼年時所學到的一系列信念：「我要有很好的成就，才代表我是有價值的」以及「如果我沒有什麼成就，那就代表我是個失敗者」。筆者幫助莎莉去檢驗她過去與現在的這些信念是否真確。這麼做讓莎莉在某種程度上，能夠發展出更多功能良好且合宜的信念。如果莎莉過去曾有過人格疾患的問題，筆者會花更多時間探討她的成長史，以及幼年的原始信念與因應行為。

## 原則六　認知行為療法具有教育價值，讓病人成為自己的治療師，並著　　　　重於預防症狀的復發

在一次的會談中，筆者向莎莉介紹有關她的疾病的本質與病程的發展、認知行為療法的歷程，以及認知模式（比如想法如何影響我們的情緒與行為）。筆者不但幫助莎莉訂定目標，去辨識並評估她自己的想法與信念，並且同時讓她去計畫行為的改變，筆者同時也會教她如何達到這些目標。在每一次的會談中，筆者都會確認莎莉有確實寫下她學到的

重要想法,這樣她就可以在每次治療之間與結束後持續受益。

## 原則七　認知行為療法是有時限的

　　大部分罹患憂鬱症（depression）及焦慮症（anxiety disorders）的患者,通常會需要接受六至十四次的治療會談。而治療師的任務就是協助減輕症狀與病情的緩解,幫助案主解決他眼前最緊迫的困擾,並且教導當事人如何避免疾病復發的技巧。治療的初期,莎莉每週接受一次治療（而當她的憂鬱變得更嚴重或出現自殺的想法時,筆者便會安排較為密集的會談）。兩個月後,我們共同決定把會談延長為兩週一次,然後是每月一次,甚至在療程結束後,我們仍規劃每三個月進行一次追蹤會談,持續一年。

　　並不是每個案主都可以在短短的幾個月內獲得長足的進步。有些人需要一到兩年的治療時間（甚至更久）,以便改善那些帶來長期痛苦的失功能固著信念及其行為模式。而有些狀況較為嚴重的病人,就可能需要定期而長時間的治療,以穩定病情。

## 原則八　認知行為療法是結構性的

　　不論案主的診斷或是治療的階段為何,依循本療法的某些結構,將會為治療帶來最大的效益。

　　這些治療中的結構包含引言階段（心情檢核、簡短回顧本週狀態、共同設定本次會談流程）、中間階段（回顧上次會談後的家庭作業、討論流程中的問題、設定新的家庭作業、摘要本次會談的重點）,以及尾聲階段（引導回饋）。順著上述一連串的結構,有助案主更加理解治療歷程,並增進案主在療程結束後自我療癒的可能性。

## 原則九　認知行為療法教導案主辨識、評估,以及回應失功能的想法與信念

　　案主每天的生活中,有可能會出現上百種自動化想法影響他們的情緒、行為以及生理狀態（後者尤其跟焦慮有關）。治療師的目標是要幫案主去界定哪些是關鍵的失功能認知,並且使用更真確、適應性的觀

點取代之,這有助於當事人的情緒舒緩,增進合宜的行為,並降低過度的生理反應。治療師透過**引導式探索**(guided discovery)的歷程,藉由提問(通常也稱為蘇格拉底式的問話)來評估他們想法的可能性(而非透過說服、辯論或告誡的方式)。治療師也會創造一種稱為**行為實驗**(behavioral experiment)式的經驗,讓案主直接用行為來檢驗他們的想法(像是「就算我只是看到蜘蛛的圖案,我都會焦慮到無法思考」),這裡治療師使用的是**合作經驗療法**(collaborative empiricism),治療師並不完全瞭解案主的自動化想法是正確或不正確到什麼程度,但是藉由審視這些訊息,治療師可以幫助案主發展出更正確而有用的回應方式。

當莎莉感到憂鬱時,她整天都會有川流不息的自動化想法在腦海中奔跑,這些想法一部分是她自己說的,一部分則是在和治療師對話中被引導出來的(透過詢問案主在沮喪或失能反應下,腦海中有些什麼想法是被誘導出的)。每每和莎莉討論到某些特定問題時,我們都會找到某一些很重要的自動化想法,然後我們就會試著一起來檢驗這些想法的真實性。筆者會請莎莉試著將自己學到的新觀點做一些摘要,並且記錄下來,這樣她就可以在下次會談前的這一個星期內,使用這些適應性的觀點來面對她的自動化想法。筆者不鼓勵案主不加思索就使用過於正向的觀點,任意挑戰自動化想法的正確性,或是說服自己的想法是如何的悲觀而又虛妄;相反的,是讓治療師與案主一起在客觀的證據中探索事實。

### 原則十　認知行為治療使用各種技術來改變想法、情緒與行為

雖然諸如蘇格拉底式的問話、引導式探索等認知策略都是認知行為療法的核心,但行為與問題解決技術更是不可或缺,而從其他治療取向借用的技術也可以在認知的架構下使用。比如說,筆者會使用完形療法中的自我覺察技巧,幫助莎莉瞭解她在家庭中的經驗是如何發展出自我無能的信念。當某些有第二軸診斷的案主,將自己對人們扭曲的想法套入治療關係中時,筆者也會使用精神動力療法中的技術來處理這類的問題。重點是,你所選擇的技術類型,必須是依據你對案主的概念化架構、探討的議題以及會談的目標而定。

上述這些基本的原則可以應用到所有案主身上，而治療必須依據每一位案主獨特的差異而有所改變，這些差異可能是案主困擾的問題類型，或不同的生涯階段、不同的發展與智能水準、性別與文化背景等等；治療也會因為案主的目標、建立治療關係的能力、改變的動機、先前治療的經驗以及對於治療的偏好等等而有所差異。

治療的另一個考量重點在於案主的疾病。對罹患恐慌症（panic disorder）的患者來說，認知行為療法通常會去檢驗案主對自己身、心感官知覺的災難性錯誤解讀（通常是對生活或心智造成威脅的預期）（Clark, 1989）。厭食症（anorexia）的患者則需要修正其個人價值感與控制感的信念（Garner & Bemis, 1985）。物質濫用者（substance abuse）的治療則著重於案主對自我的負向信念，以及患者對能從物質受益的偏差信念（Beck, Wright, Newman, & Liese, 1993）。

##  治療會談的樣貌

不同疾病的治療其會談結構是相當相似的，但是介入的形式卻必須考量不同案主的狀況（認知治療學會的網站上有條列出針對不同疾病、案主變項以及治療形式與設置，也有有關認知概念化、主要重點、策略及技術的介紹書單，網址：www.academyofct.org）。以下是對於治療會談及整個療程的一般性說明，特別適用於憂鬱症患者。

在會談一開始，治療師會想要重建治療同盟，並檢查案主的情緒、症狀以及過去一週的經驗，並且請她們說出本次會談最想求助的問題。案主所陳訴的困擾可能是本週所遇到的，也可能是案主希望在將來會談中處理的。治療師也可以回顧一下案主本週所進行的自助活動（家庭作業或是行動計畫），然後再討論案主本次會談所提出的問題，治療師可以蒐集關於問題的相關資訊，以認知的角度概念化案主的困擾（透過詢問他們與問題有關的特定想法、情緒與行為），並且共同合作擬定策略。策略中通常包含問題解決、評估問題相關的負向想法以及行為改變。

舉例來說，莎莉在大學裡遇到學習上的困擾，在她能夠全心解決學習的問題之前，她需要治療師的幫助，以便評估並且回應她那些心中的想法（例如「我這樣做有什麼用？我最後一定會被退學的」）。治療師要確保莎莉已經可以採取更正確且適應的觀點，來估量眼前的局勢，並且能夠在下次會談前，決定採用何種方法面對接下來一週的課業學習（像是從比較簡單的作業開始，每讀一到兩頁的教科書便在心中做一個摘要、規劃比較短篇的學習量、利用休息時出去散散步，或是向助教請益）。本次的會談為莎莉在想法與行為的改變打下了良好的基礎，這最終也會帶來情緒與功能上的進步與改善。

在討論了困擾的問題以及共同擬定了家庭作業後，莎莉與筆者繼續回到本次會談裡第二個待解決的問題，並重複以上的步驟。會談的最後，我們回顧了本次治療的重點，筆者要確認莎莉對回家功課是有高度動機的，並且邀請她對本次會談提供回饋。

## 認知行為療法的發展

對於沒接受過正規訓練的人來說，認知行為療法有時候看起來似乎簡單的離譜。認知模式認為個體的想法會影響情緒與行為的論點，這相當直觀。然而對一個經驗老道的認知行為治療師來說，卻有很多事情必須在短短的時間內一次完成：個案概念化、建立同盟、教導案主、協助其社會適應、定義問題、蒐集資訊、驗證假設並綜整摘要。對新手治療師來說，每次治療更需要仔細且有組織地專注於少數的元素上。雖然將這些元素組合起來，讓治療更有效能是最終的目標，但初學者第一步要學的就是發展治療關係的技巧、概念化的技巧以及認知行為療法中的相關技術，而這些最好是依步驟來完成。

要擁有像認知行為療法這樣的一個專門技術，過程通常可以分為三個階段。這邊我們假設治療師已經精通基本的諮商技巧：傾聽、同理、關心、正向關懷與真誠，還有正確的理解、反射及摘述，而不具備上述

能力的治療師通常會引起案主的負向反應。

階段1

　　治療師透過接案會談的機會，學習如何用認知的詞彙來概念化案主，並且同時蒐集資料。治療師也應學習如何去組織會談，用自己對案主的概念化與心理學基礎知識來制定治療計畫，協助案主解決問題，並且用不同的角度審視他們的失功能想法。治療師也同時學習如何使用基本的認知與行為技術。

階段2

　　治療師更熟練於利用相關技術、知識來整合對案主的概念化架構，此時你瞭解治療歷程的功力進步了，將更容易為治療目標做出嚴謹的定義，並且能更精熟於個案概念化，在療程中更精純案主概念化的架構，利用這樣的概念化架構來作為治療介入的依據。你會擴充自己的技術項目，並且更能在適當的時機選擇合宜的技巧作為治療的工具。

階段3

　　你能更自動化的將新的訊息整合進原本的概念化架構裡。此階段你會愈來愈熟悉如何檢驗自己對案主的假設，也能夠依據不同案主的問題，從人格疾患到其他疾患的困擾，以認知行為療法的架構與技術為基礎，做出合宜的選擇與介入。

　　如果你已經採用另外一種治療取向，那就必須謹慎的向案主介紹認知行為取向，包括背後的邏輯以及和當前治療不同的地方，以便治療師與案主取得合作性的協議。當治療師站在案主的福祉考量而做出上述說明時，大部分案主都會接受治療取向的改變。當案主對治療取向改變有疑慮時，治療師可以用「實驗」的角度來說明（比如說設置會談流程的意義等等），而避免用「承諾」這類的詞語，以增加案主嘗試的動機。

治療師：麥可，我之前在讀一本有關於增加治療效能的書時，
我就想到了你。

案　主：是喔？

治療師：對，然後對於如何讓治療對你更快、更有幫助這件
事，我有一些想法〔合作關係的建立〕，讓我跟你做
個說明如何？

案　主：好。

治療師：我在書中讀到一個觀念，叫做「設定流程」，它的意
思是說在每次會談一開始，我將會請你將你每次想要
處理的困擾提出來。比如說，你可能會遇到跟老闆之
間的衝突、週末作息的問題，或是因為經濟狀況感到
擔憂等等。（暫停）當一開始可以把問題定義清楚的
話，我們就可以比較有效率的決定要怎麼分配會談的
時間。（暫停）〔觸發回饋〕你覺得如何？

 ## 如何使用本書

　　本書適合任何對認知取向與治療缺乏概念的工作者，不管是新手或
是資深治療師。具備認知行為治療的基本概念相當重要，這樣治療師才
能在治療中，針對不同的案主在適當的時機採取合宜的方法。

　　讀者若親身應用本書所提供的方法，將能夠在認知行為治療上帶來
長足的進步。而第一步就是將自己的想法與信念試著概念化，看看情緒
是否隨之轉變。當讀者注意到自己的情緒變得負向時（或是發現自己正
採取無效能行為、身體感官隨著負面情緒起舞時），試著問問自己，你
正經驗到什麼樣感覺，通常在治療中治療師也會這麼詢問案主：

## 你的腦中剛剛閃過了什麼？

透過這樣的引導方式，讀者便能夠學著找出自己的自動化想法。把自己當作認知行為治療的主體，這能夠增進治療師教導案主相關能力的技巧。

當讀者在閱讀本書或是在教導案主相關技巧的過程中，也應該持續釐清自己的自動化想法，這對治療與成長都會有所幫助。當讀者發現自己感到輕微的沮喪時，請問問自己：「我的腦海中剛剛閃過去什麼東西？」你或許會因此發現有下面的自動化想法：

- 這太難了。
- 我沒辦法做到。
- 這讓我感到不舒服。
- 如果我試了，結果不成功怎麼辦？

而其他取向的資深治療師則可能會有下面的自動化想法：

- 這是沒有用的。
- 案主不會接受的。
- 這取向太膚淺／結構／缺乏同理／簡單了。

當發現了自己的自動化想法，讀者可以將它們註記下來，然後繼續讀下去，或是翻到第十一、十二章，這兩章將會說明如何評估自動化想法，以及做出適當的處理。當讀者聚焦在自己的想法上時，這不但能夠幫助你提升認知行為的治療技巧，讀者也可以藉此修正那些會影響情緒（與行為）的失功能想法，這將會讓你更熟悉認知行為治療。

不管是認知行為治療的初學者或是案主，這裡有一些建議，學習認知行為治療就像學其它的技能，道理是一樣的。讀者若還記得一開始學開車或是學電腦的經驗，就知道開始總是相當不熟練的，你當初花費了

相當多的時間與精力在小細節以及精細動作上，而現在卻是駕輕就熟，開始時也曾有過挫折或沮喪，但隨著一點一滴的進步，你也跟著愈來愈熟練，愈來愈放鬆，到了最後，你可以輕鬆自信地完成這些技能。不管經驗如何老到，大部分的人一開始也都曾經歷過這些階段。

而學習成為一位認知行為治療師，在一開始也會遇到類似的歷程。就如同治療一樣，我們把目標設定小一些、具體一點，並且更實際些，一旦有了些微的進步，就要好好獎勵自己。在你閱讀本書或是學習認知行為治療時，試著把每一階段的進步與原初的自己比對。讀者要有所覺察，是否正將自己與資深治療師做不恰當的比較，或是將自己與理想中的形象做比較，而損害自信。

如果讀者對於要將認知行為治療應用在個案身上感到擔心，請為自己做一份**因應卡**（coping card），將你覺得很重要的治療事項都先寫下來，以便於記憶使用。筆者督導的精神科住院醫師在第一次接案時，都會有一些不合理的信念，筆者會要求他們製作因應卡，並把重點記錄下來。因應卡的內容因人而異，通常格式如下：

- 我的目標不是要在今天治癒病人，也沒有人期待我這麼做。
- 我的目標是要建立良好的工作關係，盡我所能試著協助案主解決問題，並且精進我的認知行為治療技巧。

翻閱因應卡能夠降低他們的焦慮，這樣他們就能夠更專注在協助案主的問題上。

最後，本書的章節排序都有一定的邏輯。讀者可能會想要越過緒論的部分直接進入技巧說明的章節；然而，認知行為治療並不僅是技術的運用而已，因為一個有效的治療，是建立在對案主清楚的概念化之上，

進而選擇合宜有效的治療技巧。下一章將會對治療作一個整體的說明，接著會說明何謂「個案概念化」。第四章介紹評估的過程。第五章到第八章介紹會談結構化以及治療中的重點。第九章到第十四章則是說明認知行為治療的基礎架構：認清楚想法與情緒的狀態，找出有效能的方法來回應自動化想法與信念。第十五章則是介紹其他更多的認知行為技術。第十六章介紹心像。第十七章提供家庭作業的範本。第十八章說明結案的相關議題，以及預防復發的注意事項。第十九、二十章則是前面章節的基礎：訂定治療計畫以及治療中的相關議題。最後，第二十一章則是為努力往認知行為治療師邁進的讀者，提供一些指引與建議。

# Chapter

# 2 治療總回顧

陳品皓

- 發展治療關係
- 擬定治療計畫與結構化會談
- 辨識失功能信念並做出回應
- 強調正向的精神
- 促進案主在兩次會談之間認知與行為的改變
  （家庭作業）

　　本章扼要說明認知行為療法的治療，並介紹每一次治療過程中所發生的重要主題。它們分別是：

- 發展治療關係。
- 擬定治療計畫與結構化會談。
- 辨識相關的失功能認知並回應之。
- 強調正向的精神。
- 促進案主在兩次會談之間的認知與行為的改變（家庭作業）。

　　上述主題在之後的章節中將會有更為詳盡的介紹。

 ## 發展治療關係

　　治療師首次與案主會談時，信任與建立同盟關係是重要且不可或缺的要素。研究顯示，治療師與案主間的正向關係與良好的治療結果有關（Raue & Goldfried, 1994）。對於大多數的案主來說，這種持續進展的關係並不難（雖然對嚴重心理疾患或是有顯著第二軸問題的人來說相當困難）。要達到這樣的目標，你需要：

- 良好的諮商技巧以及正確的理解。
- 與案主分享你所概念化的架構與治療計畫。
- 共同參與決策。
- 邀請案主回饋。
- 保持彈性的治療風格。
- 協助案主解決問題並減緩其痛苦。

## 良好的諮商技巧

　　透過同理式的陳述、字句的選擇、聲調的頓挫、臉部的表情與身體語言，你會持續地向案主傳遞出你對他的承諾與理解。筆者會告訴受訓學員，致力讓自己與案主在相處的這段時空中，成為一個良善的人。你應該要用「自己」希望被對待的方式對待你的案主，透過深思後的提問、反射與陳述，展現出你對案主問題與想法的同理及瞭解，這會讓案主自覺有價值並被充分理解。在真誠的認同下，你會在無形中（有時也可明確）向案主傳遞出下面的訊息：

> • 我關心並且重視你。
> • 我希望能夠理解你所經驗到的部分，並且協助你。
> • 我相信我們能一同順利工作，而認知行為療法會有所幫助。
> • 我並沒有被你的問題擊倒，雖然你可能已經傷痕累累。
> • 我幫助過其他與你情形相類似的案主。

　　如果你無法真誠的認同這些想法，你可能需要尋求督導的協助，讓督導幫助你處理對案主、認知行為療法以及面對自己時的自動化想法。

　　透過治療的關係，你會間接地幫助憂鬱症患者產生以下的感受：

> • 當治療師溫暖、友善以及對案主充滿興趣時，案主會感受到自己是值得被喜歡的。
> • 當治療師說明彼此是一個團隊，正共同努力解決案主的問題，並朝目標邁進時，案主會覺得自己不再那麼孤單。
> • 當治療師對治療的效果保持務實的希望時，案主會感到更樂觀。
> • 當治療師讓案主看到他們自己能夠解決問題、執行回家作業，以及參加其他具生產力的活動時，案主會感到更有自我效能感。

　　對於從未讀過認知行為療法的任何經典書籍，或是沒看過資深治

療師的教學影片的人來說，他們常常會誤以為治療是種冰冷的機械式過程，而這顯然是不正確的。事實上，最早的認知行為療法手冊中，相當強調發展良好治療關係的重要性（Beck et al., 1979）。

## 分享概念化的架構與治療計畫

持續與案主分享你的概念化架構，並且向他們求證這樣的架構是否「屬實」。舉例來說，若案主分享他與母親之間的問題，你用認知的詞彙向他澄清一些脈絡，然後向案主陳述你的概念化架構：「好，我想確認一下我是否理解你所說的。當時的情況是你的母親在電話那頭向你嘶吼，因為你不願意打電話給你的哥哥，而你當時的自動化想法是：『她跟本就不知道我有多忙，她都不會去責怪他不打電話給我。』這些想法讓你感到很受傷，也很生氣，然而你沒有再對媽媽說什麼〔行為〕……我這樣的理解對嗎？」如果你對案主的概念化是正確的，他一定會說：「對！我覺得是這樣沒錯。」如果你的概念化不正確，案主通常會說：「不是的，不盡然是如此，比較像是……」探知案主的回饋能夠強化治療關係，讓你能夠更正確的概念化案主的問題，促進治療的效能。

## 共同參與決策

當你在會談中引導著案主時，你也要主動協助他們參與其中。你可以幫助他們，將他們想要在本次會談中解決的問題，做一個先後的排序。你也可以將治療背後的邏輯提供給案主瞭解，並徵詢他們的同意，像是：「我想你每天找些時間好好休息的話，應該可以降低你的壓力，這樣的討論你覺得如何？」你也可以提供建議，觸發案主回應，像是在家裡嘗試進行一些自我幫助的活動等等，讓案主覺得彼此共同在一個團隊裡。

## 邀請案主回饋

你對案主在整個會談中的情緒反應，要隨時保持警覺，不管是透過觀察案主臉部的表情、身體語言、話語中的字句或是說話的腔調等等。一旦你發現案主痛苦的情緒變多，這時最好當面提出來討論：「你看起來好沮喪，剛剛腦海中有閃過什麼嗎？」你可能會發現案主說出一些負面想法，這想法可能是對自己、對治療歷程或是對治療師。第八章會說到，當案主在治療中提出任何回饋時，給予這種行為正向的增強是很重要的一件事，接著治療師應該要將問題概念化，然後擬定解決的策略。如果沒有及時在治療中找出案主的負向回饋並處理它，這會降低案主在日常生活中聚焦在問題上的能力，他們甚至有可能不願意參加接下來的治療（參考2005年 J. S. Beck 發表的關於「治療關係中問題解決的多元探討」）。

就算你清楚自己跟案主的關係很穩固，你仍然應該在每次會談的最後，邀請案主試著提供回饋：「你對今天的會談有什麼想法？有沒有什麼事情讓你煩心的，或是你覺得我哪裡有所誤解的？你對下一次的會談有沒有什麼想要改變的地方？」治療師詢問這些問題可以強化治療關係，你也可能是第一個會邀請案主提供回饋的心理健康專家。案主通常會對你如此真誠關心他們的反應，感到榮幸與備感受尊重。

## 保持彈性的治療風格

當你展現溫暖、同理且關懷的一面時，絕大部分的案主都會因此而對你有正向的回應。然而，偶爾還是有少部分案主對此會有負面反應。舉例來說，有的案主可能會認為你的關心太過度了，或是太過於「奔放」。在會談中注意案主的情緒反應，能夠讓你對這樣的問題有所警覺，這樣你就可以調整自己在案主面前展現的風格，協助案主用他覺得舒服的方式和你一同工作。

## 協助案主減緩痛苦

強化治療關係最有效的方法，就是成為一個有效能又幹練的認知行為治療師。研究指出當案主的症狀減緩時，治療關係就會更穩固而強化（DeRubeis & Feeley, 1990; Feeley, DeRubeis, & Gelfand, 1999）。

大致來說，你會花上足夠的時間來發展與案主的治療關係，讓對方能夠與你以團隊的方式共同有效運作，而你也可以利用這種治療關係，提供案主有關他核心信念不正確的證據。如果關係夠穩固的話，你就不需要再額外花費大量時間，只為了要協助案主在下次會談的前一週內處理他們所面對的問題。特別是有些人格違常的案主，就更需要大量的時間，以及進階的策略來建立良好的治療關係（Beck, Freeman, Davis, & Associates, 2004; J. S. Beck, 2005; Young, 1999）。

##  擬定治療計畫與結構化會談

治療中另外一個目標，就是要讓治療師跟案主都能夠充分理解治療的歷程。治療師都希望治療有效，這樣就可以盡速緩解案主的痛苦。依循標準的治療形式（就像是教導案主治療中所使用的某些方法）能夠較快達成上述的目標。但是，如同前面所說的，要是你用一種死板且漠然的態度進行治療的話，這對案主是沒有幫助的。

大部分的案主如果知道對治療可以有什麼期待、清楚地知道治療師希望他們做什麼、感受到與治療師就像是一個合作團隊，而且對於治療中或治療結束後的發展有具體的瞭解時，他們心情將會舒坦許多。通常治療師可以向案主解釋一般治療中的架構，並依循架構進行治療（視情況保持彈性），如此一來案主對治療的結構會更加清楚。

治療師在案主尚未進入會談室前便能著手擬定治療計畫。例如你可以快速的瀏覽他們的病歷，特別是他們治療的目標，以及上一次會談後的治療紀錄及家庭作業分派。透過這些整理，治療師會對如何架構本次

的治療有一個概略性的想法。整體治療目標是要讓案主的情緒在本次治療中有所改善，並且擬定計畫協助案主在接下來的一週，心情能再好一些，行為也可以更有功能。治療師在本次治療中採取的特定對策，會受到案主的症狀、治療師自身的個案概念化、治療關係的強度、治療所處的階段，特別是案主所提出的問題等諸多因素所影響。

治療師在治療中的首要任務是重新建立治療關係，並蒐集相關資料來讓治療師與案主能夠共同研議問題的優先次序。而在治療的第二部分，治療師與案主就會按照排序來討論問題。在解決案主問題的過程中，治療師需要教導案主認知、行為、問題解決，以及其他技巧的相關知識，並持續地強力放送認知模式的概念，幫助案主評估並且回應他們的自動化想法，嘗試解決問題，並且邀請案主摘述本次治療中的收穫與理解。

藉由治療中的這些討論與介入方式的進行，就會自然的延伸出要分派給案主的家庭作業；這個作業能夠提醒案主，在本週裡，他們可以利用所學到的務實的思考方式來看待問題，並解決問題。而本週必須持續不間斷的作業，就是當案主發覺自己的心情變糟了，行為變得更沒有功能，而且感覺到自己生理激動（physiological arousal）時，就要去找出他們失功能的信念，並且回應它。

治療的最後，治療師可以邀請案主回饋本次會談中的重點為何，這對治療師也會有所幫助，請詳實記錄這些回饋，並且檢查本週分派給案主的作業（若有必要也可適度調整），然後針對案主對治療的回饋給予回應。有經驗的治療師能夠在本架構中保持彈性的變動，而新手治療師若可以依循本模式進行治療，通常效果也會較好。在第五章、第七章及第八章中，筆者對治療架構會有更詳盡的介紹。

要更有效的架構治療歷程，有時需要溫柔、和緩地中止案主的談話：「嗯嗯，我可以在這邊先打斷一下嗎？你是說……？」在下一章我們會介紹如何更有技巧且適當地打斷案主的陳述。如果治療師一開始對這種結構的治療形式覺得礙手礙腳，但很快的你就會發現自己不需要多久便對這個過程熟悉，尤其當你得到正向成果時更是如此。

# 辨識失能信念並做出回應

　　每一次治療的重點，在於協助案主能夠回應他們不正確或無益的想法：也就是他們的自動化想法、心像（心理表徵的圖像）以及深層的信念。你可以藉由幾種方法來找出關鍵的自動化想法（第九章），但是當案主說出一些令他們難過的情境、痛苦的情緒或失能的行為，你通常需要問他們一個最基本的問題：

> 「你的腦海中閃過什麼？」

　　然後，你可以藉由以下兩個方式來幫助案主評估他們的想法：

1. 採用**引導式探索**的方式，幫助案主發展出更具適應性、更務實的觀點。
2. 共同設計**行為實驗**，在案主任何可行的時間來檢驗他某些不合理的預期。

## 引導式探索

　　通常在和案主討論他們的問題時，治療師會從中觸發案主的認知狀態（自動化想法、心像和／或信念）。治療師通常會探查哪一種（或哪幾種）認知狀態最讓案主沮喪，然後詢問他們一連串的問題，協助他們能夠和這些認知保持距離（例如將這些認知狀態視為想法，而非視為事實），評估認知的有效性和效用，和／或去除他們恐懼中的災難性想法（decastastrophize）。以下的問題通常會有幫助：

> • 有什麼證據可以支持你的想法是事實？有什麼證據是不支持的？
> • 這件事有沒有其他的觀點？

- 在最糟糕的情況下,會發生什麼事?你會怎麼因應它?最理想的狀況下,會發生什麼事?而在最實際的狀況下結果會怎麼樣?
- 相信你的自動化想法會有什麼影響,而改變你的想法會帶來什麼影響?
- 如果你的(朋友或家人)面對同樣的情境,而且有和你一樣的自動化想法,你會給他們什麼樣的建議?
- 你該怎麼做?

　　第十一章會說明並不是上述的問題都能夠應用在所有的自動化想法上。但是這些問題是很有用的導引,以下資料節錄自莎莉的第四次會談,該案例示範了這些問題的用法。治療師幫助莎莉聚焦在困擾她的問題上,從其中找出並評估相關的失功能想法,並且設計一個合宜的計畫,然後評估計畫介入的效果。

治療師:好的,莎莉,妳說想要討論一個關於找兼職工作的問題?

案　主:是的,我很需要錢……但我不知道。

治療師:(注意到莎莉看起來有些憂鬱)妳現在腦海中有浮現些什麼嗎?

案　主:〔自動化想法〕我沒辦法處理好自己的工作。

治療師:〔標註莎莉的這個想法然後連結到她的情緒〕這樣的想法是如何影響妳的感覺?

案　主:〔情緒〕難過,跌到谷底了。

治療師:〔開始評估案主的想法〕有什麼證據告訴妳,妳無法處理好手邊的工作?

案　主:嗯,我現在上課遇到一些問題。

治療師:好,還有呢?

案　主：我不知道……我覺得自己一直好累。這連讓我叫自己去找工作都變得好困難，更別說還要每天上班了。

治療師：等一下我們會來看看這部分〔提供另外的觀點〕也許對妳現在的狀態來說，要出門去找一份工作比妳去上班還要難的多。無論如何，有沒有任何證據顯示妳沒有辦法應付工作，或是有證據顯示妳能夠得到一份工作？

案　主：……沒有，我想不到。

治療師：那有任何相反的證據嗎？任何顯示妳或許可以應付工作的證據？

案　主：我去年是有工作過。

治療師：還有任何其他顯示妳可以處理手邊工作的證據嗎？

案　主：我不知道……是有可能某些事情我不用花太多時間去做。那些不是很難的事情。

治療師：有可能是什麼樣的工作呢？

案　主：業務性質的吧，應該是，我去年有做過。

治療師：有想到任何妳可以工作的地方嗎？

案　主：事實上，或許〔大學〕書店吧。我之前有看到他們在徵人的消息。

治療師：好的，如果妳真的在書店中找到一份工作，你覺得最糟糕的事情會是什麼？

案　主：我猜應該就是我應付不來吧。

治療師：如果真的發生了，妳會怎麼辦呢？

案　主：我猜我會馬上辭職。

治療師：那妳覺得最好的情況會是什麼呢？

案　主：呃……很輕鬆上手。

治療師：那最實際的情況會是什麼結果呢？

案　主：工作可能不會多簡單，尤其是一開始的時候。但是我可能可以應付得來。

治療師：莎莉，妳覺得相信「我沒辦法處理好自己的工作」這樣的想法，對妳的影響是什麼？

案　主：讓我覺得很難過……甚至連嘗試的動機都沒有。

治療師：那改變妳的想法，像是瞭解自己或許可以應付書店的工作，對妳的影響又是什麼呢？

案　主：我會覺得好過一些。我會比較想去應徵看看。

治療師：所以妳對這個部分，想怎麼做呢？

案　主：去書店，或許就下午吧。

治療師：妳覺得妳會去的機率有多大？

案　主：喔，我猜我會，我會去的。

治療師：妳現在感覺如何？

案　主：好一些了。也許多一些緊張，但我猜也多了一些希望。

　　在範例中，莎莉很輕易的就可以找出她的失功能信念：「我沒辦法處理好自己的工作」，並且利用前述的問題來檢驗它。然而許多案主在願意採取行動前，可能會需要更多治療上的努力來協助他們。如果莎莉對於採取行動感到猶豫，筆者可能會請她針對今天會談中討論的部分，做一個摘要，然後我們共同依據她的摘要來製作一張因應卡（coping card），裡面可能會寫著：

如果我逃避去書店，請提醒我自己，我或許可以應付那邊的工作，而且要是我真的無法應付，我也可以隨時辭職，這沒什麼。

## 行為實驗

在時間允許時，治療師與案主可以共同設計實驗，讓案主在會談中就進行（或是在治療的週間）。針對案主想法的真實性做討論，能夠幫助他們改變想法，但是如果有行為實驗的基礎，那改變將會深刻地烙印在案主的認知裡，也就是案主有機會能覺察到其想法被證據所駁斥（Bennett-Levy et al., 2004）。通常案主的認知（自動化想法、心像和／或信念）與他們的負向預期有關。比如說一個憂鬱的案主，可能就會有「不管我讀什麼，我都沒辦法專心讀懂它」的自動化想法。這時候你就可以邀請案主隨手閱讀會談室中任何一篇短文，來比對這樣的想法與實際執行上的差異。一個焦慮的案主可能會有「如果我告訴你關於被虐待的事情，我會變得很沮喪、甚至崩潰」，或是「如果我開始焦慮然後心跳加快，我就會心臟病發作」等想法出現。這時你們可以一起設計一些實驗來檢驗這類的想法是否屬實。

在治療的一開始，治療師通常會把焦點放在與特定情境有關的想法上，這些也是較容易改變的部分。到了治療的中期，可以自案主的自動化想法著手，但同時仍要把重點放在調整案主整體的認知狀態：包含深層的假設以及核心的信念（各種不同層次的認知形式將會在下一章有較多的介紹與說明）。理想上，治療會持續直到案主的症狀減緩，以及學到足以預防症狀復發的必要技巧為止。

## 強調正向精神

大部分的患者，尤其是有憂鬱問題的患者，常常會過度將注意力放在負面的事情上。當處在憂鬱的狀態下，他們很容易自動（在沒有意識的覺察下）並且選擇性的將焦點放在負面的經驗中，然後否認或忽略正向的經驗。這種處理正向訊息的困難會導致案主對現實發展出一種扭曲

的觀點。要扭轉憂鬱症在訊息處理的這種特質，你需要不斷的協助案主看到正向的一面。

在評估上，你需要引導案主看到自己的長處（「妳的優點或是正面的優勢有哪些？」）；從會談的一開始，你就可以引導案主回顧過去一週的任何正向經驗（「從上次我們見面之後，妳發生了哪些好事？妳做了哪些好事？」）；你可以將治療導向正面，讓案主這週可以過得開心一些；你可以利用治療關係來證明你將案主視為一個值得重視、有價值的人（「我覺得妳跟老師〔家教學生〕討論這個，看對方是否願意提供協助真是很棒的一件事。」）；你也可以要求案主提供任何跟他們負向自動化想法或信念相反的資料（「那另一邊的〔正面〕證據是什麼呢？有沒有可能，妳的自動化想法並不是完全真實的？」）。

你可以指出案主問題討論中的正向訊息，並且詢問案主這些正向訊息對他們的意義為何（「妳說妳在書店得到一份工作，這對妳的意義是什麼？」）。對案主在會談中出現任何直接或間接的正向因應經驗，你都要隨時注意（「妳用邀請艾利森跟妳一起讀書來解決這個問題，這個想法真的很棒。」）；可以利用和案主一同設定家庭作業的機會，讓作業內容促使案主能有更多正向與成就感的經驗。個案概念化的方法、強化案主優勢，以及建立治療關係的策略，這在Kuyken 等人（2009）的研究中有更多的說明。

##  促進案主在兩次會談之間認知與行為的改變（家庭作業）

治療的另一個重要目標，是要讓案主的情緒能在會談尾聲時舒緩一些，並且準備好度過接下來的一週。你可以透過以下的方法達成這個目標：

- 幫助案主評估並回應他們在每次會談周間最容易出現的自動化想法。
- 幫助案主策劃一些可執行的方法,來應付會談周間會遇到的問題。
- 教導案主新技巧,並在會談周間持續練習。

因為案主很容易忘記會談中發生的大部分事件,所以你希望案主記住的事情最好可以記錄下來,這樣案主就算在家裡也可以複習。治療師或是案主應該在治療筆記中寫下自助作業(這樣你也可以複印一份然後貼在治療紀錄上),或是寫在複寫紙上。家庭作業通常包含:

- 問題解決或是會談中的技術訓練可以帶來行為改變(像是感到孤單時,就會有行為上的改變,如打電話給朋友;而如果問題是和繁重的工作量有關,行為改變就會含括和長官嚴肅的討論目前的困境)。
- 當案主發現自己在情緒、行為或是生理上出現失功能的改變,就要試著去找出引發這些問題背後的自動化想法及信念,並且透過蘇格拉底式的問話、行為實驗或是治療筆記中的重點摘要,評估並回應這些認知狀態。比如說:

> 如果我開始想到我無法清潔餐廳,就要提醒自己我只要先做十分鐘就好,這樣雖然還是會有一些困難,但不至於完全做不到,一開始的頭一、二分鐘或許會最辛苦,但有可能之後便會輕鬆一些。

　　家庭作業通常是對應每一個會談中討論到的問題，因為案主要記住
這些事情（認知狀態的改變）以及該做的事。謹慎詳細的擬定家庭作業
是一件相當重要的事情，作業是依據你對案主的概念化架構而來，你認
為什麼對他們最有幫助，在案主同意下仔細謹慎地規劃作業內容。然後
定期檢視作業也相當重要。對於憂鬱症的案主來說，一開始的作業最好
是讓他們能夠好好安排自己的活動，詳情可以參考第六章及第十七章的
介紹。

# Chapter

# 3 認知概念化

羅惛惛

■ 認知模式

■ 信念

■ 行為與自動化想法的關係

　　認知概念化（cognitive conceptualization）主要是提供一個瞭解案主的架構。治療師會詢問自己下述的問題，以形成對案主的概念架構：

- 案主的診斷是什麼？
- 他現在的問題是什麼？這些問題是如何發展出來以及如何持續的？
- 哪些失功能的想法與信念跟這些問題有關聯？哪些反應（情緒、生理及行為上的）與他的想法有關？

　　然後，治療師對案主之所以發展出特定心理疾患的原因做出假設：

- 案主如何看待自己、他人、他的個人世界與未來？
- 案主潛藏的信念（包含態度、期望及規則）和想法是什麼？
- 案主如何因應他的失功能認知？
- 哪些壓力源造成案主的心理困擾，或是阻礙他解決這些問題？
- 如果有關聯的話，哪些早期經驗可能造成案主目前的問題？案主從這些經驗當中擷取了什麼意義？以及有哪些信念是源自於這些經驗或被它們所強化？
- 如果有關聯的話，案主有哪些認知、情緒及行為機制（適應性及適應不良的），被發展出來以應付失功能信念？

　　治療師在第一次接觸案主時便開始建構一個認知的概念化，並且在整個治療歷程中持續將它發展完善。這種不斷修正的概念化過程，可幫助治療師規劃出高效率且有療效的治療（Kuyken et al., 2009; Needleman, 1999; Persons, 2008; Tarrier, 2006）。在這一章中，將會介紹認知模式，以及認知行為治療的理論基礎，也會討論想法與信念之間的關係。在本書中將以莎莉為例，進行說明。

## 認知模式

認知行為治療是植基於認知模式（cognitive model），它假設人的情緒、行為及生理狀態都會受到人們對於事件的觀點所影響。

情境／事件
↓
自動化想法
↓
反應（情緒的、行為的、生理的）

並不是情境本身決定人們感覺到什麼，而是人們對於情境的詮釋和解讀影響了感受（Beck, 1964; Ellis, 1962）。舉個例子，讀者可以想像以下的情況，有許多人正在閱讀有關認知行為治療理論的書籍，而那些閃過他們腦子裡的想法造成了許多不同的情緒和行為反應。

- 讀者A想著：「這真的很有道理，終於有一本書能真正教導我成為一個好的治療師了！」讀者A感到有些興奮並繼續閱讀下去。
- 讀者B認為：「這個治療取向實在太過簡化，這不會有用的。」相反的，讀者B感到失望並闔上了書本。
- 讀者C這麼想：「這本書不如我所期望的，真是浪費錢。」他感到厭煩並且把書丟棄。
- 讀者D則想：「我真的需要學這個，但如果我無法瞭解的話呢？如果我永遠都沒有辦法學好呢？」讀者D感到焦慮，並且一再重複閱讀相同的頁數。
- 讀者E有不同的想法：「這實在太難了，我這麼笨，我永遠無法熟練它，我絕對沒辦法成為一個認知治療師。」讀者E感到難過並且打開了電視。

　　所以人們有何種感覺以及產生哪些行為，都跟他們如何解釋情境有關。**情境本身並不會直接決定他們如何感覺及怎麼行動**。人們的情緒是經由他們對於情境的知覺被界定出來的。認知行為治療師特別關注於某些想法，它們可能會與其它相對顯著且表層的想法同時運作。

　　舉例來說，當你閱讀這本書的時候，你可能會注意到在你的思考中出現兩個不同的層面。其中一個部分正專注在這本書所傳達的資訊，你正試著理解它並整合這些訊息。然而在另外一個層面，你也許會有一些很快速與評估性的想法，這些想法被稱為**自動化想法**（automatic thoughts），它們並非經過深思熟慮或推理而得來的。相反的，這些想法似乎是很自動地出現，往往非常迅速及短暫，你也許幾乎不會注意到這些想法，而較有可能去知覺到隨後出現的情緒或行為。即使你可以覺察到你的想法，也很可能不加思索地就接受它，並且相信它是真的。你甚至不會想要質疑這些想法。然而，你可以學習藉由留意你的情緒、行為和／或生理感受的變化，來確認這些自動化想法。當出現以下狀況時，問問自己：「此時我的腦中閃過些什麼？」

- 你開始感到煩躁不安時。
- 你感覺自己的行為傾向以失功能的方式在運作（或是逃避使用較具適應性的行為模式）。
- 你注意到自己的身體或心理出現痛苦的變化時。

　　一旦辨識出自動化想法後，你也許已經可以準備來評估這個想法的有效性。舉例來說，如果你有很多事情要做，你可能會出現「我永遠也無法做完所有事情」的自動化想法，但是你也可以自己做一個想法真實性的檢測，回顧過去的經驗並且提醒自己：「沒關係，你知道自己總是可以做完所有必須完成的事情。」一旦你發現自己解讀情境的想法有錯誤並著手修正它後，和／或你也許會發現自己的情緒變得好多了，也能做出更合宜的行為，你原本生理激動的狀態也會跟著降低。在認知方面，當失功能想法得到客觀事實的澄清時，人的情緒、行為和生理反應

就會得到改變。第十一章會提供如何評估自動化想法的具體方針。

但自動化想法是源自於何處呢？又是什麼造成人們對相同情境的解讀是如此不同的呢？為何同一個人對於相同的事件，在不同的時間點會產生不一樣的解釋？這個答案與一種更穩固的認知現象有關——那就是信念（beliefs）。

 ## 信念

從童年開始，人們就逐漸發展出一些對自己、他人以及世界的特定想法。而這些想法最中心的思想，就是所謂的**核心信念（core beliefs）**。核心信念是相當根本以及深層的，一般人通常沒有機會能仔細地理解或闡明它們。這些信念被人們認定是絕對的真理，也就是事情「本來就該是」這個樣子（Beck, 1987）。比方說，讀者E認為自己太笨了，沒有辦法精熟這本書，在其他類似的狀況下，例如學一項新的電腦技能、如何組裝書櫃或是申請銀行貸款等，通常也有可能會出現相同的顧慮，他可能有一種核心信念：「我是無能的。」這個信念也許只有當他處在憂鬱的狀況下才會作用，但也有可能時常在運作。當這個核心信念啟動時，讀者E會透過他的信念來解釋情境，就像戴著有色鏡片看世界一樣，即使看世界的基礎是合理的，但是，這樣的解釋明顯是無實效性的。

讀者E傾向選擇性注意與他核心信念一致的訊息，並輕忽或漠視相反的訊息。舉例來說，讀者E並沒有考量到那些聰明的人或許也無法在第一次閱讀時就完全瞭解書本裡的內容，或是沒有想到也許是作者表達得不夠清楚，或者他可能是不夠專心而非不夠聰明，所以才有理解上的困難。他忘了自己過去在閱讀時常有初始理解的困擾，但是後來對內容還是可以得心應手。就因為能力不足的信念被啟動了，所以他會自動地以負面且自我批評的方式來解釋當下的情境。在這種情況下，即使這些信念並不精確且功能不良，仍然會持續下去。重要的是，當事人並不是故意要用這種方式來處理訊息，而它就是這麼自動地發生了。

圖3.1說明了這種扭曲的訊息處理模式。矩形開口的圓代表讀者E的基模（schema），以皮亞傑的理論來說，基模是一種假設性的心智結構，負責組織訊息。在本例的基模是讀者E的核心信念：「我是無能的」。當負面訊息呈現在讀者E眼前時，這個基模就被激發，而且負面訊息（以長方形表示）立刻就支持了他的核心信念，並增強了這個信念。

但是當正向訊息出現時，讀者E出現了不同的訊息處理過程（像是分析何種健康照護計畫最適合他的家人）。正向訊息的編碼相當於三角形，與基模的矩形開口並不相符，他的腦子則自動地將正向訊息打折扣（「我選擇了一項健康照護計畫，但這會耗費我許多的時間」）。當老闆獎勵他時，他立刻想到：「我的老闆搞錯了，我並沒有把事情做得這麼好，我不值得被這樣獎勵。」這個解釋將原本正向訊息的三角形變成

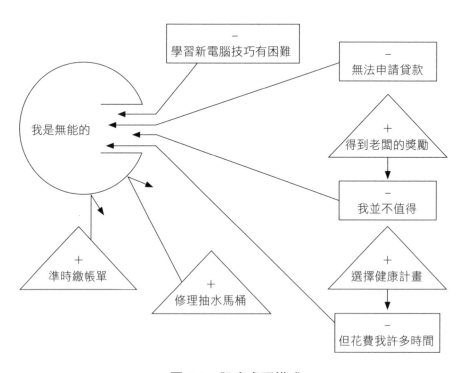

圖 3.1　訊息處理模式

註：本圖說明負向訊息如何被立即處理，並強化了核心信念；而正向訊息若不是被縮減（轉成負向訊息），就是被忽略。

負向長方形，因此符合了基模，並強化負向核心信念。

另外有一些正向訊息，但讀者E卻沒有注意到。他並不是否定那些支持自己有能力的證據，像是能夠按時繳交帳單，或是修理抽水馬桶的管線；相反地，由於他無法善加處理正向訊息，於是這些訊息一碰到基模就彈開；久而久之，讀者E對自己毫無能力的核心信念就會變得愈來愈穩固。

同樣地，莎莉也有無能的核心信念。幸好當她不憂鬱時，大多時候有另一個相反的基模會被激發（其中包含的核心信念為「我是相當有能力的」）。但是當她開始憂鬱時，這個聲稱自己無能的基模又重新主導了一切。治療中的重點之一，就是協助莎莉以一個更合宜且適應的角度來看待負向訊息，並幫助她用更直接明確的方式來確認及處理正向訊息。

核心信念是最基礎而根本的信念，它是全面、絕對以及被過度類化的。而自動化想法（包含出現在腦中的字詞或影像）則是依不同的情境所產生，也是最表層的認知層次。隨後將會介紹存在這兩者之間的**中介信念**（intermediate beliefs）。

## 態度、規則和假設

核心信念會影響中介信念的發展，中介信念的組成元素通常是隱晦未言明的態度、規則和假設。例如，讀者E有這樣的中介信念：

1. 態度（attitude）：失敗是很可怕的。
2. 規則（rule）：如果挑戰太艱難時就放棄。
3. 假設（assumption）：如果我嘗試做很困難的事情，我就會失敗。如果我不去做，我就會沒事。

這些信念影響他看事情的角度，而這些角度又反過來影響他的想法、感覺和行為。中介信念與核心信念、自動化想法之間的關係描述如下：

核心信念
↓
中介信念
（規則、態度、假設）
↓
自動化想法

　　核心信念和中介信念是如何產生的呢？人們試著去理解自己早期發展階段時的環境，他們需要以有條理的方式去組織經驗，以便能適應環境（Rosen, 1988）。他們與世界及他人的互動受到先天基因傾向的影響，導致一些信念的產生，而其正確性與功能性則可能會有所不同。對於認知行為治療師來說，更重要的是，失功能的信念可以被捨棄，並經由治療所發展出的更務實且功能良好的新信念所取代。

　　要幫助案主能夠感覺更好、行為更合宜，最快的方式就是直接修正他的核心信念，一旦如此，案主將會用更具建設性的角度來解讀眼前的情境和問題。發病前想法合理且合宜的單純憂鬱症患者來說，在早期治療階段修正信念是有可能達成的；但是如果案主的信念根深蒂固，過早對其核心信念提出質疑，則可能會讓案主失去信任感而傷害同盟關係。

　　因此，認知行為治療通常一開始會著重自動化想法的辨識和修正。治療師教導案主如何辨別這些最接近意識層面且能被覺察到的認知，以及學習如何與它們保持距離：

　　1.就算人們相信某些事情，也不代表它們就是真實的。
　　2.改變想法，讓想法更務實合理，幫助他們感覺更加良好，更能接近自己的目標。

　　對案主來說，相較於試圖瞭解自己、世界和他人這些廣泛的層面，去理解自己特定的扭曲想法相對上要簡單許多。經由反覆練習來修正表層認知的經驗，使案主更能開放地評估那些隱藏在失功能想法下的信念。相關的中介信念與核心信念都會以不同的方式加以評估及修正，使

案主對事件的結論與知覺能因此得以改變。而對案主基礎信念的深入調整，將可以降低未來復發的可能性（Evans et al., 1992; Hollon, DeRubeis, & Seligman, 1992）。

## 行為與自動化想法的關係

以下將認知的各層次圖示如下：

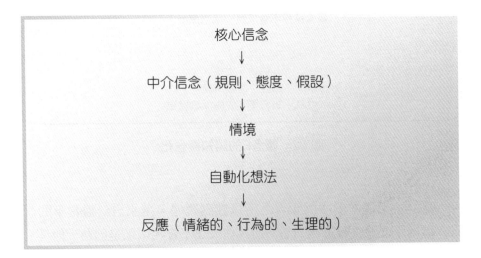

在特定情境下，案主所表達的某些與情境相關的自動化想法，顯示這些潛在的信念會影響當事人的知覺。這些自動化想法會進一步影響情緒、行為和生理反應。**圖3.2**顯示讀者E在特定情境下的認知概念化歷程，說明了他的信念如何影響他的想法，並且回過頭去影響其反應。

這邊要注意的是，若讀者E可以在此時評估他的想法、情緒、生理感受與行為，也許會有正面的作用。舉例來說，他也許可以這麼回應自己的想法：「等一下，這也許很難，但並不是不可能，我過去也曾讀得懂這類的書籍。如果我持續努力下去，我可能就會理解得更透徹一些。」當他以這樣的方式回應時，他難過的情緒將會減少，並且可以繼續閱讀下去。

核心信念：「我是無能的。」
↓
中介信念
態度：「失敗是很可怕的。」
規則：「當挑戰太過艱難時我應該要放棄。」
假設：「如果我嘗試做很困難的事情，我就會失敗。如果我不去做，我就會沒事。」
↓
情境：閱讀一本新書
↓
自動化想法：「這真是太難了，我這麼笨，我永遠無法精通它，我永遠都不會成為一個治療師。」
↓
反應：
情緒：沮喪
生理：身體沉重
行為：逃避書本並轉而看電視

**圖3.2　讀者E的認知概念化**

　　總之，上述案例中的讀者之所以感到難過，是來自於他當下的想法，那為什麼他會有這樣的想法而其他人並不會呢？那是因為「他是沒有能力的」這個深藏的核心信念影響了他對情境的知覺。

## 一個更複雜的認知模式

　　讀者特別要注意的是，前面案主對於情境的知覺引發自動化想法，再影響案主反應的歷程，有時可能是過度簡化的。想法、情緒、行為、生理和環境，全都可能會相互影響。觸發的情境可以如下述所示：

- 隨機事件：像是某次分數很低的成績單。
- 一連串流動的想法：像是想著做功課或是侵入性的思考。
- 一段回憶：像是過去曾拿過很爛的成績。
- 一個意象：像是教授不認同的表情。
- 一種情緒：像是注意到某次強烈的煩躁不安。
- 一種行為：像是賴床。
- 一個生理或心智的經驗：像是注意到某次激烈的心跳或是思考變遲緩。

　　如同圖3.3所示，這有可能是一連串複雜事件的序列，包含不同的觸發情境、自動化想法和各種反應。

　　正如本章一開始所言，治療師必須去學習以認知模式來概念化案主的問題，以便決定如何進行治療——何時處理某個特定問題或目標、自動化想法、信念或行為；選擇哪些技巧；以及如何增進治療關係等等。通常治療師需要問自己一些基本的問題：

- 案主是如何發展成今天的模樣？
- 案主有哪些明顯的劣勢？
- 案主如何處理這些劣勢？
- 有哪些生活事件，如創傷、經驗、交互影響等，造成案主容易產生目前的問題？
- 案主的自動化想法是什麼？這些自動化想法是源自於哪些信念？

　　對一位治療師來說，培養同理心去關心案主的經歷、瞭解他們的感受，以及透過他們的角度來知覺這個世界是很重要的。若能瞭解案主的過去史與信念，就更能夠清楚理解他們的知覺、想法、情緒和行為。

　　如果我們將治療視為一場旅行，那麼個案概念化就是這趟旅程的地圖。治療師與案主一同討論治療目標，就像討論最後想達到的目的

情境：莎莉在起床後感到筋疲力盡（生理反應）

↓

自動化想法：「我太累了沒辦法起床，根本沒有力氣去上課或學習。」

↓

情緒：難過

↓

生理反應：身體沉重

↓

自動化想法：「如果化學課教授臨時來個隨堂考呢？如果他不讓我補考怎麼辦？若這不利於我的期末成績怎麼辦？」（想像在她的成績單上出現一個被當掉的記號）

↓

情緒：焦慮

↓

生理反應：心臟開始跳得很快。

↓

情境：注意到快速的心跳。

↓

自動化想法：「我的心臟跳得這麼快速，我到底怎麼了？」

↓

情緒：更加焦慮緊張

↓

生理反應：身體感覺緊張、心臟持續快速跳動。

↓

自動化想法：「我最好留在床上。」

↓

情緒：如釋重負

↓

生理反應：緊張和心跳降低下來。

↓

行為：持續賴床。

莎莉最後還是起床了，並且在上課二十分鐘後進入教室，然後開始出現一大堆關於遲到與錯過一部分課程的自動化想法。

**圖3.3　複雜的認知模式序列**

地。我們有許多方法可以達到目的地，比方說走高速公路或者是省道。有時候也會改變計畫繞道而行。當治療師經驗愈多、個案概念化能力愈強時，就可以在地圖上增添恰當的細節，進而增加治療的效率。然而，治療師或許無法在一開始就以最有效能的方式進行治療，這時精確的認知概念化仍舊可以提供治療師一條主要的路徑，並規劃出一趟理想的行程。

　　治療師與案主第一次接觸時，便已經在建構個案的概念化了，並在隨後的會談中加以推敲，細加區別（refine）。治療師藉由案主所提供的資料提出假設，以供驗證，並一再確認這個假設的真確性。因此，概念化是易改變的狀態。在適當的時機裡，治療師可直接向案主求證其假設和規劃的適切性。一般而言，如果概念化正中目標的話，案主會以一種「這就對了」的感覺回應，他們會同意治療師所描繪的樣貌，並產生共鳴。

　　以莎莉為例，她來到會談室時，她的困擾有持續性的悲傷、焦慮以及寂寞的感受。在初次會談的評估中，治療師引出了一些她的自動化想法。治療師詢問莎莉什麼時候感覺最糟——在哪些情境下？或是一天中的哪個時間點？莎莉表示當她躺在床上，試圖要讓自己入睡時感覺最糟。治療師以前一天的晚上為例，詢問莎莉一個關鍵的問題：「昨天晚上當妳躺在床上，試圖要入睡時，妳的腦中當時閃過些什麼？」莎莉回答：「我將無法完成我的學期報告，我可能會不及格，我將永遠無法做好任何事情。」莎莉同時也說了一些閃過她腦子的心像，是一種以影像呈現的自動化想法。她看到自己提著沉重的背包，毫無目的走在街上，看起來十分頹廢、失去方向，並且籠罩在絕望中。在這段會談裡，治療師完成了對莎莉的概念架構，並使用「**認知概念表**」（Cognitive Conceptualization Diagram）（見第十三章**圖13.1**，第270頁）和「**認知個案撰寫表**」（Cognitive Case Write-Up）（見**附錄A**）來組織自己的想法。

## 莎莉的核心信念

從還是孩子時，莎莉就試著瞭解自己、他人以及她的世界。她透過親身經驗、與人互動及直接觀察中學習，也從別人明確或隱喻的訊息中學習。同時，她知覺外界的角度也受到遺傳的影響。莎莉有一個成就非凡的哥哥，從小她就發現自己無法將事情做得跟哥哥一樣好，即使莎莉從未說過這件事，但她開始相信自己能力很差，什麼都比不上別人。她總是將自己的表現與哥哥比較，也因此常感受到自己的缺陷。她時常會覺得：「我無法畫得跟羅伯一樣好。」「他騎腳踏車騎得比我好。」「我永遠無法在讀書上表現得跟他一樣，他無論做什麼事情都比我好。」

並不是所有家中有兄姊的小孩都會發展出這些失功能的信念，但是莎莉這類的想法則是被她的母親所增強。母親時常批評她：「妳把房間弄得真亂，妳難道不能做好一些事嗎？」「妳哥哥成績那麼好，那妳呢？妳將來會有什麼出息。」就像大多數的孩子一樣，莎莉對母親說的話相當在意，所以不論母親明示或暗示地說她無能、批評她的時候，莎莉對於母親的話幾乎是照單全收。

在學校時，莎莉也會和同儕比較。雖然她的表現高於平均，但莎莉只跟那些最好的學生比較，每次比較下來，她就會出現這樣的念頭：「我沒有像他們一樣的好。」「我無法像他們一樣能這麼理解這些事情。」所以對莎莉來說，自己無能及差人一截的念頭持續地被強化。

她時常忽視那些與自己負向信念相左的正向訊息，所以當她考試得到高分時，她會告訴自己：「那是因為這次的考試太簡單了。」當她學習芭蕾舞並成為舞團中最好的舞者時，她會想著：「我的表現無法像老師一樣好。」她通常會對事情做出負向的解釋，從而證實她失功能的信念。例如當她考試只拿到B，母親因此對她吼叫時，她會想著：「媽媽是對的，我是一個笨蛋。」莎莉很一致地將所有負面事件都解釋為她本身的缺點所致。另外，當發生了正向的事情時，例如得到一個獎項時，莎莉也總是詆毀這些事情的價值：「我只是運氣好，我是僥倖。」

　　這些經驗形成了莎莉對自己的負向核心信念，然而，莎莉的負向信念並非堅若磐石，她的父親雖然為了工作而較少待在家中，但總是給她很多鼓勵和支持。舉例來說，當父親教莎莉打棒球時，他會稱讚她的努力：「那樣很好……揮得好……妳打到了……繼續跑。」學校有些老師也是一樣，會鼓勵她在學校裡的表現。在朋友相處部分，莎莉的經驗也相當正面。她知道如果她很努力地去做，某些事情她的確可以做得比朋友更好，例如打棒球等等。所以莎莉同時也有一個正向的信念：至少在某些方面她是有能力的。

　　莎莉對外在世界及他人的核心信念大多是正向且適應的，基本上她相信人是友善的，她的世界是安全、穩定和可預測的。

　　對莎莉來說，在進入治療之前，她對自己、他人及世界的這些基礎核心信念並沒有被仔細檢視過。其實她在青少年時期，正向的核心信念是她主要的狀態，直到憂鬱症發作。當莎莉開始憂鬱之後，她高度的負向核心信念就被啟動了。

## 莎莉的態度、規則及假設

　　莎莉的中介信念遠比核心信念更容易被修正。這些態度、規則和假設的發展也如同核心信念一樣，是莎莉試圖理解她的世界、他人以及自己的結果。在與家人和其他重要他人的互動過程中，莎莉發展出以下的態度和規則：

- 我應該要在每一件事情上都表現得很好。
- 我應該總是要做到最好。
- 浪費天賦是件很可怕的事。

　　受到核心信念的影響，莎莉無法明瞭中介信念的真實面貌。但這些信念卻干擾了她的想法並影響她的行為。舉例來說，莎莉高中時從沒有在校刊投稿過（雖然那很吸引她），因為她認為自己寫得不夠好。她在

考試前容易焦慮緊張，認為自己無法考好，並覺得自責，認為應該多念幾遍。

當莎莉的正向核心信念處於主導地位時，她可以用相當正面的角度來看自己，雖然她不盡然相信自己很能幹，但她可以發展出這樣的假設：「如果我夠努力，我就可以克服我的缺點，並在學校裡表現很好。」然而當莎莉憂鬱時，她不再相信先前的正向假設，並以負向想法取代之：「因為我的能力不足，我無法達成任何事情。」

## 莎莉的因應策略

長期處在認為自己無能的想法中，對莎莉來說是很痛苦的，因此她發展出某些行為對策，來應付或補償這種現象。中介信念可能在這個過程中扮演某種角色，莎莉在學校課業和運動上總是很努力，她經常過度準備她的工作，並且為了考試死命讀書。她對任何可能顯示自己能力不足的跡象會保持高度警覺，如果發現無法精通於學校課業時她會更是加倍地努力。由於害怕別人會發現她的缺點，所以她也很少向其他人尋求幫助。

## 莎莉的自動化想法

雖然莎莉在接受治療前，不曾注意到自己的核心信念和中介信念，但在某些情境下她曾對自己的自動化想法有某種程度的覺察。比如說高中時（尚未憂鬱之前），莎莉嘗試過參加女子壘球和曲棍球隊。她進入壘球隊後想著：「這真是太棒了，我要跟爸爸一起練習打擊。」而當她被迫退出曲棍球隊時，莎莉感到失望，但並沒有因此出現自我批評的想法。

然而莎莉在大一時開始變得憂鬱，當她想跟同學在宿舍裡玩場輕鬆的壘球賽時，她的憂鬱影響了她的想法：「我表現不好，我也許根本就打不到球。」同樣地，當她在英國文學考試拿到C的分數時，她想著：

「我真笨，我這門課可能會被當掉，我沒辦法完成大學學業了。」

　　整體來說，在莎莉不憂鬱的高中時期，她心中正向的核心信念處在激發的狀態，所以她能抱持著較為正向（及更實際）的想法。然而在莎莉大學一年級出現憂鬱時，她的負面信念開始占了上風，這使她用非常負面的角度詮釋眼前的情境，並出現較強烈的負面（及不切實際）的想法。這些扭曲的想法同時也造成她自我詆毀（self-defeating）的行為，導致她對這些行為也出現負向的自動化想法。她不會認為逃避是憂鬱症的症狀之一，她反而會覺得：「我真是一個廢人。」然後這讓她出現更多煩躁不安與適應不良的行為。

## 莎莉的憂鬱之路

　　莎莉是如何變得憂鬱的呢？憂鬱症的成因與複雜的生物、心理社會因素有關。莎莉可能先天就有發展出憂鬱信念的遺傳傾向。然而並非所有負向事件都會讓她沮喪，直到她遭受一連串與自己負向信念一致的壓力源，並對她天生較敏感的生物素質產生影響而形成了憂鬱（素質─壓力模式，diathesis-stress model）（Beck, 1967）。

　　當莎莉剛進入大學時，她遇到一些對她來說是負向的經驗。其中一個經驗發生在入學的第一週，她與其他大一新生在宿舍裡聊天，她的同學們談到在高中時有先修幾項大學課程，因此他們不用再上這些大一基礎課程也無須考試。由於莎莉並沒有先修學分，於是她開始覺得這些學生一定比她更優秀。在上經濟學時，教授簡介了課程規劃和要求，讓莎莉立即想到：「我無法完成這堂課的研究報告。」當她在讀化學課本第一章時遇到了困難，她開始想：「如果我連第一章都無法理解，那我要如何通過這門課程呢？」

　　莎莉的信念使她容易以負面的方向解釋事件，她沒有任何質疑便不加思索地全盤接受了它們。幾個星期後，莎莉對自己有愈來愈多的負向想法，心情也變得沮喪和難過。她開始花費大量時間在課業上，但因為無法專注而成效不佳。因此，她不斷自我批評，甚至對憂鬱的症狀有負

向的想法：「我到底是哪裡出問題了？我不應該有這樣的感覺，為什麼我的情緒這麼低落？我沒有希望了。」她開始從校園中退縮，避免和新認識的朋友接觸，也不再向老朋友尋求支持。她停止跑步和游泳，也不再從事那些讓她有成就感的活動，因此她生活中的正向經驗愈來愈少。後來莎莉的食慾下降、睡眠中斷，變得沒有活力、無精打采。莎莉對情境的知覺與行為反應，顯示了她在憂鬱的生理與心理上的脆弱性。

為了決定對案主最有幫助的治療方式，概念化是很重要的方法，這個過程也有助於發展對案主的同理，並為治療建立一個良好的同盟關係。一般來說，以下的問題可幫助治療師進行案主的概念化：

- 案主是如何發展出這樣的疾患的？
- 有哪些重要的生活事件、經驗和互動在影響？
- 關於案主自己、他的世界以及他人的最基本信念是什麼？
- 案主的假設、期望、規則及態度（中介信念）是什麼？
- 案主在生活中用來因應這些負向信念的策略是什麼？
- 有哪些自動化想法、意象以及行為讓此疾患持續維持下去？
- 案主所發展出來的信念如何與他的生活情境交互作用，而使他容易得到此疾患？
- 案主目前的生活中發生了哪些事，以及他是如何看待這些事情的？

總之，概念化在治療師第一次與案主接觸就開始了，而且是一個持續性的過程。治療師從案主那兒蒐集資料進行假設，使用明白簡約的解釋，基於真實的數據來做出清楚的詮釋與推論。治療師要與案主核對概念化是否正確，也幫助案主瞭解自己以及自己所遇到的困難。治療師需要不斷地去修正概念化的架構，持續地將治療中得到的新資料協助自己確認、熟煉或捨棄先前的假設。這種持續性的概念化過程，在本書中會一直強調。第十四章將會舉例說明，過去事件是如何形塑出案主對於自己及自己世界的瞭解。

# Chapter

# 4 評估期

陳品皓
曾孟頤

藉由本章的介紹，治療師可以學到治療評估期的目標與架構，這包含如何進行衡鑑，給予案主暫時性診斷，發展初期治療目標，並具體化案主對治療的期望。同時治療師也會學到評估期後該執行的任務，包括建構對案主初步的認知概念化。

有效的認知行為治療，需要治療師對案主有完整的評估，形成對個案正確的概念化架構與治療計畫。不同疾患的治療有其相似處，然而更重要的是各類疾患在認知與行為策略上的差異。當我們把焦點放在案主所呈現的問題、當前的功能、症狀與病史，有助於治療師發展初期的概念化架構，並據此建立一般性治療計畫。即便案主有接受其他臨床專家的評估，治療師仍然需要收集額外資訊，以增補評估的內容。除了建立案主的診斷外，還有許多其他事務需在治療師首次與案主接觸時完成。

然而，衡鑑是一個持續的歷程，並不僅限於首次會談。治療師利用每次會談持續收集衡鑑資料，以便支持、修正或增加診斷與概念化的內涵。若案主不願表露訊息（部分具有物質濫用問題或自我調適良好的飲食疾患可能會如此），或無法表露重要訊息，治療師便有可能於初談時錯誤診斷。或是當案主呈現另一種診斷的症狀時，治療師可能會將這些症狀錯誤地歸因於原本的疾病所致，例如將社交孤立（social isolation）視為是憂鬱所造成，但事實上是因為社交焦慮症（social phobia）所引起。因此，即便其他臨床專家已對案主做出評估或診斷，治療師仍需收集額外資訊，以確保用認知行為療法作為案主治療方式的恰當性。

## 衡鑑會談的目標

為了正確診斷案主，衡鑑可有助治療師：

- 系統性描述案主，建立對其初步認知概念化。
- 決定自己是否為適合案主的治療師。

- 決定是否可提供適宜的治療「量」（例如當案主需每日介入，治療師卻只能提供每週一次的治療）。
- 決定是否需要其他治療或處置（如藥物治療）。
- 開始與案主建立治療同盟（若與治療有關，同盟的對象亦可包括家人）。
- 開始讓案主適應治療架構與歷程。
- 指出重要問題，建立概括性目標。

在首次與案主接觸之前，治療師就必須盡可能地收集資料。治療師可要求案主整理或寄送從以前到現在的所有臨床專家（包括心理健康專業人員）的相關報告。案主事先完成問卷與自陳報告，就可以縮減評估的時間。若案主能夠提供近期的健康檢查報告也相當重要。有時案主的困擾可能源自於生理，而非心理問題，例如甲狀腺機能減退就很可能會被誤判為憂鬱。

機構與案主首次的電話聯繫，若能邀請家人、夥伴或信任的朋友，陪同案主前來會談，並提供額外資訊，或是學習如何協助案主，這對治療是有幫助的。治療師必須讓案主瞭解，評估的目的在於提供治療師決定案主是否適合認知行為治療，協助治療師確認自己是否能提供符合案主需求的治療。

##  衡鑑會談的架構

在這個階段，治療師將會：

- 與案主會面。
- 與案主一同合作決定是否家人需要參與，程度是全部參與、部分參與，亦或是完全不參與。

- 設定流程與表達對會談的適切期望。
- 進行衡鑑。
- 建立初步的概括性目標。
- 引導案主回饋。

##  開始進行評估

在案主進入治療室後，治療師會回顧任何案主帶來的紀錄與完成的問卷。通常一開始治療師會單獨與案主晤面會談，之後治療師會與案主討論隨行的家人（若有的話）是否該參與會談。當治療師向案主說明初步接案的想法，包括暫時的診斷與概括的治療目標時，如果這時能讓家人至少參與會談的末段，通常對治療是有幫助的。治療師可詢問家人對案主問題的看法，且回應若是合宜適切的，治療師可以藉由事件為家人提供新的觀點，並學習有助於案主的因應方式。

接著，讓案主知道在首次晤談中所抱持的預期。

> 治療師：莎莉，就像我之前在電話中跟妳說的，今天算是治療前的評估會談，並非正式治療會期，所以今天不會直接處理妳的問題，這部分我們會在下次會談時開始。今天我會問妳一連串的問題〔提供原理原則〕，以便我可以確立妳的診斷。部分問題彼此間有關聯性，雖然大部分沒有，但我需要藉由詢問這些問題來釐清妳目前的困擾，並且排除跟妳無關的問題，好嗎？
>
> 案　主：好的。
>
> 治療師：今天我可能會不時打斷妳，以便得到我需要的資料，若這讓妳覺得不舒服，記得要讓我知道！

案　主：好的。

治療師：在我們開始前，我想先告訴妳我今天的計畫〔設定流程〕。我想找出妳過去經驗過的症狀與當時你因應的方法，也包括疾病史的部分。之後，我會請妳告訴我任何妳覺得我應該要知道的事。再來我們可以為治療建立一些概括性的目標，我會告訴妳我的初步想法，以及我們在治療中應注意的事項。我也會想聽聽看妳對這些的意見，最後看看妳是否有其他的問題或擔憂〔維繫合作〕，妳覺得如何呢？

案　主：好的！

治療師：有什麼議題或想法是妳今天想要一起討論的嗎？

案　主：我希望你可以協助我在課業上安排我還可以努力的部分，因為我已經落後許多。

治療師：（記錄下來）讓我把它寫下來，我不知道今天是否有足夠的時間，但在我們的首次會談時，一定會討論到這個議題。

 ## 衡鑑階段

　　治療師需要知道案主現在與過去的相關經驗，以便建立整段會期的治療計畫，安排治療中的處遇，發展良好的治療關係，引導案主建立目標，完成有效治療。內容包括：

- 案主的基本資料。
- 個案的主述與當下的困擾。
- 目前痛苦過程與突發事件。
- 現在與過去的因應策略（適用與不適用）。
- 精神病史，包括心理社會處置的類別（及處置所得到的幫助）、住院史、用藥史、自殺企圖與目前狀況。
- 過去到現在的物質使用史。
- 病史與目前狀況。
- 家族精神病史與目前狀況。
- 發展史。
- 一般家庭史與目前狀況。
- 社交史與目前狀況。
- 求學史與目前狀況。
- 工作史與目前狀況。
- 宗教／心靈史與目前狀況。
- 優點、價值觀與適當的因應策略。

　　本書附錄有提供讀者相關評估步驟、工具資訊及其他資源，包括 Antony與Barlo（2010）、Dobson與Dobson（2009）、Kuyken與其同事（2009）、Lazarus與Lazarus（1991）及Ledley、Marx與Heimberg（2005）。案主自殺的強度與風險也是評估的重點之一，Wenzel、Brown與Beck（2008）為自殺案主提供衡鑑與實務的指導方針。

　　接案評估的另一個重點在於釐清案主如何安排其日常生活。當治療師邀請案主描述他一天中典型的生活安排時，可以讓治療師深入瞭解案主日常的生活經驗，並有助於在首次治療會談時建立明確的目標。當案主描述典型的一天時，需留意以下幾點：

- 案主心情的變化。
- 案主是否有和家人、朋友與工作夥伴互動，如何互動。
- 案主於家中、工作場所或其他地方的功能通常如何。
- 案主如何安排閒暇的時間。

　　治療師同時也可以探尋案主未做的與主動逃避的事務。

---

治療師：莎莉，我想知道妳平常生活的情形。妳可以跟我說妳每天早上起床後到晚上睡覺前，妳都做些什麼嗎？

案　主：好的。

治療師：妳幾點醒來？

案　主：（嘆息）好吧！通常是五點。

治療師：然後妳會做什麼？

案　主：我在床上翻來覆去，至少數個小時。

治療師：妳何時會起床？

案　主：看情況。我通常會撐到最後一刻。我一週有三堂九點的課，所以會在八點半或八點四十起來，大概是這樣。

治療師：其他時間呢？

案　主：我不會這麼早起來，我通常會一直賴到肚子餓想吃早餐，才會下床。

治療師：妳幾點吃早餐？

案　主：有時是十點，有時是中午。

治療師：上學期有任何改變嗎？

案　主：有，我曾經九點才起床。

治療師：早餐後，妳會做什麼？

---

案　　主：我通常待在宿舍裡看電視。可能會為了功課看點書，但通常無法專心，這時候就不看了。有時我會睡著。

治療師：下午妳會做哪些事？

案　　主：通常一點到四點我有課。

治療師：妳會去嗎？妳有曾經沒去上的課嗎？

案　　主：不，我會去，但要專注坐在那邊很難，有時候我會昏昏欲睡。

治療師：下課後妳會做什麼？

案　　主：回宿舍。

治療師：然後呢？

案　　主：視情況而定。

治療師：妳通常都做什麼？

案　　主：通常我會試著看一點書，但有時我不想看的時候就會去上網，或昏昏欲睡、或看電視。

治療師：晚餐時會做什麼？

案　　主：我會和室友一起去自助餐館。

治療師：之後妳會做什麼？

案　　主：看狀況。我通常會回房間，試著做一些事。但有時可以有時就不行，我會嘗試做些事，但大多時候我都在看電視。

治療師：然後呢？

案　　主：大約在十一點，或十一點半時睡覺。

治療師：妳會立即入睡嗎？

案　　主：不是每次都可以馬上睡著，前後大概要一小時的時間。

治療師：然後，會一直睡到五點？

案　　主：是的。

　　案主對生活作息的描述有助於治療師發現實際的問題：不易入睡、打瞌睡、作息不規律、社交孤立、得到成就感的機會極少、難以專心、課業落後、看太多電視等等。莎莉就像大部分憂鬱的患者，關注她遇到的問題，治療師同時也會詢問她相關的正向經驗與適當的因應策略（「莎莉，對妳而言，一天最好的時刻是？」；「聽起來，妳相當疲憊，妳是如何讓自己在這種情況下還可以去上課的呢？」）。

　　透過這種方式來收集資料，可引導治療師進一步思考，發展初期的治療計畫。首次會談時，治療師也會運用這些資料與案主共同確立治療目標與安排活動；另外，治療師也會詢問莎莉，當她沒課時，她如何安排週末的生活。

　　在評估階段中，當案主無法對治療承諾時，治療師需對此訊息有所警覺。舉例而言，當莎莉陳述她最近的狀況時，會表達出無望想法。治療師可運用她的自動化想法，巧妙地連結到認知模式，並指出這點會是未來的治療目的，並確保彼此暫時的同盟不會變糟。

---

案　主：我覺得自己有很多問題，沒有可以幫得上我的。

治療師：好的，這是一個有趣的想法，「我覺得沒有可以幫得上我的！」這個想法讓妳感覺如何？悲傷？無望？

案　主：兩個都有。

治療師：這的確是一種憂鬱想法，我們將於下週開始討論。我們需要找出這個想法的真實性，是100%，還是0%，亦或是50%。此外，有任何我說的或做的會讓妳覺得我無法幫妳，或讓妳認為這樣的治療沒有幫助的嗎？

---

　　接著很重要的是，治療師將案主的回應結構化，以便收集所需要的資料，提供一指導方針：

> 治療師：接著的幾個問題，我只需要妳回答「是」、「不是」，或「我不確定」，或者用「一、兩句話」回答。

當案主開始描述額外的細節或未切入重點時，治療師可以溫柔地打斷她：

> 治療師：很抱歉得打斷妳，但我需要知道……

 ## 評估的尾聲

在結束評估前，詢問案主是否有任何其他的事，對治療師或是治療本身而言是很重要的。治療師有一個接續的重要問題是：「有什麼事是你不願意告訴我的？你不需要告訴我那是什麼，我想知道是否將來的某個時間點，你可以跟我多說一些。」

 ## 家人的參與

若家人陪同案主一起來到治療室，治療師可以詢問案主是否想邀請家人加入會談（除非他們從一開始就在會談中）。同時確認是否有任何原因造成案主阻止治療師與家人的對話。並在案主允諾的情形下進行以下事項：

- 詢問家人是否有任何訊息是治療師有必要知道的重要訊息；如果家人只關注案主不好的地方，試著詢問有關案主的正向特質、優點與因應策略。
- 檢視治療師自己的初步概念與印象。
- 提供治療師自己暫時性的治療計畫。

 ## 與治療師的概念連結

　　治療師應該要向案主解釋，需要一些時間來回顧相關的紀錄、問卷與先前的報告，以便確立案主的診斷。對大部分罹患憂鬱及焦慮症的患者而言，治療師提供案主初步診斷的想法，並解釋如何依據DSM（精神疾病診斷與統計手冊）確立其診斷，這樣的流程是相當合宜的。治療師在初次互動便讓案主知道自己有嚴重的心理問題或人格疾患，這可能對治療會有幫助，但也可能沒有幫助，而治療師需要的是更謹慎地綜整案主所經驗的問題與症狀。

 ## 設定初期的治療目標與建立相關治療計畫

　　設定目標並依此建立相關的治療計畫，可以為案主灌注希望：

治療師：若可以的話，我想花一些時間和妳討論治療目標，及設定的治療走向。

案　主：好的。

治療師：（於表單第一行寫下「目標」）目標事實上是問題的

反面，我們下次會談時會設定更具體明確的目標，但一般而言，我們可以說目標是：減少憂鬱？降低焦慮？課業做得更好？再回到社交圈？

案　主：是。

治療師：（匆匆記下筆記或便條）現在我想要告訴妳，我認為妳可以如何變好，然後我想知道這對妳而言聽起來如何。

案　主：好的。

治療師：下週開始，我們會朝妳的目標開始努力。每次會談，我都會問妳有哪些問題想要我幫忙一起解決。舉例來說，下週妳或許會說：「我在處理課業上仍然有困難」等等，這和妳期待自己課業表現得更好的目標有關，然後我們可以試著看看怎麼解決這些問題，我們可能會列出一些增進注意力的方法，讓妳可以在讀書時使用，或是也可以向他人尋求協助（停頓），這聽起來怎麼樣？

案　主：好。

治療師：我們也會去找出可能造成憂鬱的思考模式。舉例來說，會談一開始時，妳說：「我是如此的失敗！」，妳還提到當妳有這樣的念頭時，妳感到相當的憂鬱。妳有沒有發現這個念頭會消耗掉妳讀書的動機？讓妳覺得自己很糟？並且讓妳寧可賴在床上也不去圖書館？

案　主：是啊！的確如此。

治療師：所以，有件事我們將要一起完成——評估想法。有哪些證據顯示妳是個失敗者？又有哪些證據顯示妳並非如此？對於這些事情來說，我們有沒有其他的觀點或

角度？比如說妳很憂鬱，而且需要有人可以幫妳解決
問題，但這並不表示妳是個失敗者？

案　主：嗯。

治療師：因此，我們會幫助妳改變妳的憂鬱及焦慮式的思考模
式，讓它變得更務實一些，我們也會針對問題提供解
決的方法，讓妳在下週會談前可以嘗試看看；妳也會
學到一些技巧，讓妳在日常生活中使用。這樣妳就可
以持續處理問題，並用更為理性的方式思考，同時進
行可讓妳達到目標的活動，〔引導案主回饋〕這聽起
來如何？

案　主：挺合理的！

治療師：莎莉，我們發現只要每天將想法與行為進行小小的改
變，人們的生活會變得更好、品質更棒。〔引導案主
回饋〕現在，我剛剛說的話有沒有什麼讓妳聽起來是
不太合理的？

案　主：〔表達另一個自動化想法〕我不知道是否可以順利進
行。

治療師：事實上，我並沒有什麼神奇的水晶球，因此無法給妳
百分百的保證。然而依據目前妳告訴我的事情，我覺
得是可行的（停頓），妳願意給自己一個機會試試看
嗎？妳下週會想要再回來嗎？

案　主：是的，我會。

問題：如果案主對治療計畫感到擔憂？

回答：首先，對案主所表達出的懷疑或疑懼，給予正向回饋（「你
能告訴我這個，真的是太好了！」）。接著，治療師需要藉
由詢問收集更多資料，如「是什麼讓你認為治療沒有作用

呢？」與「你認為什麼可以幫助你更多？」。奠基於案主的回應，治療師可將問題於認知模式下進行概念化，並計畫策略。舉例而言，當案主因為過去的治療無效，而認為現在的治療沒有幫助時，可詢問他們是否覺得與前一位治療師有不錯的治療關係，且每次會談，他們的治療師會：

1. 設定流程。
2. 與案主討論可以有更好週間生活的方法。
3. 當案主有憂鬱想法時，寫下他們想要告訴自己的想法。
4. 明確地教導他們如何評估自己的想法與行為的改變。
5. 要求案主給予回饋，以確保治療是在正確方向上。

大多數案主並未經驗過這類治療，故治療師可以表示：「我很高興聽到這些，因為這表示我們這裡的治療是不同的，倘若與你過去的經驗完全雷同的話，我所抱持的希望會少一些。」

問題：倘若案主表示，前一位治療師在每次會談當中，會安排所有活動時？

回答：在此情況下，治療師需花更多的時間找出確切發生的事情，特別是該治療師是否是基於最新的研究與實務導引建議，為案主及其疾患提供個別化治療。在任何情況下，治療師都可以鼓勵案主給本次的治療一個機會，試著進行數次會談，且治療師須表示會與案主共同回顧治療是否順利進行。

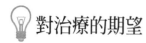 ## 對治療的期望

在此會期，治療師會告知案主治療所需時間的大致概念。對於多數的重鬱症患者而言，治療師最好告知治療的時間大概會在二至四個月

的範圍間，就算有部分患者會提早結束（如可能因經濟窘迫或保險限制），治療師仍應告知該訊息。至於其他患者，特別是慢性精神疾患或與人格疾患相關的患者，可能會持續至少一年的治療。而有嚴重心理困擾的案主，當症狀干擾明顯時，他們可能需要更為密集的治療，持續一段時間的週期性**援助會談**（booster session），同時搭配藥物治療。

　　大部分案主對於每週會談的安排會感到滿意，除非他們處在極度焦慮或憂鬱下而有自殺傾向，或是清楚地表示需要更多協助時例外。在治療即將結束時，治療師可逐漸拉開每次會談的時間，給予案主更多機會解決問題與做決定，並獨立使用他們的治療工具。

　　在以下的範例中，治療師向莎莉說明對治療會如何運作的想法。

> 治療師：莎莉，若妳覺得可以的話，我們將安排每週一次的會談，直到妳覺得有顯著改善，然後我們可以改成每兩週一次，甚至每三至四週一次，我們會一起決定如何間隔治療的時間，即便我們決定結束，亦會建議暫時每幾個月要回來參加援助會談，妳覺得這聽起來如何？
>
> 案　主：好的。
>
> 治療師：現在很難預期本次治療會需要花多久時間，我想大約是八至十四次，如果我們發現妳有一些長期的問題，而妳也想要處理的話，這會需要花更長的時間，我們再一起決定怎樣是最好的，好嗎？

## 評估期與首次治療會談間

　　在首次治療會談前，治療師將完成評估報告與初步的治療計畫。若獲得同意，治療師會與案主先前的心理健康專業人員聯繫，以蒐集報告

資料、提出問題,以及獲得額外資訊。治療師也會與專業人員接觸,討論所發現的訊息,並商量協助的方式。透過電話聯繫,可表露出並未於書面報告中展現的重要資訊,治療師亦可開始建構暫時的認知概念化。

##  建立最初的認知概念化與治療計畫

治療師可整合評估時所收集到的資訊,從案主診斷相關的認知結構(基本信念與行為模式),來發展初步的認知概念化,治療師這時可先對案主問題的形成做假設:

> • 是否有重要的早期生活事件,導致負向核心信念的發展?
> • 案主的核心信念為何?
> • 何者引發疾患的發生?
> • 案主是否對此突發事件給予不同的解釋?
> • 案主的思考與行為是如何維持疾患的持續?

爾後,治療師可使用概念化的架構,來設定概括性的治療計畫。

當治療師整合了評估所得到的所有訊息後,治療師假設莎莉的脆弱因子是將自己視為一個無能者(此信念來自於她與父母、手足與老師們互動後的結果)。進入大學後,莎莉開始認為自己無法應付課業的要求,也沒有辦法獨立生活,發展出一種無能的感覺。無能的核心信念被激發。莎莉開始在很多情境中都會出現許多對自己可能失敗的自動化想法。這些想法讓她感到悲傷、焦慮與無望,行為亦受到影響;她開始放棄,花很多時間單獨待在房間裡,無法完成作業,課業開始落後。莎莉認為這些困難是自己所造成的,並未視其為憂鬱的結果,而愉悅有控制感的活動減少,更增添她的煩躁不安(見**附錄A**)。

治療師基於對憂鬱認知模式的瞭解,以及熟悉憂鬱的主要治療策略,他設計出一個有助於莎莉理解的簡版計畫,同時也是一份更明確具

體的治療計畫。治療師假設,會談初期需關注於以下的議題:協助莎莉解決課業與日常生活問題,鼓勵她更加主動,並教導她辨識、評估與調整她那些不正確或無益的負向思考,特別是與失敗及無能相關的想法(當她表達出這些想法)。治療師假設,治療將會直接從她無能的核心信念開始著手,直至治療中期;然而治療師尚不確定的是,對莎莉的信念來說,過去的事情是否重要,也不知道此時莎莉那些不被喜愛或無價值感的失功能信念是否需要調整(查閱第十四章)。在會談評估期,她並沒有提供支持這些信念存在的證據。治療師計畫於治療尾聲時強調預防復發,在整個治療中,當治療師對莎莉及她的困難特質更加瞭解時,會持續調整此基本治療計畫。

# Chapter

# 5 首次治療會談的架構

陳品皓
曾孟頤

在本章，治療師將學到如何建構首次會談的形式與內涵，包括如何：

- 討論案主的診斷。
- 進行心情檢核。
- 設立目標。
- 針對一個問題開始處理。
- 設定家庭作業。
- 做出回饋。

當治療師讓案主知道會談將如何進行，並能清楚說明原因時，大部分案主會感到放心不少。此舉不僅可將治療歷程去神祕化，也可以讓治療朝著合宜的方向邁進。第六章的焦點將放在對憂鬱症患者很必要的部分——初始行為活化；第七章介紹後續會談的一般性架構；第八章則討論建構會談時會遇到的困難。

##  首次會談的目標與架構

在首次治療會談前，治療師會回顧案主的初談評估，且於會談過程中，將持續記住最初的概念化與治療計畫，並為可能需要改變的方向作準備。多數標準的認知行為治療會談時間約為四十五至五十分鐘，但首次會談通常需要一個小時，且目標包括：

- 與案主建立同盟、信任的關係，使其困擾正常化，並逐漸注入希望。
- 藉由教導案主認識其疾患、認知模式與治療歷程，讓案主熟悉治療。
- 蒐集額外資訊以有助治療師對案主的概念化。
- 建立目標清單。
- 開始解決對案主而言重要的問題（且／或讓案主行為活化）。

為完成這些目標，治療師可參考以下流程：

**第一次會談的初期**

1.設定流程（及說明這麼做的理由與原因）。

2.進行心情檢核。

3.獲得最新狀況（自評估會談後）。

4.討論案主的診斷，並進行心理衛教。

**第一次會談的中段**

5.確認問題與建立目標。

6.教導案主認知模式。

7.針對問題進行討論。

**第一次會談的尾聲**

8.提供或引導案主做會談的總整理。

9.回顧所指定的家庭作業。

10.引導案主回饋。

 設定流程

因為是首次治療會談，治療師會先邀請案主設定本次會談流程（setting the agenda）。通常這麼做會因為很快找到案主期待處理的主題，而減少他們的焦慮。治療師會說明這麼安排的理由，並確定案主同意治療師所提出的議題（在之後的會談中，治療師有時可以於會談的初期設定流程，但不必然要在最一開始時進行會談）。

治療師：莎莉，很高興妳今天過來，我們可以從決定今天要談論的內容開始嗎？我們稱這個叫「設定流程」，在每次會談開始時，我們會進行這件事〔說明理由〕，這讓我們可以確保有足夠的時間去討論對妳重要的議題。有些題目是我今天想一起討論的，然後我會問妳想要加入的議題〔建立合作〕，好嗎？

案　主：好的。

治療師：我們的首次會談與後續的會談會有些不同，因為有許多事情要先瞭解，我們對彼此也需要更多認識。這些是我想要知道的。首先，我想先利用幾分鐘〔提醒莎莉，建立完整流程前，治療師並不想探究任何議題〕來瞭解妳最近的心情狀態，看看自評估會談之後所發生的事情，並談論一些與妳的診斷有關的問題（停頓）；然後，我想建立一些更明確的目標，這聽起來如何？

案　主：好的。

治療師：接續此話題，在下次晤面前，我們可能會安排一些你這段期間要做的事情〔行為活化〕，尤其是在妳原本的作息中做些變動，最後我會問妳對這次會談的想法〔引導回饋〕，這些聽起來如何？

案　主：不錯。

治療師：有任何議題是妳想要在今天的流程中處理的嗎？

案　主：嗯……我知道我應該要多做些什麼，但我總是感到疲憊，又要專注於功課，然後和朋友互動好困難，我不想再花那麼多時間在睡覺或看電視上，而且……

治療師：（溫柔地打斷）我可以打斷妳一下嗎？我把「多做一點事」放進我們的討論流程中如何？而且我們可以試試看今天來討論這件事。

案　　主：好！

治療師：（記錄該流程項目）妳會發現我會在會談中寫下很多
　　　　東西〔說明理由〕，因為我想確定自己有記住重要的
　　　　事項……好的，今日流程中有其他更重要的事物嗎？

案　　主：不，我不認為有。

治療師：若妳有想到其他更需要我們一起處理的重要事情，請
　　　　讓我知道。

　　理論上，設定流程相當快且重點清楚。治療師可以向案主解釋為何
想要設定流程的原因，這可以使案主對於治療歷程更加理解，且透過結
構化的方式，可增進案主主動參與的動機。

問題：如果案主很想用其他形式來進行會談呢？

回答：雖然不常見，然而案主有時會於首次會談時，抗拒治療師所
　　　提出的流程建議。這可能有幾個原因，如治療師在提出流程
　　　時，可能讓案主有被操控的感覺，而無合作感。這有可能讓
　　　案主本來極想得到立即協助的議題，再度壓抑回心底；案主
　　　可能習慣在會談中自由談論任何議題，他的談話沒有結構或
　　　是不會被打斷。

　　　　治療師可以怎麼做？最重要的是，需要案主承諾下次仍
　　　舊會回來治療。若治療師判斷，特別是在首次會談，當嘗試
　　　說服案主依循此流程可能會危及案主參與的意願時，可以向
　　　案主提議是否將治療時間作些分割；若案主抗議，可以先依
　　　案主想要的方式進行會談，並於下次會談時，瞭解是否這樣
　　　作對於案主週間的痛苦減緩有所助益。倘若沒有，案主或許
　　　會更加願意花上部分會談的時間，跟治療師討論可以幫助他
　　　們改善感覺的方法。

 心情檢核

設定流程後，治療師接著要進行簡短的**心情（情緒）檢核**（mood check）。除了要求莎莉簡短敘述她自上次會談後的心情外，同時快速回顧她於會談前所填寫的症狀檢核表（見**附錄B**，包括貝克憂鬱量表、焦慮量表與無望量表）。因為治療師一開始是希望能簡要概觀她的心情，故告知她用些許文字描述回應。

> 治療師：好的，接下來我們可以從妳這個禮拜過得如何開始嗎？我想看看妳所填寫的這份表格，當我閱讀時〔提供指導方針〕，妳可以用一或兩句話來描述妳本週的感覺？
>
> 案　主：我真的一直都很憂鬱。
>
> 治療師：（查看這份表格）看起來，妳也感到相當焦慮，是嗎？
>
> 案　主：是的。
>
> 治療師：〔維繫合作〕若是可以的話，我想要請妳每次會談時可以提早幾分鐘過來，讓妳可以完成這三份表格，雖然我總是想要妳用自己的話來描述妳的感覺，不過，填寫這些表單〔說明原因〕卻能讓我可以很快地掌握妳上週的感受。
>
> 案　主：好的。

不管是首次會談或是定期會談，治療師都可以記錄下這三份案主客觀檢測表格的總分，並與案主在評估會談時的分數做比較，快速瀏覽每個題目，以決定在案主的檢核當中，案主是否有指出任何特別重要的事物，治療師也要特別留意在**貝克憂鬱量表**Ⅱ（Beck Depression Inventory-Ⅱ）中，與無望及自殺有關的項目。若這些項目得分特別高時，治療師須進行危險性評估（Wenzel et al., 2008），同時決定是否需要在接續的談話中花一些時間，以建立維護案主安全的計畫。

問題：如果案主不願或不能完成客觀測驗呢？

回答：若治療師無法進行症狀檢核表，當對案主不適用（如案主不
　　　識字）或案主不情願時，治療師可教導案主在會談初始，或
　　　於其後的會談中，利用0至10點量表評估他的心情，例如：
　　　「你可以回顧過去這一週嗎？0表示沒有憂鬱，10表示感到
　　　相當憂鬱，這週你感到最多的憂鬱程度是？」也可以問問案
　　　主：「你可以告訴我這週的憂鬱狀況嗎？是輕微？中度或嚴
　　　重？與其他週相比又是如何？」（其他與進行心情檢核相關
　　　的問題，將於第八章進行討論。）

 ## 近況取得

　　會談的下一個部分是，治療師藉由詢問案主以發現是否有任何他們
尚未提及的重要問題或議題，並於此次會談中優先討論。之後，治療師
可指出案主於本週內所擁有的正向經驗。

> 治療師：接下來，自評估會談到現在，有發生什麼重要事件是
> 　　　　我需要知道的嗎？
>
> 案　主：（思考）嗯，我的父母給我壓力，要我安排這個夏天
> 　　　　要做的事情。
>
> 治療師：〔收集關於問題的資料，以確立是否有立即重要性與
> 　　　　相對優先性〕這真的讓妳感到痛苦嗎？
>
> 案　主：（嘆息）並非最痛苦，不過是其中的一件。
>
> 治療師：妳是否希望我可以幫助妳？
>
> 案　主：是，我想是。
>
> 治療師：今天我們沒有很多的時間，妳認為我們可以將此議題
> 　　　　延至下一次討論嗎？

> 案　主：好。
>
> 治療師：我會將這個問題記下來，在下週會談時，跟妳確認這個議題對妳而言的討論優先性有多少。
>
> 案　主：好的。
>
> 治療師：本週有其他重要的事情嗎？
>
> 案　主：不，我想沒有，和上週都相同。

　　藉由詢問這些問題，治療師發現並沒有比原先流程上安排的那些議題更重要，因此可以按照原本流程繼續下去。

　　治療師將依據案主對此問題感到痛苦的程度，來決定哪些議題是急迫，而哪些不是？及其是否真的需要立即解決（例如，若不處理可能會讓案主或其他人受到傷害，或使案主的生活遭遇危險）。大多數問題的討論，特別是長期問題的（如在家中已失去功能或與家人爭吵），通常可以延至將來的會談再進行討論，因而治療師可以先在首次會談中討論必要的議題。

問題：如果有一個極需討論的議題呢？

回答：以下有優先處理的幾個理由：

　　1.若案主處於危險中，或讓他人處在危險中。

　　2.若案主因問題感到痛苦，而無法關注於治療師想討論的議題時。

　　3.若治療師評估認為要是不討論此議題，案主會相當痛苦而損害治療關係，或案主不會再回來進行下次會談時。

　　治療一開始，當治療師詢問案主近況時，案主必然只陳述負向的經驗，因此治療師可以再進一步詢問：「本週有發生什麼好事？」或「本週有哪個時候，你感覺到有一點點不錯？」，這些問題可協助案主更清楚地看到生活真實的一面，因為憂鬱只會讓患者看到不好的一面。

討論診斷

　　在會談的下一個階段，治療師將簡短回顧，並詢問案主近期所呈現的問題。

> 治療師：莎莉，我想要討論上週我在評估會談時所發現的事情。是否我們可以花幾分鐘的時間，談談妳的診斷？

　　大部分案主想知道他們的診斷，並想知道治療師會不會把他們看做是奇怪的異類。治療師應該避免把人格疾患的診斷標籤化。比較適切的做法是用一般性的問題描述而非使用專業用語，比如：「看起來，你去年相當憂鬱，同時還有一些與人際關係及工作有關的長期問題。」治療師需要提供案主有關他當下狀態的初步資訊，讓案主可以開始將部分問題歸因於疾患，而非個人特質（如「我是不好的，我有一些不對的」）。接下來的範例將說明如何教育憂鬱症的案主。

> 治療師：我的評估顯示妳有中度憂鬱，我想讓妳知道這真的是疾病，並非只是當人們低落時所說的，「喔，我好憂鬱！」，妳是真的憂鬱。
>
> 案　主：（嘆息）
>
> 治療師：我之所以如此確定，是因為妳有診斷手冊上的症狀（將DSM拿給莎莉看）。每一個心理健康疾患，手冊上皆會列出他的症狀，就像是神經診斷手冊會列出偏頭痛的症狀一樣。
>
> 案　主：喔，這我不知道。

治療師：〔提供希望〕不過很幸運的是，認知行為治療對於協助患者對抗憂鬱上，是相當有效的。

案　主：我害怕你認為我瘋了。

治療師：並非如此，〔正常化〕妳的情況是很普遍的，妳所擁有的很多問題與我們這裡的大多數案主相同。但這是憂鬱個體典型的思考方式。當妳知道我並不認為妳瘋了時，妳的感覺如何？

案　主：（嘆息）鬆了一口氣。

治療師：這些是我們在治療中會作的事。包括指出妳憂鬱的思考模式，並且協助妳用更務實的角度看事情。

案　主：好的。

治療師：〔預期莎莉可能因非理智的思考方式而責備自己〕擁有這樣的負向思考並不是妳的錯，這是憂鬱的基本症狀，每一位憂鬱症患者都會透過黑色的墨鏡（用手勢在臉上畫出一個想像的眼鏡）看自己、世界及未來〔憂鬱的「認知三角」（cognitive triad）〕，墨鏡讓每件事看起來都黯淡無望，而我們在治療中的一部分任務就是要幫妳換一副清晰而明亮的眼鏡（手勢），讓妳可以更務實地看事情……現在清楚嗎？〔使用類比的方式常有助案主以不同角度來理解自己的處境〕。

案　主：是，我瞭解。

治療師：好的，讓我們看看憂鬱症狀還對妳造成哪些影響。在評估會談時，我看到憂鬱對妳的睡眠與精神造成干擾，也影響妳做事情的動機。〔正常化〕現在，許多憂鬱患者會因為無法再和過去一樣而開始批評自己。〔觸發明確事件〕妳還記得最近有任何時候，妳批評過自己嗎？

案　主：（嘆息）是的，最近我比較晚起床，也沒做功課，我認為自己太懶惰了，這樣很不好。

治療師：假設妳現在有肺炎，起床與做任何事情都有困難，妳會因此說自己很懶惰，很不好嗎？

案　主：不，我想不會。

治療師：所以如果這一週當妳又出現「我是懶惰的，這樣很不好」的想法時，剛剛這樣的比喻對妳會不會有幫助？

案　主：可能吧！

治療師：有什麼可以提醒妳自己？〔觸發一個案主的回應，而非只是治療師提供訊息，以激起案主主動參與及自主度〕

案　主：我想，我是憂鬱的，對我來說要做事情很困難。

治療師：很好，本週最重要的就是記住這件事，妳想要我寫下來？或妳自己寫下來？

案　主：你寫好了。

治療師：〔拉出一張複寫紙（見圖5.1）〕好，我會在上頭寫下今天的日期，我們應該稱它是：妳的治療家庭作業？妳的活動計劃？

案　主：我想用家庭作業好了。

治療師：好的（在上頭寫下「家庭作業」），第一個項目是閱讀關於我們所討論的主題，我會寫下：「若我開始出現我很懶惰、很不好的想法時，請提醒我自己，我是真的生病了，是因為憂鬱症讓我難以進行各項活動」（停頓，且預期這樣的陳述會導致案主的無望），我同時寫下其他提醒事項，好嗎？「當治療開始進行時，我的憂鬱會消除，且事情會變得更簡單一些。」

---

**1月22日**

【家庭作業】

一天要閱讀此清單兩次，提醒自己要記得！

1. 當我開始想到我是懶惰且不好的，提醒自己，我是真的生病了，這種病叫做憂鬱症，使我難以進行各項事物。當治療開始進行時，我的憂鬱會消除，且事情會變得更簡單。

2. 閱讀目標清單，若有想到其他的目標，可持續加入清單中。

3. 當我注意到心情變糟時，問我自己：「有什麼想法現在進入我的心中？」把想法記錄下來。提醒自己，這只是因為我想到某些事，但不表示那是真的。

4. 與愛莉森及喬擬定計畫，記得當他們說不要時，這表示他們其實還是想要和我一起逛逛的，只是他們真的太忙了。

5. 閱讀《因應憂鬱》（*Coping with Depression*）手冊（可自由選擇）。

---

**圖5.1　莎莉首次會談家庭作業清單（1）**

問題：如果個案不認同這個比喻？

回答：部分案主會說：「是，但肺炎是生理疾病。」對此治療師可以針對案主所經驗的明確憂鬱症狀來回應：「憂鬱也是生理疾病，它也是有症狀的疾病，如果只是悲傷或低落，這不是疾病，但你所經驗到的並非只有這樣，你感到悲傷、低落與無望，你會自我批判，任何事幾乎都無法再引起你的興趣，你從活動中退縮，睡眠與能量都受到影響，這是我確切知道你是真的生病了，且每個部分都如同肺炎般真實。」

很多案主可以從指定的家庭作業中獲益：閱讀大眾憂鬱症教育的認知行為治療書籍的特定章節（見www.academyofct.org），或像是《因應憂鬱》這類衛教單冊（見www.beckinstitute.org），都可以強化案主從會談中所獲得的重要資訊。治療師可以要求案主在心裡或用筆寫下他們同意、不同意或感到疑問的地方。

問題確認與目標設定

接著,治療師將焦點放在指出案主的明確問題上。治療師協助案主把這些問題轉至治療中可,可作為處理的目標。

治療師:現在,讓我們回顧一下妳目前所遇到的問題。

案　主:(嘆息)喔!我不知道,每一件事都很混亂,我在學校的表現很糟糕,成績落後很多,無時無刻感到疲憊和低落,有時我覺得我應該要放棄。

治療師:(詢問以確定莎莉並沒有要自殺)妳有任何想要傷害自己的想法嗎?

案　主:不,並沒有,我只希望我所有的問題可以在某種方式下解決。

治療師:(同理)聽起來妳感覺到自己快被擊敗?

案　主:是,我不知道我可以做什麼。

治療師:〔協助莎莉聚焦,並將她的問題轉換成較易控管的情況〕好的,聽起來妳現在有兩個重大問題:一個是妳在學校的表現不佳;另一個是,妳感到相當疲憊且低落,還有其他的嗎?

案　主:嗯,就像我上週跟你說的,我知道我太常自己一個人待在房間裡,我應該花更多時間和朋友在一起。

治療師:〔讓莎莉在目標建立的過程中有更多主動性〕好,讓我們將這些問題化作目標,妳想寫下它們?或是由我寫?

案　主:你寫。

治療師:好的(順勢寫下)。現在,妳指出的第一件事是提升課業表現;然後,妳提到想減少對考試和成績的擔憂,並花更多時間與朋友相處。這很好。現在有其他

> 目標要設定嗎？妳想要讓自己如何變得不同？妳想要
> 如何讓自己的生活變得不同，作為治療的結果？
>
> 案　主：（停頓）我想要開心一點。
>
> 治療師：〔增強案主〕這是一個好目標。

然而這個目標過於廣泛，很難具體安排讓案主變得更開心的方法，因此治療師要求莎莉明確地用行為來定義她覺得開心的方式。

> 治療師：若妳真的變開心，且不感到憂鬱了，妳會做什麼？
>
> 案　主：我想，我會投入校內的一些活動，像我去年做的……
> 　　　　我總是感到愉悅，且不會老是感到憂鬱。
>
> 治療師：好，我會增加這些至清單中：參與校內活動，與做更
> 　　　　多好玩的事情。

> **2月1日**
> **【目標清單】**
> 1.課業表現有進步。
> 2.減少對考試與成績的擔憂。
> 3.花更多時間與朋友共處。
> 4.參加校內活動。
> 5.參與更多好玩的事物。

> 治療師：現在，為了家庭作業，妳可以閱讀整張清單，並查看
> 　　　　是否還有其他目標想加入嗎？
>
> 案　主：好的。
>
> 治療師：（增加指定作業至家庭作業清單）好，在我們繼續下
> 　　　　去之前，我可以快速摘要我們先前做的事嗎？我們設
> 　　　　定流程，談論妳的診斷，並開始目標清單。

　　會談中的這個部分，治療師確定已寫下目標清單，也引導莎莉明確以行為的層次建立一般性的目標（「我想要更開心」）。為了不花太多時間討論目標而排擠會談要處理的其他重點，治療師要求莎莉讓家庭作業的清單更加精確。最後，治療師摘要先前所討論的事物，這有助於讓治療歷程更加清楚，確保治療師與案主在相同方向上。

問題：如果案主是以他人的改變作為目標呢？

回答：有時案主所設定的目標並非他們所能直接掌控的：「我想要我的夥伴可以對我好一點！」「我想要我的老闆停止對我施壓！」「我想要我的孩子聽我的話！」。在這些情況下，幫助案主重新整理目標相當重要，讓某些事情是案主可以掌控的。（治療師可以做如下的處置）

> 治療師：我無法保證可以直接讓喬對妳好一點。不過，如果我們把它改成：「學習用新的方式與喬對話」，如此一來，也許妳會覺得有更多是妳可以掌控的地方，對妳所做的行為造成改變，而這樣的結果也會對喬造成某些影響。

　　想進一步瞭解案主是以他人的改變作為目標時，治療師可以參考 *Cognitive Therapy for Challenging Problems: What to do When the Basics Don't Work*（J. S. Beck, 2005）書中的討論方式。

## 教導案主認知模式的內涵

　　首次會談的一個重點在於，治療師儘量使用案主個人的經驗，來協助案主瞭解思考如何影響反應。治療師可透過案主在會談中的自我揭露（如「我做任何事都不對，什麼方法都沒用，我永遠都感覺這麼差

……」），或當治療師注意到案主有情緒轉變時，這時候就可以詢問：「現在有什麼想法進入你的心中？」。對新手治療師而言，在首次會談時作好時間分配，同時對案主提供觸發情境、自動化想法或心像及各種反應（情感的、行為的與生理的）彼此關係的心理衛教或許會容易些。

治療師：我們可以花幾分鐘時間談談，關於妳的思考如何影響妳的心情？妳可以想想，在過去這幾天，妳有發現到自己心情轉變的時刻嗎？何時妳有覺察到自己變得特別沮喪？

案　主：我想有的。

治療師：可以多告訴我一些嗎？

案　主：我當時正和幾個英文班的同學一起吃午餐，然後我開始感到相當不安。他們當時聊到教授上課的內容，但我對這些完全一頭霧水。

治療師：妳記得妳想到了什麼？

案　主：嗯，他們比我聰明，我在這堂課可能會不及格。

治療師：（使用莎莉確切的語句）因此，妳的這個想法是：「他們比我聰明，我在這堂課可能會不及格。」……這些想法讓妳感覺如何？開心、悲傷、擔憂、生氣……？

案　主：喔！悲傷，相當悲傷。

治療師：好，我們做個圖表如何？妳給了一個很好的例子、一個明確的情境，這說明了妳的想法如何影響妳的情緒（在下面的組織圖表與莎莉一同回顧），這對妳而言，清楚嗎？妳看情境的角度會引發一些自動化想法，然後影響妳的感覺，這樣的邏輯合理嗎？

案　主：我想是的。

> 情境：與同學午餐
> ↓
> 自動化想法：他們都比我聰明，這堂課我可能會不及格。
> ↓
> 反應（情感的）：悲傷

治療師：讓我們看看過去幾天是否還有其它更多的例子。有沒有哪些是妳感覺特別沮喪的時刻？

案　主：嗯，就在剛剛，當我在等待室時，我相當低落。

治療師：當時有哪些想法進入妳的心中？

案　主：我完全不記得了。

治療師：〔嘗試讓此經驗在莎莉心中更加鮮明〕現在，妳可以想像自己正在等待室嗎？妳可以想像自己坐在那裡？若現在想到了，請描述那個畫面給我聽。

案　主：嗯，我坐在靠近門邊的椅子，在招待員的遠處，有個女人走了進來，她微笑著，和招待員說話，她看起來很開心且……正常。

治療師：當妳看著她時，妳的感覺如何？

案　主：悲傷。

治療師：妳當時想到了什麼？

案　主：她不像我，她是如此地開心，我永遠無法再變成那樣。

治療師：〔增強認知模式〕好的，這是另一個很好的例子，這裡的情境是妳在接待區看到一個看起來開心的女人，然後妳開始想「我永遠無法再變成那樣」──結果這個想法讓妳感到悲傷，是這樣的嗎？

案　主：嗯，我想是。

治療師：〔確定莎莉可用話語表達她對認知模式的瞭解〕妳可

以用妳自己的話告訴我，想法與情緒間的連結是？

案　主：嗯，似乎是我的想法會影響我的感覺。

治療師：沒錯，就是如此。〔促使莎莉將治療中所進行的練習於治療週間運用〕若妳同意，我想要妳做的是在接下來的這一週，當妳注意到心情轉變或變糟時，持續留意進入妳心中的想法，好嗎？

案　主：嗯。

治療師：事實上，我把它加入家庭作業清單中如何？當我注意到心情變糟時，問自己：「什麼想法進入了我的心？」，並寫下那個想法。當下週妳過來時，我們可以評估妳的想法，看看是否是100% 真實，或0% 真實，亦或在中間，好嗎？

案　主：是。

治療師：因為大部分時候妳是憂鬱的。我認為妳會發現這些想法並非完全正確，我也會寫下這件事：就算我想到的什麼事情也不代表它是真實的。當我們發現妳的想法並不是真的，或並非完全真的，我會教妳如何用更為務實的方式看情況。當妳開始進行時，我認為妳會發現自己的感覺變好了。舉例來說，我們可能會發現妳的同學其實並不比妳聰明，妳之所以難過跟妳的能力完全沒有關係，而全部都是憂鬱的關係。我們可以利用問題解決的方式來幫助妳在課堂上的表現。舉例來說，妳可以向朋友、助教或家庭教師尋求協助。

案　主：聽起來很難。

治療師：「聽起來很難」──這是另一個有關自動化想法的好例子。這就是我在這裡要做的，我們就是一個團隊，一起來幫助妳解決問題，我們會一步一步來（停頓）。妳可以理解當我們去改變想法以及解決問題時，會有助於改善妳的心情嗎？

案　主：是。

治療師：（使用鼓勵的音調）我認為妳會發現，很快妳就會變好了，在那之前，妳可以嘗試寫下其他憂鬱的想法，這樣我們可以於下次會談時討論？

案　主：好的。

治療師：〔澄清莎莉是否會覺得困難，而需要更有效的問題解決策略〕妳認為做這件事有任何困難嗎？

案　主：不，我認為我可以做到。

治療師：好，但若沒辦法也沒關係。下週妳回來時，我們再一起處理。

案　主：好。

　　在這個階段，治療師用案主自己的例子來解釋、說明與記錄認知模式，並用幾句話把這些概念解釋完。因為對憂鬱症的患者來說，要維持高度的專注是很困難的，治療師要求莎莉用自己的話重複治療師說的內容，以便確認她是否瞭解。當莎莉的認知能力受損或受限時，治療師就要使用更具體的方式來協助她學習，比如使用不同的臉部表情來代表情緒，諸如卡通人物的頭上有空白的「思考泡泡」等等。

問題：如果案主在首次會談中難以瞭解認知模式呢？

回答：治療師將決定是否嘗試其他技巧（見第九章），或於下次會談時再回到這個作業。通常不要過度催促案主，否則可能會造成他對自己的能力或對治療師產生負向想法。若治療師決定更深入的解釋認知模式時，可儘量淡化技巧的重要性，以避免案主有責備自己無能的機會。（可以鼓勵案主：「有時很難馬上找出這些想法，它們的速度太快了，但這沒有關係，我們可以在另一個時間點再回來討論。」）。

 問題討論或行為活化

若首次會談仍有時間，治療師也可以討論案主在意的特定問題。試著發展出其他看問題的角度與方式，或跟案主一起找到解決問題的具體步驟，這都可以增加案主的希望，增進治療的效果。除非案主表達的問題並不是非常重要，否則治療師可以試著引導案主去討論他們缺乏動力的問題——如他們從活動中退縮，或是有某種程度的被動狀態。對多數憂鬱症的患者而言，克服憂鬱造成的被動與退縮，並且建立正向經驗與控制感是很必要的。本書將於下一章針對行為活化進行討論。

 會談結束的總結與設定家庭作業

最後的總結綜合了會談的各個部分與重點。總結亦包括帶著案主回顧他本週的家庭作業。

> 治療師：莎莉，我們的時間快結束了，妳可以告訴我，什麼是妳認為這次對妳來說最重要且必須記住的嗎？妳可以看一下妳的紀錄（見**圖5.1**）。
>
> 案　主：嗯，我想我並不懶惰，而且我可能有很多憂鬱的想法，讓我感覺不好，還有它並不是真的。
>
> 治療師：沒錯，如果妳能更主動一些，那妳的心情將會有所改善，妳贊同嗎？
>
> 案　主：是。
>
> 治療師：我們現在可以回顧一下家庭作業嗎？我想確認它是可行的（指向單張），第一件我們所寫下的是提醒自己

是憂鬱的，因此妳不用去想自己是不好的。現在，妳
會如何記住做這件事？妳認為妳每天晨起後，會閱讀
這張表嗎？

案　　主：是。

治療師：這會花妳多久時間？

案　　主：不知道，可能五分鐘？

治療師：實際上，我認為它花不到一分鐘。

案　　主：嗯，或許是如此。

治療師：妳怎麼幫助自己記得做這件事？

案　　主：（思考）我不確定，但我不想把它放太遠，因為我的
　　　　　室友可能會看到。

治療師：〔提供明確提議〕妳可以把這張單子留在某個地方，
　　　　　像是妳的背包？或許妳可以用手機設定一個提示音，
　　　　　當它響起時，妳會記得拿出它並閱讀？

案　　主：嗯，看來可行。

治療師：每天至少閱讀一次以上是好的。什麼時候妳覺得閱讀
　　　　　它可以幫助妳最多？

案　　主：（思考）可能是在晚餐後。

治療師：聽起來不錯，妳或許也可以在那時設定一個提示音？

案　　主：好的。

治療師：我會在這張單子的最上端寫下這項計畫。

　　接著，治療師與案主增加家庭作業清單，並留意每一項作業可能需
花多長的時間完成。許多案主過度高估作業的難度與花費的時間，故明
確訂出作業所需的時間，會有助減緩案主的痛苦。

> 治療師：莎莉，我們先前提到本週要增加妳的目標清單。妳認
> 　　　　為本週妳可以花一或二分鐘在這上面嗎？
> 案　主：當然。
> 治療師：最後，我有本關於憂鬱的小冊子《因應憂鬱》〔
> 　　　　*Coping with Depresson*，見**附錄B**〕，我們可以設定它
> 　　　　是妳的選讀嗎？
> 案　主：（點頭）。
> 治療師：我認為這會花妳五到十分鐘閱讀。若妳有看的話，可
> 　　　　以針對同意或不同意的地方在心中紀錄，或把它寫下
> 　　　　來。
> 案　主：好。

　　在這部分的會談中，治療師想增加莎莉順利完成家庭作業的機會。若治療師覺得案主無法進行作業時，可以提供調整的可能（「妳認為寫下妳的想法有困難？」（若是）「妳認為我們應該設定為隨意？」），因為憂鬱症的患者如果沒有完成指定的家庭作業時，他們很容易被情緒淹沒，並且會自我批判（這會在第十七章對於家庭作業的延伸中作討論）。

　　治療師可以與莎莉討論，何時閱讀這張單子對她是有幫助的。對莎莉來說，她在作學校的作業時比較不會被情緒所淹沒，且相較於其他憂鬱症案主，莎莉也能從事這些練習。有些案主會將其所寫的清單轉錄至其智慧型手機或其他電子產品。

 回饋

　　每次治療會談或至少頭幾次治療會談的最後，都是回饋的階段。在首次治療會談的尾聲，大多數案主對治療師與治療的感覺是正向的，這

時引導案主的回饋會更強化彼此的同盟關係，也能提供治療師關切案主內心在想的訊息，同時也讓案主的誤會能被治療師發現，並做出處理。案主有時用自己的方式解釋治療師的言行，當治療師詢問是否有任何事困擾他們時，這就是讓案主有機會表達自己的看法，並且檢驗案主對治療的觀點是否合理。除了口頭回饋外，治療師可以讓案主寫下自己完成的治療報告（見**圖**5.2）。

1. 我們今天所討論的主題有哪些對你而言很重要，且值得記住的？

_____

_____

2. 你覺得今天可以對你的治療師投以多少的信任？

_____

_____

3. 今天在治療中有任何讓你感到不舒服的事情嗎？若有，是什麼？

_____

_____

4. 你今天進行多少關於治療的家庭作業？有多少可能性去作新的作業？

_____

_____

5. 在下次會談中，你確切想要涵蓋的是？

_____

_____

**圖5.2 治療報告**

資料來源：J. S. Beck (2011). © 2011 by Judith S. Beck. Reprinted by permission.

註：Reprinted by permission in *Cognitive Behavior Therapy: Basics and Beyond*, Second Edition, by Judith S. Beck (Guilford Press, 2011). Permission to photocopy this material is granted to purchasers of this book for personal use only (see copyright page for details). Purchasers may download a larger version of this material from www.guilford.com/p/beck4.

治療師：每次會談的最後，我都會問妳對會談的想法。事實
上，妳有兩個選擇，直接告訴我，或把它寫在治療報
告中，妳可以在會談結束後，在等待室填寫。我會把
它看完，若有任何問題，我們可以將這些放在下次會
談的流程，好嗎？

案　主：好。

治療師：妳對今天的會談感覺如何？這次會談有任何讓妳不舒
服，或讓妳覺得我做錯的地方嗎？

案　主：沒有，還不錯。

治療師：下次會談中，有任何妳想要我們做的改變嗎？

案　主：不，我覺得不需要。

治療師：好的，今天很榮幸和妳共事，現在可以請妳在等待室
裡完成治療報告，且在下次會談前完成其他我給妳的
表單嗎？且妳會嘗試完成妳在作業單上所寫下的家庭
作業，好嗎？

案　主：（點頭）好的，謝謝。

治療師：下週見。

問題：如果案主對會談有負向反應？

回答：治療師可試著把問題具體化，確立這對案主的意義，並且在
下次會談中，提出此問題進行處理，如以下的例子：

治療師：有任何在這次會談中發生的事情，讓妳困擾的嗎？

案　主：我不知道……我不確定治療是否有幫助。

治療師：妳不覺得這有幫助？

案　主：不，不全然是，你看，我的生活確實存在問題，並

不只是我的思考問題。

治療師：我很高興妳告訴我，這讓我有機會跟妳討論，我真
　　　　的相信妳在生活上的確存在問題。我的意思並不是
　　　　說妳沒有這些有關老闆、鄰居與孤獨感等問題。這
　　　　些當然都是問題，我們會一起解決，我不認為我們
　　　　只需要關注妳的想法，很抱歉讓妳有這樣的感受。

案　主：沒關係，就只是像……嗯，我覺得好像要被情緒所
　　　　淹沒，我不知道要做什麼。

治療師：妳願意下週再來，我們一起討論被情緒淹沒的感覺
　　　　嗎？

案　主：是，我可以。

治療師：家庭作業也會讓妳有被淹沒的感覺嗎？

案　主：（停頓）也許。

治療師：妳想要怎麼做？如果妳想的話，作業的部分妳可以
　　　　隨意，或部分隨意的完成它。

案　主：（鬆了口氣的嘆息）是，這會好一點。

治療師：哪一個部分是最難進行的？

案　主：嘗試持續追蹤我的想法。

治療師：好，讓我們在這個作業旁寫下「隨意」，或我應該
　　　　取消？

案　主：不，你可以寫下「隨意」。

治療師：（如此做）還有其他感覺到太難的嗎？

案　主：可能是找我的朋友，我不知道我是否可以做到。

治療師：好的，我應該寫下「隨意」，或取消？

案　主：可能是取消。

治療師：好（如此做），現在還有其他今天治療會談的事情
　　　　讓妳感到困擾的嗎？

　　此時治療師可以察覺到有無強化治療同盟的必要性。治療師既未遺漏案主於會談中的不滿意訊息,且案主也無將此隱瞞的企圖。若治療師無法詢問案主對會談的回饋,或無法處理負向回饋,案主可能不會再回到會談中。治療師對於家庭作業的彈性,有助於案主再檢核其對於認知行為治療是否適合的擔憂。治療師藉由回應案主的回饋並做出合理的調整,可傳遞出對案主的同理與瞭解,促進合作與信任。

　　治療師可於下次會談的初始,確切地表示彼此以團隊的合作形式,配合家庭作業有多麼重要,案主會發現這對他相當有助益。治療師亦可將此困難視為一種機會,調整對案主的概念化。治療師並確保未來家庭作業和案主共同合作建立,且不會讓案主感覺到被情緒所淹沒。

　　治療會談的初始有些重要目標:建立同盟關係、調整對案主的概念化、使案主熟悉認知行為治療的歷程與架構、教導案主認知模式與疾病的知識、提供希望與減緩症狀。而發展鞏固的治療同盟,及鼓勵案主與治療師共同建立治療目標,為本次治療會談之首要。第七章則描述接續下來的治療會談的架構,第八章則處理架構會談的困難處。

# Chapter

# 6 行為活化

羅愔愔

■ 消極的概念化

■ 缺乏控制感或愉悅的概念化

■ 利用活動計畫單來檢驗預估的正確性

對憂鬱症案主來說，治療的初期目標最重要的就是要安排日常活動。大部分案主不但會從一些會帶來成就感、愉悅、振奮心情的活動中退縮下來，還會增加原本持續或甚至增強他們煩躁不安的行為（像是待在床上、看電視，或坐著發呆）。他們通常認為自己無法改變心中這樣強烈的情緒。因此治療的重點，就在幫助他們更有活力，並且將結果歸功於他們本身的努力。這麼做不僅能達到改善心情的效果，也證明他們可以控制自己的情緒，增強案主的自我效能感。

##  消極的概念化

當案主考慮要參與一些活動時，憂鬱的自動化想法常常會阻礙他們的行動。

> 情境：考慮參與一個活動
> ↓
> 〔常見的〕自動化想法：我太累了、我不會喜歡它的、我的朋友不
> 會想花時間陪我、我一定做不來這個、
> 什麼事都無法幫助我感覺好過一點……
> ↓
> 〔常見的〕情緒反應：悲傷、焦慮、無望感
> ↓
> 〔常見的〕行為：依舊不參與活動

案主的相對消極助長了原本低落的情緒。當他們失去獲得控制感或愉悅的機會時，會引發更多的負向想法，進一步加劇煩躁不安的狀態並缺乏動力，而形成惡性循環。

##  缺乏控制感或愉悅的概念化

即使案主真的參與了各式活動，他們通常會因為自我批評的自動化想法而產生很低的滿足和樂趣。

> 情境：參與一項活動
>
> ↓
>
> 〔常見的〕自動化想法：我會做得很糟、我早就該完成它了、還剩下太多的事情還沒做、我無法做得像我以前那樣好、這以前比較有趣、我不配做這個……
>
> ↓
>
> 〔常見的〕情緒反應：悲傷、內疚、對自己生氣
>
> ↓
>
> 〔常見的〕行為：停下活動、找理由將自己推開，之後無法再繼續從事相同的活動

當案主參與一項活動或是活動結束之後，自我批評的想法也跟著出現。因此治療師在安排活動時要特別注意，預先考量案主的自動化想法可能會對他帶來的干擾，以及可能會讓案主在進行活動時或結束後，減低了樂趣與成就感。

當治療師在治療像莎莉一樣相對「容易」的案主時，治療師可以引導他們去找出可以幫助他們感覺更好的活動，對付負面的干擾想法，以及協助他們將愉快且富有創造性的活動安排進日常生活中。治療師也許需要幫助較嚴重的憂鬱症案主發展出以小時為單位的每週活動行程表，好抵消他們的消極與被動。對於某些案主來說，為他們參與的活動所帶來的愉悅和成就感打分數也許是有用的，這樣案主可以評估自己是否變得更積極活躍，以及是否更能為自己失功能的想法負責，這些做法都可以改善他們的情緒。

　　使案主行為活化最簡單與快速的方式或許就是去回顧他們典型的日常生活作息表（見第四章「衡鑑階段」）。下面的問句可以提供治療師一些指引：

> • 有哪些活動案主從事得太少，以至於他們無法獲得成就（控制）感或樂趣？這些活動可能與工作、學校、家人、朋友、鄰里、志願服務、體育競技、嗜好、體能活動有關。以及對於他們追尋家庭、自然、靈性、感性、知性、文化價值等相關。
>
> • 案主有適度地在控制與樂趣之間達到平衡嗎？舉例來說，案主是否會把自己逼得太緊而失去了樂趣？或是他們是否會逃避一些具有挑戰性的活動，而錯失獲得控制感的機會？
>
> • 哪些活動會減低控制感及／或樂趣？這些活動本質上會讓人煩躁不安，像是躺在床上反覆思索，所以它們的頻率應該被減少嗎？或是案主因為他們的憂鬱想法在作祟，以致於從事那些可能有益的活動時仍感到煩躁不安？

　　在下面的對話中，治療師與莎莉一同回顧她的作息表，強化她更善於規劃她的時間，鼓勵她承諾去做一些特定的改變，導引出會阻礙她改變的想法，將她的想法標示出來，作為日後可供驗證是否正確的指標。讓她選擇後續的家庭作業，並教導她讚美自己。

> 治療師：看一下妳的作息表，妳注意到什麼？妳的活動內容與一年前還不憂鬱的時候，有什麼不一樣？
>
> 案　主：嗯，我花了很多時間在床上。
>
> 治療師：總是待在床上會讓妳感覺比較好嗎？當妳終於起床時會感到神清氣爽、精力充沛嗎？
>
> 案　主：（想了想）不……我想不會，當我起床時我通常會覺得暈暈沉沉而且心情低落。

治療師：嗯，這是個有價值的資訊。〔提供心理衛教〕大部分有憂鬱想法的人會認為，當他們留在床上時會感覺比較好，但是他們通常會發現，去做其他任何事情幾乎都比躺在床上好⋯⋯在妳的作息表中還有什麼不同的地方嗎？

案　主：在上學期，我似乎較常跟朋友出遊，或者與他們混在一起。現在我只會從我的宿舍出門到教室、到圖書館、自助餐廳，然後就回到我房間。

治療師：即將到來的這個星期，是否給了妳一些想要改變的想法？

案　主：是！嗯，我想要花更多時間與其他人在一起，但是我似乎沒有這樣做的能量。

治療師：所以，妳最後還是會留在床上？

案　主：是的。

治療師：喔，那妳有一個很有趣的想法：「我沒有精力去花時間與其他人在一起。」讓我們寫下來。〔試圖建立一個行為實驗〕現在，我們要如何檢驗這個想法是否是真的？

案　主：我猜我可以計畫花一點時間跟朋友在一起，並且看看我是否可以做得到。

治療師：〔試著激勵莎莉去達成它〕這樣做會有什麼好處呢？

案　主：我想我可能會感覺好一點。

　　治療師從莎莉的語氣推測，她可能不願意去進行這個測試，於是治療師將可能會造成干擾的自動化想法加以概念化如下：

情境：討論花時間跟朋友相處
↓
自動化想法：？？
↓
情緒反應：不確定的負面情緒

為了發掘莎莉的自動化想法，治療師可直接問她：

治療師：妳的腦子裡現在閃過些什麼？

案　主：我不知道。

治療師：〔提供莎莉治療師認為她真正想法的相反意見〕妳在
　　　　考慮什麼時間去找朋友比較好嗎？

案　主：不，我猜我正在擔心我的朋友會不想跟我出去。

治療師：好的。〔強化認知模式〕妳可以發現妳的想法是如何
　　　　阻止妳去找他們嗎？

治療師假設以下的情形：

情境：考慮找朋友出去
↓
自動化想法：他們不會想跟我在一起的
↓
情緒反應：悲傷？
↓
可能的行為反應（如果她不回應自動化想法）：留在她的房間

　　接下來，治療師要確定莎莉是否能明白她是如何做出這些反應的。
如果不行，治療師會幫助她評估其想法的真實性，並設計一個行為實
驗。

治療師：妳會如何答覆這個想法？

案　主：……我不知道。

治療師：妳有任何證據顯示，他們不想跟妳出去嗎？

案　主：不，其實沒有，除非他們太忙了……除了最近這些我
　　　　讓人感覺不太有趣的日子。

治療師：他們有說過什麼嗎？

案　主：沒有……

治療師：那妳是否有任何相反的證據，證實他們其實願意花時
　　　　間跟妳在一起？

案　主：（想了想）唔，艾蜜莉今天有問我要不要跟她一起去
吃午餐，但是我不行。

治療師：好，那聽起來很不錯。所以，妳要如何確定艾蜜莉或
　　　　其他人想要跟妳出去呢？

案　主：我想我可以去問他們，是否想要一起吃個晚餐或做其
　　　　他事情。

　　接下來，治療師問了一連串的問題，以便設定這個行為實驗，好讓
正向結果發生的機會達到最大。

治療師：哪個人對妳來說最容易去詢問？艾蜜莉嗎？

案　主：不，我想是艾利森和喬。

治療師：好，這麼一來妳可以去測試妳的兩個預想：第一，妳
　　　　的朋友並不想跟妳相處；第二，妳太累了以致於無法

花時間跟他們在一起。聽起來對嗎？

案　主：對。

治療師：〔試著增加莎莉順著這個想法的可能性〕妳去接觸艾利森或喬，或其他人的可能性有多大？

案　主：（語氣堅定）我會去做！

治療師：〔確認如果莎莉能立即去做的話，可能性是否會更大〕妳認為妳今天就可以去問嗎？

案　主：我想可以，結束會談後我可以傳簡訊給他們。

治療師：〔給予正增強〕那真是太好了！然後如果成功的話，妳能夠試著在這星期剩下的時間裡，持續跟朋友聚聚嗎？妳覺得如何？

案　主：好，可以。

治療師：〔假定若是莎莉太低落時，有可能會拒絕朋友〕妳會想要跟朋友聊聊關於妳的憂鬱情形嗎？或是妳覺得在開心及不開心的事情之間，怎麼說會比較恰當一些？

案　主：不，我不必去說。他們已經知道我很低落，他們都給我很多支持。

治療師：很好……〔預測如果莎莉被拒絕的話，可能會感覺更糟〕現在，如果朋友最後說不行，重要的是妳是否會認為那也許是因為他們真的太忙了，而不是因為他們不想花時間跟妳在一起呢？

案　主：是的。

治療師：我應該要把它寫下來嗎？

案　主：（點頭）

治療師：（寫下）「如果他們說不行，那可能是因為他們雖然很想跟我出去，可是真的是太忙了。」（暫停）好。現在我們可以回到妳的作息表嗎？有沒有任何妳認為

需要改變的？

案　主：我想我看太多電視了。

治療師：這星期妳想做什麼事來取代看電視呢？

案　主：我真的不知道。

治療師：我注意到妳並沒有花太多時間在運動，對吧？

案　主：是的，我以前大多會在早上去跑步或是游泳。

治療師：最近是什麼阻礙了妳去做這些活動呢？

案　主：我想是老問題吧，我真的覺得很累，而且我不認為我
　　　　會得到什麼樂趣。

---

情境：考慮去運動

↓

自動化想法：我太累了，我不會得到樂趣

↓

情緒反應：焦躁不安

↓

行為反應：留在床上

---

治療師：妳想要在這週計畫更多運動嗎？像是稍微跑一下，或
　　　　游泳個幾次？

案　主：好。

治療師：如果在這星期去找朋友、游泳或跑步最少三次？

案　主：喔，我會的。

治療師：我們要不要把這些事情寫在活動計畫單上〔見圖
　　　　6.1〕，那麼妳就更有可能去實踐它們了。

案　主：不，我想不需要，我真的會去做。

治療師：還有一件事，妳認為每當做了一次之後可以給自己一

| | | 星期一 | 星期二 | 星期三 | 星期四 | 星期四 | 星期六 | 星期日 |
|---|---|---|---|---|---|---|---|---|
| 早上 | 6-7 | | | | | | | |
| | 7-8 | | | | | | | |
| | 8-9 | | | | | | | |
| | 9-10 | | | | | | | |
| | 10-11 | | | | | | | |
| | 11-12 | | | | | | | |
| | 12-1 | | | | | | | |
| 下午 | 1-2 | | | | | | | |
| | 2-3 | | | | | | | |
| | 3-4 | | | | | | | |
| | 4-5 | | | | | | | |
| | 5-6 | | | | | | | |
| | 6-7 | | | | | | | |
| 晚上 | 7-8 | | | | | | | |
| | 8-9 | | | | | | | |
| | 9-10 | | | | | | | |
| | 10-11 | | | | | | | |
| | 11-12 | | | | | | | |
| | 12-1 | | | | | | | |

**圖6.1　活動計畫單**

　　　　　　點讚美嗎？妳可以說：「很好，我做到了！」。

案　主：（疑惑）妳是指要我因為計畫去找朋友而讚美自己嗎？

治療師：沒錯！〔提供心理衛教〕當人們感到憂鬱的時候，要他們去做一些以前覺得很容易的事情，通常會變得困難。像是打電話給朋友，或是短跑一下的這些活動，對妳而言在開始克服憂鬱時是非常重要的。而且這些活動的確會比躺在床上為妳帶來更多的能量。所以妳當然值得讚美啊！

案　主：但那些事情過去對我來說真的很容易……

治療師：當妳不再憂鬱之後，妳就不需要給自己這樣的讚美。但如果是現在，即便達成它們只有那麼一點點的困難，妳都值得被讚美。提醒自己，這有助於妳認識到，妳正在做有幫助的事情來讓自己感覺更好。

案　主：好的。

治療師：事實上，我想請妳在做了任何積極的活動後給自己一些讚美。每當妳沒有打瞌睡、看電視或只是毫無意義地流連在網路世界時，務必稱讚自己。〔請見第十五章「自我陳述列表」，第362至364頁關於如何給予讚美的敘述。〕

　　在這邊，治療師引導莎莉回顧她典型的一日生活並做出結論。有些案主需要比其他人更多的指導來完成這件事（比如：「妳注意到自己花多少時間睡覺嗎？起床時妳心情如何？妳有感到更好嗎？妳認為可以在這星期來嘗試做哪些改變呢？」）。治療師指導莎莉去承諾做出某些具體的改變，找出可能會干擾改變的自動化想法，以及提出行為實驗來檢測她負面預期的確實性，並要求她在有所行動之後讚賞自己。

問題：如果案主完全覺得他們就是沒有辦法再積極一些，或是他們
　　　覺得即使動起來也不會改善心情時該怎麼辦呢？

回答：治療師必須提供衛教，建立行為實驗來幫助案主測試他們的
　　　想法，以及使用活動計畫單，就像以下對話。

---

治療師：〔總結回顧案主典型的一天〕好的，看起來當妳開
　　　　始憂鬱時，妳的生活跟以前比起來改變了許多。

案　主：沒錯，我無法有足夠的能量，只能大多數時候都躺
　　　　在屋子裡。

治療師：那妳當時的心情會如何呢？

案　主：非常糟，我會一整天都很憂鬱。

治療師：如果妳繼續躺在屋子裡，妳認為會發生什麼事？

案　主：我不知道，我想什麼都不會發生吧。

治療師：那妳是不是會持續憂鬱下去呢？

案　主：我猜會這樣。

治療師：那妳覺得試著去改善一下妳的作息和活動如何，並
　　　　計畫一些可以帶給妳愉悅或成就感的事情，像是打
　　　　電話給朋友，或者散散步？

案　主：我不覺得那會有幫助，而且我整天都很累，我想我
　　　　應該等到感覺好點之後再說。

治療師：妳知道嗎，很多有憂鬱症的人都會這麼說，但研究
　　　　結果所顯示的卻剛好相反。那些能克服憂鬱的人，
　　　　都是先從事更多積極的活動之後，才會感覺比較好
　　　　喔。

案　主：哦。

治療師：妳這個星期想不想嘗試一些實驗，去測試看看妳是
　　　　否真的沒有力氣做任何事，以及瞧瞧要是妳真的嘗
　　　　試更多活動之後，妳的心情會發生甚麼變化？

---

案　主：我想可以。

治療師：讓我們看一下〔提供不同活動所需能量的對比〕。
　　　　哪些事情對妳來說確實是太難？跑步？一整天不斷
　　　　地做些苦差事？打掃整間公寓？

案　主：對，我無法做這些事情。

治療師：所以有哪些事情相對上來說比較簡單，只需要消耗
　　　　妳一點精力？

案　主：（嘆氣）我可以去圖書館歸還我已經逾期的書，也
　　　　許再借一些DVD。

治療師：〔提供正向回饋〕好主意！那還有什麼是妳可以做
　　　　的？

案　主：我不確定……

治療師：妳想妳一天中可以做幾項工作，如果每項只要十分
　　　　鐘的話？

案　主：我想可以。

治療師：很好。

治療師幫助案主制定這些工作，並且持續引發一些其他的活
動，以及使用活動計畫單。

治療師：這些都是很好的活動。（指出圖6.2的活動計畫單）
　　　　我想清楚知道妳都在什麼時候做這些活動。我們可
　　　　以把它寫在這張活動計畫單上嗎？

案　主：好的。

治療師：（看著計畫單上案主典型的一天）所以，看起來妳
　　　　通常都在十一點或十一點半之間起床，妳認為變成
　　　　十點或十點半起床怎麼樣呢？

案　主：我想可以。

治療師：那接下來做什麼比較好呢？

案　主：我想是洗澡、換衣服、吃早餐。

治療師：所以這有讓妳改變平常的作息嗎？

案　主：是，有時候我一整天都不會換衣服。

治療師：妳把它們在十點鐘的空格中寫下來如何？「起床、沐浴、換衣服」。然後把「吃早餐」寫在十一點的空格裡。〔見**圖6.2**〕

案　主：好的。（開始寫）

治療師：現在，吃完早餐之後該做什麼呢？清洗妳的餐具嗎？

案　主：我應該要這麼做。我常常只把碗盤放在水槽裡，整個廚房都髒亂成一團。

治療師：所以，先花個十分鐘洗碗或是整理廚房如何？妳並不需要一次就把所有的事情做完。

案　主：（鬆了一口氣）沒問題。

治療師：接下來呢？洗碗之後妳想稍微休息一下，看看電視、報紙，或者是像妳平常做的那樣去上網？

案　主：是，那會很好。

治療師：好，所以在十一點的空格放上「清潔廚房十分鐘」，十二點的空格則是寫上「看電視、報紙或上網」。

　　　治療師跟案主依照此模式繼續討論，直到他們完成第二天的作息表。因為案主是如此消極缺乏動力，治療師要小心別讓案主淹沒在過於忙碌的作息裡。治療師把一小段的事情，安插在較長時間的休閒活動與短暫休息之間。也要求案主每次在遵照此作息後，給予自己一個讚美和鼓勵。接下來，治療師可詢問案主是否願意每天都

| 時間 | | 星期一 | 星期二 | 星期三 | 星期四 | 星期五 | 星期六 | 星期日 |
|---|---|---|---|---|---|---|---|---|
| 早上 | 6-7 | 睡覺 | | | | | | |
| | 7-8 | 睡覺 | | | | | | |
| | 8-9 | 睡覺 | | | | | | |
| | 9-10 | 睡覺 | | | | | | |
| | 10-11 | 起床，沐浴，換衣服 | | | | | | |
| | 11-12 | 早餐，清潔廚房10分鐘 | | | | | | |
| | 12-1 | 看電視，報紙 | | | | | | |
| 下午 | 1-2 | 工作或逛街 | | | | | | |
| | 2-3 | 休息 | | | | | | |
| | 3-4 | 看電視，午餐，清潔廚房10分鐘 | | | | | | |
| | 4-5 | 打電話給姐姐，洗衣服10分鐘 | | | | | | |
| | 5-6 | 看電視，散步 | | | | | | |
| | 6-7 | 休息，洗衣服10分鐘 | | | | | | |
| 晚上 | 7-8 | 晚餐，清潔廚房10分鐘 | | | | | | |
| | 8-9 | 打電話給強納生，收發E-mail | | | | | | |
| | 9-10 | 看YouTube，上網 | | | | | | |
| | 10-11 | 閱讀 | | | | | | |
| | 11-12 | 準備上床睡覺 | | | | | | |
| | 12-1 | 睡覺 | | | | | | |

圖6.2 摘自某位重度憂鬱症患者的活動計畫單

資料來源：J. S. Beck (2011). © 2011 by Judith S. Beck. Reprinted by permission.

按照這樣的基本作息。他們一起將案主在家中可以做的事情、可以聯絡的親朋好友,以及可以去的地方都列舉出來。

在下一次會談中,治療師回顧案主是否有執行此項作息表。詢問案主關於她先前的預期:她會太累以致於無法從事任何活動,以及這些活動不會有任何幫助。揭露她的自動化想法是不正確的,可以促使案主更早起床,以及參與更多創造性或有樂趣的活動。

問題:如果案主無法找出任何有趣、愉快的活動呢?

回答:有許多名單可以提供給他們來選擇活動。像是Frisch(2005)提出的,或是MacPhillamy和Lewinsoh(1982)所列舉出的描述。這些都可以在www.healthnetsolutions.com/dsp/PleasantEventsSchedule.pdf. 中找到並提供參考。這些表單是很有用的工具,可用來要求案主在瀏覽它們時從中選擇出一些不錯的活動。如「在這些名單中有哪五項或哪十項活動,你可能會覺得做起來最有趣呢?」如果案主仍十分抗拒,治療師可以幫助他們認識到如果留在床上什麼也不做,只會維持或加強他們的煩躁不安。然後詢問他們,若是去參與一些清單中的活動,是否會比待在床上使他們的心情變得更糟。如果答案是不會,詢問他們是否願意安排一些活動。如果可以,再詢問是否願意做一個行為實驗來測試他們原先的想法是否正確。

問題:如果案主已經有完整的作息計畫,或是行程都已經排滿了呢?

回答:如果案主已經將活動安排得很好很均衡了,他們也許就不需要去改變原來的作息。如果作息活動並不平均,他們可能需要計畫一些休息時間,以及決定是否增加愉悅的和(或)控制感的活動。如果他們的行程安排得太滿,也許需要減少活動的程度(他們在做任何改變時也需要給予自己讚美)。在

任何情況下，如果案主無法從活動中獲得愉悅感或控制感，治療師或許能協助案主對活動中經驗到的失功能想法做出適當的回應。案主也需要針對那些會阻礙他們改變作息的自動化想法，去練習如何應對它。

問題：如果案主報告說，改變他們的活動後並沒有影響心情呢？

回答：除了在最嚴重的憂鬱症案例中，案主不太可能沒有經驗到任何的情緒變動。但是這種波動也許很小，以致於案主不記得了。對於這些案主這樣是有用的，可教導他們在活動結束後，立即針對成就感和控制感，用10點量表來評分。如下：

> 治療師：〔檢視案主的家庭作業並做摘要〕所以你在上週做了很多活動，我們原先預期會提升你的心情，但你發覺沒有任何幫助？不管做了什麼，你的心情仍舊一樣糟？
>
> 案　主：是的。
>
> 治療師：我有兩個推論。第一，你被自動化想法干擾了；和／或第二，也許實際上你有經驗到一些輕微的情緒改變，但是你並沒有注意到也不記得它了。
>
> 案　主：我不知道……

接著，治療師引導出案主在參與不同活動時的認知，這些認知預計會在接下來的一星期中再次出現，需要協助案主去因應它們。同時治療師也清楚案主忽略了應給予自己讚美。下一步，他們決定讓案主對於所得到的控制感跟愉悅感做評分。

治療師：假設我們有一個可以用來評估每種活動樂趣的愉悅
　　　　量表（見**圖6.3**）。現在量尺上面從0到10分，你會
　　　　給哪一種活動10分？哪個活動你會覺得最愉悅，或
　　　　你能想像它所能帶來最快樂的感覺？

案　主：喔，我猜那會是當我去打冠軍賽的時候〔在他的家
　　　　鄉足球隊〕。

治療師：好的，在圖上的「10」旁邊寫下「踢足球賽」。

案　主：（照著做）

治療師：現在，你覺得什麼是0呢？哪個活動絕對不會讓你感
　　　　覺愉悅？

案　主：跟我的夥伴吵架。

治療師：好的，把它寫在0的旁邊。

案　主：（照著做）

治療師：以及，哪些可能是介於中間的5分呢？

案　主：我想，是跟我兄弟一起吃晚餐。

治療師：很好，寫下來。

|  | 愉悅量尺 | 控制感量尺 |
|---|---|---|
| 10 | 踢足球賽 | 建造露天平台 |
| 5 | 和兄弟吃晚餐 | 耙去年的樹葉 |
| 0 | 跟夥伴吵架 | 支票跳票 |

**圖6.3　愉悅和控制感量尺**

譯註：在原文書中的愉悅量尺的順序有誤，本文已修正。

　　如果案主可以很容易找出與分數相符的活動，用這三個分數
來定位通常就很足夠了，儘管案主有需要的話可以增加更多的定位
點。如果案主對於以數字來定位會有困難，治療師可以將量尺改為

「低」、「中」、「高」來定位。完成愉悅量尺之後,接著以相同方式來做完成就感量尺。接下來,治療師邀請案主使用他的量尺來衡量今天的活動。

治療師:很好,現在請你填一點今天的作息計畫表,在
十一點這一欄填入「心理治療」。並在下面寫
下「A(成就感)=＿＿＿＿」和「P(愉悅)
=＿＿＿＿」。好,你覺得今天的治療在控制感上可
以得幾分?

案　主:大概是3分吧。

治療師:愉悅呢?

案　主:大概2分。(填進格子裡)

治療師:你在今天治療的前一小時中做了什麼?

案　主:我去了一趟書局。

治療師:好,將「書局」寫在10點的欄位中。現在看看這個
量尺,你在那個小時得到多少成就感?

案　主:也許是2或3分。(寫下它)我有找到一本我想要的
書。

治療師:那愉快的感覺有多少呢?

案　主:沒有這種感覺,我想。

治療師:意思是去書局的感覺就像你跟夥伴吵架一樣嗎?

案　主:不是的,我猜這樣比較起來應該有2分。

治療師:瞧,這不是很有趣嗎?你的第一個反應是這完全沒
有給你任何愉快的感受。憂鬱症可能會干擾你去意
識到或者記得這些愉快的活動。那就是為什麼我認
為讓你持續在這星期做這個活動計畫單是有價值
的,去找出哪些活動比其他活動來得好。(停頓)
你認為你會直接去做嗎?

案　主：可以。

治療師：你可以告訴我為什麼努力去做這項作業是值得的嗎？

案　主：嗯，就像你說的，也許我的心情會因為我做不同的事情而有所改變。

治療師：你覺得呢？

案　主：我想這可能是對的。

治療師：如果這是真的，我們可以在下週安排更多讓你感覺更好的活動。現在，最理想的狀況是你在完成活動後，盡快填寫這個表格，這樣你就不會忘記做了哪些事，而且你的評估也會比較準確。如果很難做到的話，你能不能試著在午餐、晚餐和睡前填寫紀錄呢？

案　主：嗯，這應該沒有問題。

治療師：如果你可以每天填寫，就能提供我們最多的資料，但是即使你只做了幾天，也可以帶來一些資訊。現在，最後一件事是，你可以在下次會談的前一天或當天先檢視過活動計畫單嗎？看看其中是否有特定的形式，或者你是否從中能學到什麼。你可以在作業背面寫下你的結論，好嗎？

案　主：好的。

##  利用活動計畫單來檢驗預估的正確性

如果案主對安排作息計畫懷疑是否會有幫助時，治療師可以要求他們先對活動計畫單中的控制感、愉快感或情緒的程度做預測，到時候再

將實際狀況的評分記錄在另一張表上。這兩者之間的比較將會是有用的
資料來源。

治療師：現在我們來看看妳在第一份活動計畫單上的預測，以
　　　　及比較第二份實際上發生的事情。

案　主：（點頭）

治療師：瞧……妳似乎都給了非常低的預測分數，分數都是0到
　　　　3分，但事實上妳這三次要與朋友見面的計畫到底如何
　　　　呢？

案　主：事實上比我想像中愉快，我的愉快分數大概是3到5。

治療師：這說明了什麼？

案　主：我想我不是一個很好的預測家。我以為自己不會感到
　　　　很愉悅，但事實上我有，至少有一些。

治療師：接下來的一週妳想要計畫更多的社交活動嗎？

案　主：是的，我應該會這樣做。

治療師：很好。妳有沒有發現發生了什麼事？而且實際上在妳
　　　　來晤談前就已經發生了。妳過去一直預設自己與朋友
　　　　踫面會相處得很糟，而裹足不前。實際上是妳拒絕他
　　　　們的主動邀約。聽起來這份作業似乎幫助妳測試了這
　　　　個想法；妳發現自己並沒有與他們相處得很糟，然後
　　　　現在看起來妳似乎更有意願來安排更多計畫，我說得
　　　　對嗎？

案　主：對。但是這提醒了我，我想要討論一件結果比預期更
　　　　糟的事。

治療師：好的，什麼事？

案　主：我預期我在週末慢跑的分數會有4的成就感跟愉悅感，
　　　　但結果都只有1。

治療師：妳知道可能的原因有什麼嗎？

案　主：不知道。

治療師：妳在跑步時的感覺如何？

案　主：幾乎都很沮喪。

治療師：妳當時想到了些什麼？

案　主：我不知道，我感覺不太好，我喘得很厲害，簡直不敢相信跑步居然這麼艱難。

治療師：妳有沒有那些「我覺得不好」、「我在喘氣」、「這太難了」的想法？

案　主：嗯，我想有。

治療師：還有想到其他的嗎？

案　主：我想到也記起以前跑步很容易，我可以跑二或三哩都不會太喘。

治療師：妳是否有種記憶，一種妳以前是如何的心像？

案　主：是，以前這是很容易的。但我現在的狀態真的很糟，要回到從前的體形會很困難。我不太確定是否能回復原來的身材。

治療師：好，讓我試著瞭解妳的狀況。〔做摘要〕妳原本預期在跑步時會有中等程度的成就感和愉快感，但相反的，妳得到的非常少。聽起來妳有一些對於從前是如何的記憶，以及一些干擾的想法，像是「這太難了」、「我在喘氣」、「我以前可以輕易辦到」、「我現在的身材真的很糟」、「也許我再也無法回復到以前的體態了」。而且這些想法讓妳感到很沮喪，聽起來對嗎？

案　主：沒錯。

在最後這個部分，治療師使用活動計畫單作為工具，來確認出許多會破壞案主享受一項活動時的自動化想法。在下一階段，治療師將會：

1. 幫助她評估**關鍵認知**（key cognition），「也許我再也無法回復以前的體態了」。
2. 教導她拿自己過去最糟的時候來比較，而非最好的時候。這樣她才能在跑步時感覺好點，而不是如此自我批評。

行為活化對大多數的憂鬱症案主來說是必要的。許多案主只需要在選擇和計畫活動時，提供他們一些理論基礎與指導，並協助他們針對那些可能會干擾控制感和愉悅的負向自動化想法做出因應。治療師通常需要稍微強硬與堅持，來幫助案主變得更活躍。非常消極的案主，一開始會從學習如何創造和增加活動度，以及堅持從每天的作息中獲益良多。而那些對於活動計畫單感到懷疑的案主，治療師可以用行為實驗來測試他們的想法，或是讓案主比較自己的預測與實際情形的差異，以檢測自動化想法的真實性，這幾種技巧都有助於案主問題的改善。

# Chapter

## 7 第二次與之後的 會談：結構與形式

蔡佳縈

- 會談的初始階段
- 會談中期
- 最後的摘要與回饋
- 第三次及之後的會談

第二次會談所使用的形式，會在後續的會談中重複使用。本章介紹此形式，並描述自第二次會談至結案之前的過程。治療的最後階段將於第十八章描述，而在會談初期，與案主互動中所發生的典型問題，會在第八章中介紹。

第二次及之後的會談中，典型的流程如下：

### 會談的初始階段

1. 做情緒檢測。
2. 設定流程。
3. 獲得案主最新的狀況。
4. 回顧家庭作業。
5. 按優先處理順序進行會程。

### 會談中期

6. 處理特定問題，並在此脈絡中教導案主認知行為治療技巧。
7. 接著討論相關的議題，並與案主一同訂定家庭作業。
8. 處理第二個問題。

### 會談的結束階段

9. 提供或引導案主做摘要總結。
10. 回顧新的家庭作業。
11. 引導案主給予回饋。

若治療師還不熟悉此形式，可以影印上述表格隨身攜帶。治療師可以展示此表格（或是簡化的版本）給案主看，讓他們對治療更有概念，而雙方也可以瞭解目前的會談在哪個階段。

第二次會談的目標是幫助案主找出需要處理的重要問題，且在問題解決的脈絡中，教導案主相關的技巧，特別是辨識和回應自動化想法，以及對多數憂鬱的案主來說，安排活動也是很重要的技巧。治療師會持續教導案主以熟悉認知行為治療：依循會談形式、協同合作、提供回

饋、以認知模式的觀點檢視案主在過去以及目前仍持續發生的經驗。若案主感到有點改善，則開始進行預防復發的工作（參見第十八章）。最重要的是，建立治療同盟與減輕症狀。

 # 會談的初始階段

在會談的開始，特定的目標如下：

- 建立關係。
- 引導個案指出想要治療師協助解決的問題。
- 蒐集可能與其他重要問題相關的資訊，並討論之。
- 回顧家庭作業。
- 將流程中的問題按優先處理順序排列。

讓案主在會談開始之前先回顧「治療準備工作單」（在心中想或寫下來，見**圖7.1**），將有助於完成這些目標。

1. 上次會談我們談了哪些重要的議題？我在筆記中寫了什麼？
2. 我最近的情緒如何？和其他週比較起來如何呢？
3. 這星期發生了什麼（正向及負向的事件）是我的治療師應該知道的？
4. 有哪些問題是我想要治療師協助解決的？每個問題的簡稱為何？
5. 我做了什麼家庭作業？（若我沒有做，是什麼阻礙了我做家庭作業？）我學到了什麼？

**圖7.1　療前工作準備清單**

## 心情（及藥物）檢核

心情（情緒）檢核（mood check）通常是簡短的。它可以幫助治療師及案主瞭解會談的進展。若案主完成症狀檢核表，治療師將檢視並確認是否有額外的問題是案主沒有說出口的，像是自殺意念、睡眠困難、無價值或被懲罰的感覺、害怕最糟的情況會發生，以及易怒的狀況增加等等。在這個會談中處理這些問題是重要的。

治療師也要引發案主的主觀描述，並與客觀的測驗分數作比對。若測驗分數和自陳報告之間不一致，則詢問案主（例如：「你覺得變糟，但事實上你的憂鬱量表分數比上週低。你會怎麼解釋這個現象？」）。治療師也可以將之前會談的客觀分數和目前的客觀分數作一個快速的比較（例如：「你本週的焦慮分數較上週低。你有感覺較不焦慮嗎？」）。治療師也應確認案主不是報告他們當天的感覺，而是提供過去一週的情緒概況。典型的第二次會談開始如下：

---

治療師：嗨，莎莉。這個禮拜感覺如何？

案　主：我想差不多。我仍然覺得很沮喪，還有很多擔心。

治療師：我可以看一下妳的作業嗎？當妳寫作業時，妳想的是整個禮拜還是只有當天？

案　主：一整個禮拜。

治療師：很好。是的，看來妳這個禮拜的確很焦慮。我們是否應該將「焦慮」放入流程中討論呢？

案　主：（點頭）

治療師：（指著貝克憂鬱量表）看來本週妳的憂鬱分數較上週略為降低。妳自己也這麼覺得嗎？

案　主：我想是的。

治療師：很好。

---

問題：如果案主非常詳盡地闡述他的情緒時該怎麼辦？

回答：你可以教導他們使用認知治療架構作簡要的描述。例如：

「莎莉，我可以打斷妳一下嗎？妳可以只用幾句話告訴我，相較於上週，妳這週的焦慮和憂鬱狀況如何？妳是覺得更憂鬱了，還是都一樣，還是較不憂鬱了？」

　　獲得了過去一週以來莎莉情緒的整體狀況，接著治療師引發她去思索改變的原因。治療師要她辨識出她所做的正向行為，以及想法上的適應性改變。

治療師：為什麼妳覺得妳有一點比較不憂鬱了？

案　主：我想我覺得比較有希望了，像是治療可能會有幫助。

治療師：（巧妙地增強認知模式）所以妳有這樣的想法：「治療可能會有幫助」，而這樣的想法讓妳覺得比較有希望，且較不憂鬱？

案　主：是的……而且麗莎，她跟我上同一堂化學課，問我要不要跟她一起讀書。我們昨天花了幾個小時閒聊。那也讓我感覺變好。

治療師：當妳昨天和她一起讀書時，有什麼閃過妳的腦海？

案　主：我很高興她問我要不要和她一起讀書……我現在愈來愈瞭解了。

治療師：所以我們有了兩個妳感覺變好的原因了。第一，妳對治療感到有希望；第二，妳「做」了不一樣的事——和麗莎一起讀書——且至少獲得一點成就感。

案　主：是的。

治療師：妳能看出妳的想法和行為是如何影響妳的感覺嗎——以一種正向的方式？

為了建立自我效能感,及鼓勵更進一步的認知與行為改變,治療師對莎麗的適應性改變給予正增強:

> 治療師:妳有了這些對治療感到有希望的想法,及努力與麗莎一起讀書的行為,非常棒。

若案主感到變好但不知道原因,可以詢問:「你有注意到你的想法有任何改變?或你做了什麼事導致這些改變?」

問題:如果案主將情緒的正向改變歸因於外在因素呢?
回答:案主通常會說,「我覺得變好,是因為藥物開始發揮作用/我的老闆不再那麼煩人/我的另一半對我比較好」。接著你可以建議,「我相信那些的確有幫助,但你是否也發現自己的想法不同了?或做了不一樣的事?」

除此之外,若案主的情緒狀態惡化,治療師可探詢案主的歸因:「為什麼你認為這週變糟了?有沒有可能和你的想法有關?或和你有做或沒做的事有關?」這樣可巧妙地增強案主的認知模式,並暗示案主可以掌控自己如何去感覺。

問題:如果案主表示,已經沒有任何事可以改善他的情緒狀態時該怎麼辦?
回答:對某些堅持此一信念的案主,將「會讓我感覺變好的事」,以及「會讓我感覺變糟的事」放入流程討論,可能會有所幫助。**圖7.2** 至少可以增強案主能稍微掌控他們的情緒的想法。透過引導,治療師可以幫助他們看到用逃避、隔離,以及不參與活動的方式,通常會增加案主的煩躁不安(或至少並不

會讓我感覺變好的事　　　會讓我感覺變糟的事
1. 騎腳踏車　　　　　　　1. 賴在床上
2. 收電子郵件　　　　　　2. 午睡太長
3. 上臉書　　　　　　　　3. 看太多電視
4. 和朋友碰面　　　　　　4. 到處閒坐消磨時間
5. 修車

**圖7.2　變好／變糟表**

會有所改善），而當從事某些活動時（通常包含人際互動，
或可獲得愉悅感或掌控感）反而可以導致情緒的改善，即使
一開始只是很細微的感受。

簡短的情緒檢核能創造以下的機會：

- 治療師對於案主過去一週的感受表露關切。
- 治療師和案主可以一起檢視治療過程中的進展。
- 治療師可以找出（並進一步增強或矯正）他們對於進步的解釋或缺乏對進步的解釋。
- 治療師也可以增強認知模式；即案主對情境的觀點以及他們如何行動，將會影響其情緒。

當回顧客觀的評量時，治療師要檢查個別項目，以尋找重要的正向
或負向改變，例如自殺意念或無望感的改變。根據案主的診斷以及症狀
學，治療師也可以詢問沒有明確涵蓋在測驗中的額外資訊，例如恐慌發
作、暴食、物質使用、憤怒情緒爆發、自戕，以及破壞行為的次數與嚴
重程度。

若案主已服用藥物處理其心理上的困難，治療師可以簡短地檢視
案主是否按照醫囑吃藥，是否有副作用或對藥物有疑問。要瞭解案主是
否按照醫囑服藥，可以詢問服藥的頻率——不要問：「你這週有吃藥

嗎？」而是問：「這週你有遵照提供者的處方服用藥物幾次？」（可參見2001年Beck於*Integrated Treatment of Psychiatric Disorders*一書中對如何增加藥物堅持度的建議）

若治療師不是提供處方者，則要先獲得案主的允許，然後週期性地聯繫處方提供者，以交換資訊。治療師不會建議改變藥物，但可以協助案主回應那些會干擾服藥的認知（若適當的話也可提供自行減藥的想法）。若案主關切一些議題，像是副作用、劑量、對藥物上癮，或替代的藥物或補給品，治療師可以協助案主寫下特定的問題以詢問藥物提供者。若案主未服藥，但治療師認為藥物的介入是必須的治療時，則可以建議進行藥物或精神病學的諮商。

## 設定初始流程

此部分的目的是設定初始流程（setting an initial agenda）。治療師引導案主使用認知行為治療的概念來為他們的問題設定簡稱。治療師將問句以問題解決的形式呈現（直到案主可以使用認知治療概念來設定流程），而非「你今天想談什麼？」或「你想將什麼議題放入流程？」（這會導致討論內容較不豐富）。

> 治療師：好的，莎莉，今天有什麼問題是妳想要我幫忙解決的？妳可以告訴我問題的簡稱嗎？
>
> 案　主：經濟學考試快到了，我還是不懂教材的內容。我很擔心，而且無法專心，我不知道該怎麼做。我只能繼續讀……
>
> 治療師：（溫和地打斷）〔用認知行為治療概念教導案主簡短、具體地說明想討論的問題〕我們該把考試放入流程嗎？
>
> 案　主：當然，是的。

　　這時與其讓莎莉對問題提供完整的描述，不如治療師溫和地打斷她，給予該問題名稱，並詢問是否將它放入流程於之後討論。治療師與其讓她對問題做冗長的陳述，不如剝奪她這個機會，仔細想想她在此次會談中最想處理的問題為何，並排出問題處理之順序，此時案主最想討論的議題可能是、也可能不是她一開始所提起的問題。接下來治療師會探尋其他重要的流程主題：

> 治療師：還有其他想尋求幫忙的問題嗎？
>
> 案　主：嗯，我跟室友之間相處不是那麼順利。我們作息不同。她……
>
> 治療師：（溫和地打斷）我們可以稱它為「與室友的問題」嗎？
>
> 案　主：可以。
>
> 治療師：還有其他的問題嗎？
>
> 案　主：我不確定。
>
> 治療師：〔探詢其他可能較前面兩個更為重要的問題〕在本週當中，何時妳覺得最糟？
>
> 案　主：（思考）我想是當我嘗試唸書以準備考試的時候，還有在上課的時候。
>
> 治療師：還有其他時候是特別糟的嗎？
>
> 案　主：沒有，那些就是最糟的。
>
> 治療師：我們是否該將「唸書及上課」放到流程中？
>
> 案　主：好，那樣蠻好的。

　　接著，治療師會確認再次見到案主之前，案主是否預期會出現其他重要的困難。

> 案　主：妳覺得本週會有其他問題發生嗎？
>
> 治療師：不，我認為沒有。

問題：如果案主對提出流程的項目有困難該怎麼辦？

回答：通常案主一開始需要一點鼓勵來提出流程項目。他們可能無
法清楚地認知到困擾他們的問題是什麼，以及／或他們或許
不確定什麼是適合提出的。第八章會說明該如何處理有此困
難的案主。

## 本週的最新狀態

　　此次會談的下一個部分，是幫助治療師連結之前的會談與目前的會
談。包含了案主簡短說明本週最新狀況，並在過程中覺察可放在流程中
的潛在重要問題。首先，你請案主陳述本週過得如何。

> 治療師：本週有發生其他重要的事是需要讓我知道的嗎？
>
> 案　主：（思考）嗯！（嘆氣）有，我睡過頭且錯過一堂課。
>
> 治療師：〔持續探詢，看是否有足夠重要到須加入流程中〕它
> 　　　　是今天我們需要討論的問題嗎？
>
> 案　主：不，我不認為。我只是忘了設定鬧鐘。
>
> 治療師：好的。還有其他問題嗎？
>
> 案　主：沒有，我沒想到。

接著，治療師引發正向的經驗：

> 治療師：好的。現在妳能告訴我本週發生的正向事件嗎？或在哪些情境中讓妳感覺較好？
>
> 案　　主：（思考）嗯，我想跑步有幫助，還有和我媽在電話中談話也讓我覺得更好。
>
> 治療師：好的，那很好。還有其他好事發生嗎？

　　詢問正向經驗可以幫助案主瞭解，他們在這個禮拜當中所經驗到的並不只有痛苦。你必須記錄正向的資料，這在會談後半部或是之後的會談中有可能會用到，特別是治療師計畫讓案主從事正向的活動，或幫助她們評估相關的自動化想法或信念。發現正向的資訊也能讓案主心情較好，並讓她們更能接受之後問題解決的部分。你可以決定在當下或之後和案主談論這些項目（通常是簡短地），使他們的心情活躍起來，或表達你對他們的興趣，從而增強治療同盟。

## 回顧家庭作業

　　接下來，治療師會檢查案主在家庭作業中完成了什麼（第十七章對此部分將提供更廣泛的描述）。回顧案主的家庭作業是很重要的。若治療師沒這麼做，案主一定會停止做家庭作業。有時候，回顧家庭作業是相對簡短的；然而，若家庭作業和流程中的問題有關，則可能成為會談的主要部分。治療的藝術在於決定花多少時間回顧家庭作業，或是討論其他案主想獲得幫助解決的問題。

　　通常治療師會要求案主從家庭作業清單中，出聲唸出所指派的作業。（見第五章圖5.1，第102頁）。治療師可以要求案主評估他們目前有多相信具適應性的陳述，以及對之前會談所討論過的自動化想法和信念之回應。治療師找出案主做過的行為作業，以及他們學到了什麼，並與案主討論持續做作業對他們未來會有所幫助。若有家庭作業項目是需

要較長的時間加以討論的（或有沒做的作業），則可在會談後段討論，如此治療師便可以快速回顧其他的家庭作業。

---

治療師：接下來，我們可以談談妳的家庭作業嗎？妳有上週的筆記嗎？

案　主：有的。〔取出清單（見圖5.1）；治療師也取出複本〕

治療師：很好，我們來討論它好嗎？

案　主：好。

治療師：一天閱讀兩次這個作業，妳做得如何？

案　主：非常好。我想我只漏掉一或兩天。

治療師：妳能讀出第一個項目嗎？

案　主：（出聲唸出）「若我開始去想我懶惰又不好，就提醒自己我確實生病了，叫做憂鬱症，因此做事情對我來說變得困難。當治療開始產生效果，我的憂鬱會減輕，且事情會變得簡單」。

治療師：現在妳有多相信它？

案　主：我想我真的相信它。

治療師：很好。（繼續清單上的第二個項目）妳有想到任何其他的目標嗎？

案　主：沒有。

治療師：好的。若有的話讓我知道。（繼續第三個項目）當妳注意到妳的情緒改變時，妳能發覺自動化想法嗎？

案　主：我有試過，但我不認為我總是能知道自己在想什麼。

治療師：沒關係。我們在每次會談都會討論自動化想法。當妳的情緒轉變時，妳能找出任何自動化想法嗎？

案　主：是的，我想可以，但我沒有將它們寫下來。

治療師：是什麼樣的情況？

案　主：我坐在教室裡，突然我感到很緊張。

---

治療師：當時有什麼閃過妳的腦海？

案　主：我在想著考試快到了，且我不可能準備好。

治療師：很好。讓我記下來。當我們討論到考試時，可以回到
　　　　這個想法幾分鐘嗎？

案　主：好的。

治療師：本週妳還有覺察到任何其他的自動化想法嗎？

案　主：不怎麼有。

治療師：妳沒有抓緊機會提醒自己，是因為妳認為有些事並不
　　　　全然是真的？

案　主：（搖頭）

治療師：妳現在怎麼解讀那些想法？

案　主：我想它是真的。像是《處理憂鬱》（Coping with
　　　　Depression）小冊子所說。

治療師：妳這禮拜有和艾莉森、喬或其他人聚會嗎？

　　莎莉和治療師快速的回顧此份作業，雙方都同意她會持續尋找她的
自動化想法，以及在未來一週擬訂社交計畫。然後我們簡短地討論《處
理憂鬱》小冊子中的重要概念。

## 決定流程的優先處理順序

　　現在，治療師已經設定了初始流程，且在蒐集到案主本週狀況及家
庭作業資訊後，可能增加了更多主題，此時治療師會摘要出主題。若有
太多流程項目，治療師及案主會一同將項目按優先順序排列，並同意將
較不重要的問題移到未來的會談中討論。治療師同時也要找出案主是否
想在每個項目上花相同的時間。

治療師：好的，現在我們可以將流程排出優先處理順序〔提供
　　　　依據〕，好讓我們可以想出會談中如何分配時間嗎？
　　　　妳提到妳的考試、和室友的問題，以及讀書及在課堂
　　　　上時感覺特別糟。（停頓）有其他更重要的問題嗎？

案　主：嗯，我對於沒有打電話給我的表妹感到很糟糕。

治療師：好的。（將它記下，接著將治療師認為重要的項目增
　　　　加至流程中）。我也想討論妳預期情緒改善的狀況，
　　　　以及一些自動化想法。可以嗎？

案　主：是的，這樣很好。

治療師：還有其他想放進流程的嗎？

案　主：沒有。

治療師：我不曉得是否能討論到每件事。〔協助莎莉按優先處
　　　　理順序排列她的問題〕若時間不夠，有哪些事可以放
　　　　到下週？

案　主：嗯……我想是和室友的問題，它很有可能會自己消
　　　　失。還有我表妹的問題，那可以等。

治療師：好的，那就將它們放在清單的後面，看看我們是否能
　　　　討論到它們。

或者，你可以問：

治療師：若我們只有時間討論一或兩個問題項目，哪一項會是
　　　　最重要的？

　　重點是治療師不需要堅守流程行事。事實上，在某些情況下，治療
師不應該跟著流程走。當議題偏離原先設定的流程時，治療師應該明確
地指出這個變化，同時也要獲得案主的同意始得繼續。

> 治療師：莎莉，我能看出妳還是擔心妳的考試，但我們快沒時
> 　　　　間了。妳想在會談剩下的時間討論它，並且將其他的
> 　　　　議程項目延到下週討論嗎？或是我們可以嘗試花五分
> 　　　　鐘討論它，這樣一來，我們仍會有時間討論當妳在讀
> 　　　　書或上課時的不好感覺。
> 案　主：我想我們也應該試著討論那些事。
> 治療師：好的，那我們一起留意時間。

　　基於以下幾個理由，治療師也可能會建議改變會談中的時間分配。例如：就像之前所提到，案主對於特定的議題感到苦惱，且需要更多的時間討論它；或一個新的主題產生，它似乎特別重要；或案主在會談中的心情變差。

問題：如果案主開始談論一個不在流程上的全新主題時，該怎麼
　　　辦？
回答：當案主轉向一個新的主題，你可以溫和的打斷他們，要他們
　　　注意到這個變化，並允許案主有自覺地選擇要進行哪個議
　　　題。案主時常會導入新的主題，卻不十分理解他們正在這麼
　　　做。例如：

> 案　主：有一次我試著在圖書館唸書，當我看到和我同一所
> 　　　　高中的女孩茉莉亞之後，我便無法專心了。我開始
> 　　　　煩惱是否該去和她說話。當我們十年級的時候，
> 　　　　茉莉亞十分的友善，接著某事發生，我不確定是什
> 　　　　麼。我想她可能……
> 治療師：我可以打斷妳一下嗎？我們一開始討論妳為準備考

> 　　　　試讀書時的困難，現在聽起來焦點變成在茉莉亞。
> 　　　　對妳來說是討論考試比較重要，還是討論茉莉亞比
> 　　　　較重要呢？
> 案　　主：喔，考試。茉莉亞沒那麼重要。
> 治療師：好的，所以妳剛剛說，在圖書館唸書對妳來說通常
> 　　　　是困難的？

　　通常治療師會引導案主離開不在原本流程中的次要議題，以幫助他們在會談中前進。但也會有例外的時候，當治療師意圖與案主有較多非正式的談話（雖然通常是簡短地），以達到特定目標。例如：治療師可能會詢問有關他們的家庭、電影或他們最近參加的社交活動，以使他們的心情活躍起來，促進治療同盟並評估他們的認知功能或社交技巧。

 ## 會談中期

　　接著，治療師會依序列出流程中問題的名稱，並詢問案主他們想從哪個問題開始進行。這麼做會讓案主更主動參與並負起責任。但有時治療師也會主導流程先後項目的排序，尤其是當治療師評估案主某個問題很重要時，更是如此。（如「若我們從找兼職工作的問題開始討論，你覺得好嗎？」）

　　治療師會蒐集問題的資訊，依據認知模式來概念化案主的困難，並與案主一同決定從認知模式的哪個部分開始進行，如解決問題情境、評估自動化想法、減少案主當前的苦惱（若案主的情緒很強烈，他們則無法聚焦在問題解決、評估思考或行為改變）、建議行為改變（若需要的話，可採用教導行為技巧），或減少案主的激動程度（若它妨礙了重要討論的進行）。在討論流程問題的過程中，治療師將教導案主技巧並設定家庭作業。若需要的話，治療師也會定期做摘要，幫助自己和案主一

同回憶在會談的這個部分做了什麼。

在討論第一個問題時（以及之後的問題），治療師會適當地穿插治療目標。在第二次會談，治療師不僅試圖幫助莎莉進行問題解決，也試圖：

- 增強認知模式。
- 持續教導莎莉辨識自動化想法。
- 透過協助莎莉回應她的焦慮想法，提供症狀的緩和。
- 一如往常，透過準確的理解以維持並建立治療關係。

## 第一個流程項目

> 治療師：好的，讓我們來看看流程。妳覺得我們應該從哪裡開始？我們可以討論妳的考試、當妳在讀書或當妳在圖書館時的情緒，或是改善的過程。
>
> 案　主：我想是我的經濟學考試，我真的很擔心。
>
> 治療師：〔蒐集資訊〕好的，妳能告訴我本週的概況嗎？妳花了多少時間讀書？妳的專注力發生了什麼問題？
>
> 案　主：嗯，我原本打算一直讀書。但每次我一坐下，我就感到緊張。有時候我沒意識到我的思緒在遊蕩，而我必須一直重複閱讀同一頁。
>
> 治療師：〔持續蒐集資訊以幫助問題解決，並辨識出莎莉想法中可能的扭曲〕考試是什麼時候，包含多少章節？
>
> 案　主：兩週後，範圍是前面五個章節。
>
> 治療師：至今有多少章節妳至少讀過一次？
>
> 案　主：大約三章。

> 治療師：而在這三個章節中妳仍然有些部分是不懂的嗎？
>
> 案　主：很多部分。
>
> 治療師：好的。簡單地說，妳兩週後有一個考試，妳很擔心對考試內容理解不夠？
>
> 案　主：是的。

在第一個部分，治療師探究問題的概觀，於是巧妙地示範如何簡潔地表達問題。接著，治療師要莎莉回想一個具體的情境，幫助她找出她的自動化想法。

> 治療師：妳能記得在這個禮拜當中，什麼時候妳想到要讀書或是嘗試讀書，焦慮便變得很嚴重？
>
> 案　主：嗯，當然可以……，昨天晚上。
>
> 治療師：幾點？那時妳在哪裡？
>
> 案　主：大約七點半，我正走去圖書館。
>
> 治療師：妳現在能在腦海中描繪出來嗎？時間是七點半，妳正走去圖書館，當下有什麼閃過妳的腦海？
>
> 案　主：若我考試不及格怎麼辦？若我的課程不及格怎麼辦？我該如何度過這個學期？
>
> 治療師：好的，妳能辨識出妳的自動化想法。這些想法讓妳感覺如何？焦慮嗎？
>
> 案　主：非常。
>
> 治療師：我多說一些關於自動化想法的特性。之所以稱它「自動化」，是因為它們似乎突然就出現在妳的腦中。大部分的時候，妳很可能不會覺察到它們；妳可能較會覺察到情緒上的感受。但即使妳覺察到它們，可能也

不會去評估這些想法有多精確。妳只是把它們當作事實並接受它們。

案　　主：嗯。

治療師：在治療中妳首先要學習的就是辨識妳的想法，接著判斷它們是不是完全正確、部分正確或完全不正確。（停頓）我們可以一起回顧第一個想法嗎？〔開始評估自動化想法的步驟〕妳有任何妳會不及格的證據嗎？

案　　主：嗯，我什麼都不懂。

治療師：還有其他的嗎？

案　　主：沒有……只是我快沒有時間了。

治療師：好的。有任何妳不會不及格的證據嗎？

案　　主：嗯，我第一次小考成績還不錯。

治療師：還有其他的嗎？

案　　主：我想我理解前兩章勝於第三章。第三章是我真正感到困難的。

治療師：〔開始問題的解決，並讓莎莉主導〕妳可以做些什麼讓第三章學習得更好？

案　　主：我可以再讀一遍。我可以仔細看上課筆記。

治療師：還有其他的嗎？

案　　主：（躊躇）我想不到了。

治療師：妳可以找誰尋求幫忙嗎？

案　　主：嗯，我想我可以問尚恩，他是助教；或是羅斯，他去年修過這門課。

治療師：這聽起來很棒。妳想向他們其中一個尋求幫忙嗎？有任何自動化想法在妨礙妳嗎？

案　　主：沒有，我想我還沒考慮到這個方法。

治療師：妳覺得尋求誰的幫忙比較好？

案　主：我想是尚恩。

治療師：妳有多少可能性會去問他？

案　主：我會的。他明天早上會在辦公室讓學生問問題。

治療師：好的，假設妳這禮拜找人幫忙，妳對於會不及格的預期有什麼想法？

案　主：嗯，我想我已經理解某些內容。或許我可以找人幫忙其他的部分。

治療師：妳現在感覺如何？

案　主：我想，比較少擔心了。

治療師：好的，讓我們做個摘要，這週妳有很多讓妳感到焦慮的自動化想法；但是，當妳停下來並開始評估這些想法時，似乎有些事是妳做得到，並且會增加考試及格的機率。當妳真正去看這些證據並回應那些想法時，妳會感覺較好……對嗎？

案　主：是的，確實是這樣。

治療師：本週的作業，我希望當妳注意到妳的情緒改變時，再一次尋找自動化想法。這些想法可能有一點兒真實性，但通常妳會發現它們不必然完全正確。下週我們可以一起尋找證據來瞭解妳作業中記下的這些想法是否完全正確。好嗎？

案　主：好的。

治療師：現在，辨識及評估想法是妳要學習的技巧，就像學習開車或打字，一開始妳可能不是很擅長，但隨著練習，妳會做得愈來愈好。針對此技巧，在未來的會談中我會教妳更多。這禮拜，看看妳能在辨識想法這部分做到多少，但先不要期待自己可以做得很好。好嗎？

案　　主：好的。

治療師：對此再提醒一點。本週當妳寫下一些想法，要再次提醒自己這些想法可能是真的，也可能不是真的。否則，在妳學會評估想法之前，寫下它們可能會讓妳感覺有點糟。

案　　主：好的。

治療師：讓我們將這個作業記下來，並看看是否有其他妳想做的事可以幫助妳準備好接受考試。（見**圖7.3**）

---

**1月29日**

【閱讀清單，一天兩次】

1.當我注意到我的情緒變化時，問自己「現在有什麼閃過我的腦海？」，並記下我的自動化想法（可能是也可能不是完全正確）。試著一天至少做一次這個練習。

2.若我無法分辨出自動化想法，則記下情境。記住，學習辨識想法是一項技巧，而且會愈做愈好，就像打字一樣。

3.經濟學第三章尋求尚恩的幫忙。

4.細讀治療筆記。

5.持續跑步／游泳。

6.計畫三個社交活動。

7.每日：加入自我陳述列表。

**圖7.3　莎莉的家庭作業（會談2）**

在這個部分，治療師立刻完成了很多事。包括處理了在流程中對莎莉而言很重要的問題、教導她更多關於自動化想法的概念、協助她辨識、評估以及回應令人痛苦的想法、藉由降低她的焦慮促進症狀緩解、設定家庭作業，並建議莎莉對於學習新技巧要建立符合現實的期待。第九至十二章描述了更多教導案主辨認及評估自動化想法的細節。

問題：如果我不知道如何協助案主解決特定的問題該怎麼辦？

回答：有幾件事是你可以做的：

1. 找出他們曾經如何嘗試解決問題，以及無效的原因。你可以修改阻礙成功的解決方法或想法。

2. 用自己做示範。問自己：「若我有這樣的問題，我會怎麼做？」

3. 要求案主說出一個可能有同樣問題的人（通常是朋友或家人）。案主會給他／她什麼建議？看看那個建議是否可應用在案主的問題上。

4. 若你感到被困住，則延期討論：「我想再多想想這個問題，我們可以將它放入下週的流程中討論嗎？」。

第十五章〈問題解決與技巧訓練〉一節（見第340至342頁）對問題解決有更進一步的描述。

## 第二個流程項目

在治療會談的下個部分，治療師提供莎莉更多有關改善過程的資訊。剛完成這部分的會談，治療師首先簡短地摘要：

> 治療師：好的，我們剛談完妳的考試，以及自動化想法如何讓妳感到焦慮並妨礙問題解決。接著，我想要討論改善的過程，可以嗎？
>
> 案　主：當然。
>
> 治療師：我很高興妳今天感到有點較不憂鬱了，我希望妳能繼續感覺愈來愈好。但或許每一週妳不會只感到好了一點點，除非妳恢復原狀。妳應該去預期妳的症狀會起起伏伏。現在我告訴妳原因。妳能想像若妳預期會持

> 續愈來愈好，然後有一天突然覺得很糟，那妳會怎麼
> 想？
>
> 案　　主：我可能會認為我不可能再變好了。
>
> 治療師：沒錯。所以我要妳記得，我們要有可能會退步的預
> 　　　　期，而退步是變好的過程中正常的一部分。妳想要記
> 　　　　錄下來嗎？

第十八章對預防復發有更廣泛的討論，也有治療過程的圖表。

## 定期的摘要

　　有三種摘要在會談中是重要的。首先，要摘要內容。案主通常會描述問題的許多細節。治療師要用認知模式來摘要案主所說，以確保治療師正確地辨識出案主覺得重要的問題，並以簡單清楚的方式呈現之。儘量使用案主所使用的字詞，表示對案主的描述有正確的理解，並讓主要的困難能在腦中持續活化：

> 治療師：我確認一下我瞭解的部分。妳考慮再找個兼職工作，
> 　　　　但接著妳想，「我永遠不可能處理好」，而這個想法
> 　　　　讓妳感到悲傷，所以妳關掉電腦，回到床上，並哭了
> 　　　　半個小時。對嗎？

　　如果治療師改述案主的想法，且沒有使用她的用詞（「聽起來妳並不確定妳若有兼職工作，是否能將它做好」），治療師可能會使自動化想法及情緒的強度減輕，而之後評估自動化想法的有效性也會降低。若以治療師的用詞替代為摘要，也會讓案主認為他們沒有被正確地瞭解：

> 案　主：不，不是我覺得我可能會做不好；我害怕我根本無法
> 　　　　處理它。

第二種摘要是指在治療師評估自動化想法或信念後，要求案主做摘要：

- 「妳能對我們剛剛所討論的內容做個摘要嗎？」
  或
- 「妳覺得在這裡主要的訊息是什麼？」
  或
- 「妳覺得對妳來說什麼是重要的，是需要記得的？」

若案主摘要得很好，治療師或案主須將摘要寫下，平時可作為家庭作業閱讀。若案主的摘要遺漏重點，治療師可以說，「嗯，很接近了，但我想若你這樣記會更有幫助……」若案主同意，後者將會記錄在案主的筆記中。

第三種摘要是簡短地，當會談的一部分完成時，治療師及案主對剛完成的內容有清楚的瞭解，且接下來他們會做的是：

> 治療師：好的，我們討論完治療的過程。接下來，我們應該要
> 　　　　討論妳和表妹的問題嗎？

##  最後的摘要與回饋

最後摘要的目標是，以正向的方式讓案主的注意力聚焦在會談中最重要的地方。在會談早期，通常由治療師做摘要。

> 治療師：好的，我們剩下幾分鐘。讓我來摘要今天的內容，然
> 　　　　後我會詢問妳對這次會談的回應。
>
> 案　主：好的。
>
> 治療師：聽起來這禮拜似乎當妳有較多充滿希望的想法時，妳比
> 　　　　較不感到憂鬱。但接著妳的焦慮增加，因為妳對考試有
> 　　　　許多負向的想法。然而，當我們檢視那些妳覺得會不及
> 　　　　格的證據時，它似乎是難以讓人信服的。妳提出幾個幫
> 　　　　助妳念書的好方法，且妳會在下次會談之前嘗試幾個。
> 　　　　我們也討論到，當妳退步時該怎麼提醒自己。最後，我
> 　　　　們討論到要繼續跑步。我們辨識以及評估妳的自動化想
> 　　　　法，而這是我們在治療中會持續練習的技巧。（停頓）
> 　　　　妳認為大致涵蓋整個會談內容了嗎？
>
> 案　主：是的。

　　當案主進步時，治療師可以要求案主嘗試摘要最重要的重點。若案主在會談中有做筆記，那麼摘要會更容易完成。

> 治療師：好的，莎莉，我們還剩幾分鐘。妳覺得本週對妳來說
> 　　　　最重要且需要記住的是什麼？妳可以看妳的筆記。

　　最後的摘要之後，治療師可引導案主對會談給予回饋。

> 治療師：好的，莎莉，妳覺得今天的會談如何？有任何我說的
> 　　　　話讓妳感到困惑嗎？或有任何事妳覺得是我搞錯了？
>
> 案　主：我有一點擔心我可能會退步。
>
> 治療師：嗯，退步是有可能的，在下次會談之前，若妳發現自己

> 感覺非常糟，我要妳打電話給我，我們可以討論妳是否
> 需要早點過來。另一方面，妳這禮拜很可能會變好。
> 案　　主：希望如此。
> 治療師：我們應該再次把「退步」放到下禮拜的流程中嗎？
> 案　　主：是的，我想是的。
> 治療師：還有其他有關這次會談的部分嗎？有任何事是妳想要
> 　　　　有不同做法的嗎？
> 案　　主：沒有，我不這麼認為。
> 治療師：好的。那麼，下禮拜見。

　　如果治療師感覺到案主沒有完全表達對於會談的回應，治療師可以要求他們填寫治療報告（見**圖5.2**）。當案主表達出負向回饋，治療師會給予正增強，接著試著解決問題。若沒有足夠的時間，治療師可以道歉並告訴案主會在下一次會談一開始便與他討論這個負向回饋。負向回饋通常顯示出治療同盟的困難（在2005年Beck的*Cognitive Therapy for Challenging Problems*一書中有更完整的討論）。

 第三次及之後的會談

　　之後的治療會談維持相同的基本形式。內容根據案主的問題及目標以及治療師的治療目標而有所不同。在這個部分，本書概述了治療中會談的走向。第十九章對於治療計畫的描述有更多細節。

　　如同前面所提到，一開始由治療師主導以幫助案主辨識及修正自動化想法，設計家庭作業，並摘要會談。隨著治療前進，責任則逐漸轉移。接近治療結束時，案主自己可辨識扭曲的想法，設計自己的家庭作業及摘要會談。

　　另一個案主逐步的變化是從強調自動化想法，轉移至自動化想法以

及潛在的信念（見第十三、十四章）。當治療來到最終的階段，有另一個轉移：為案主作結案準備以及預防復發（見第十八章）。

在擬定每次會談計畫時，要留意治療位於療程中的哪一個階段，並持續使用對案主的概念化來引導治療，在會談之前記下潛在的流程項目。當案主在陳述自己的情緒、簡單地回顧當週的生活，以及設定流程的主題時，治療師同時也在腦海中形成一個此次會談的特定目標。例如：在第三次會談中，治療師為莎莉設定的目標（並非為所有憂鬱案主所必需）便是開始教導她以一個結構化的方式評估自動化想法，並持續安排令人快樂的活動。在第四次會談，治療目標在幫助莎莉對找兼職工作做問題解決，並持續回應她失功能的想法。治療師持續將他的目標與莎莉的流程項目整合起來。因此，在案主帶到治療中的問題脈絡裡，治療師教導案主問題解決以及認知再建構技巧。將解決問題以及幫助案主回應自動化想法結合在一起，通常能幫助新手治療師在既定的治療會談中，有足夠的時間深入地討論流程中，至少約兩個主要的問題情境。有經驗的治療師通常能涵蓋更多。

在會談中治療師做筆記，用來修整自己的概念化架構、記錄什麼該包含在治療會談中，以及計畫未來的會談（參見**圖7.4**），並保留一份案主紀錄的筆記副本。有效地記錄討論過的問題、逐字記錄失功能的想法和信念（以及案主一開始相信的程度）、指定家庭作業，以及未來會談的議程主題。即使有經驗的治療師，若沒有寫下筆記，也很難記住所有重要的項目。

當治療師做筆記時，儘可能持續與案主保持眼神接觸。這有時是很重要的，特別是當案主正在揭露痛苦的情緒時，不要做筆記，如此治療師才能更完全的與案主同在。

本章概述了典型的治療初期會談的結構和形式，並簡短地描述橫跨治療的會談。接下來的章節會討論依循既定形式所會產生的問題，而第十九章則會描述如何在個別會談之前、之內，以及跨會談間做治療計畫之細節。

治療筆記

案主姓名：＿＿莎莉＿＿　　日期：＿＿3/15＿＿　　會談次數：＿＿7次＿＿

客觀分數：貝克憂鬱量表＝18；貝克焦慮量表＝7；無望量表＝9

【案主的議程】

1. 英文報告的問題

2. 與室友的問題

【治療師的目標】

1. 持續修正完美主義想法。

2. 降低焦慮以及課堂上的逃避行為。

【治療重點】

1. 本週感覺較少憂鬱及焦慮。

2. 情境／問題　　　　　　　自動化想法　　　　　　　情緒

　英文報告明天到期　　→　　我做得還不夠好　　→　　焦慮

　介入—思考紀錄（附件）

　結果—焦慮（降低）

3. 舊的信念：如果我沒得到回答，就表示我沒成功。90%〔信念的強度〕

　介入1：給瑞貝卡建議（朋友）

　結果：80%〔重新評估信念強度〕

　介入2：理情角色扮演

　結果：60%〔重新評估信念強度〕

　新的信念：不論現在或未來，成功不代表我所有成績都要得A。〔信
　　　　　　念的強度＝80%〕

4. 有關在課後問問題的因應卡（如附件）

5. 室友問題：晚上太吵

　介入：角色扮演如何找室友商量

【家庭作業】（若寫在不同的紙上，則附上）

1. 思考紀錄表及評量表

2. 閱讀治療筆記，並思考有關成功的新、舊想法

3. 在早上或需要的時候閱讀因應卡片

4. 課後問一至二個問題

5. 多花一個小時做英文報告

6. 要求室友晚上安靜一點

【未來的會談】

看完美主義如何影響生活的其他部分。

圖7.4　治療筆記

# Chapter

# 8 結構化治療會談
的問題

蔡佳縈

在結構化會談的過程中，總是會遇到一些問題。當治療師覺察到問題時，會具體將它指出，並將問題出現的原因概念化，從中想出解決方法。若治療師對案主做出正確的診斷，並發展出健全的治療計畫，但仍有結構化會談的困難時，則需檢視下列所述：

> • 你是否無法溫和地打斷案主以導向會談？
> • 你是否無法讓案主融入認知行為治療模式？
> • 你是否無法讓案主充分地參與治療，或發展堅固的治療同盟？

本章將會敘述這些困難，並提供會談中每個部分的問題和治療方法。

##  治療師的認知

若你是新手治療師，或對於導向模式較缺乏經驗的治療師，則可能對於結構、打斷案主，以及執行標準結構有衝突的認知。

> **【自動化想法】**
> • 我無法將會談結構化。
> • 我的案主不會喜歡這個結構。
> • 她無法簡潔地表達。
> • 如果我太有指導性，他會生氣。
> • 我不應該打斷她。
> • 他不會做家庭作業。
> • 如果我評估她的想法，她會覺得沒效。

治療師必須監控自己不舒服的程度，並在會談中及會談之間找出自己的自動化想法。接著，才可以辨識出問題、評估並回應自己的想法、

並解決問題；如此，治療師在下次會談時嘗試執行標準的結構將會變得較為容易。

# 打斷案主

　　有效的結構會談會讓治療進行得更有效率，因此治療師有時需要溫和地打斷案主。在下列紀錄中，治療師發現自己有點被案主傾巢而出的問題給淹沒，此時治療師可以使用自己的情緒反應當作提示，以打斷和結構化案主。

> 案　　主：接下來，我無法相信，但我姊姊告訴我——告訴我！——我必須去幫我媽。她知道我做不到。我的意思是，我媽和我從來沒有和睦相處過。若我去了，她只會用她要我做的事不斷轟炸我。然後她會批評我。我無法再忍受任何批評了。我工作時已經承受一整天了，而且……
>
> 治療師：我能打斷妳一下嗎？我想要確認我理解發生了什麼事。我們一開始討論假期計畫，以及什麼是妳應該做的，接著你描述了更多的問題。妳覺得哪個問題是最重要的？假期計畫、妳的姊姊、媽媽，或是工作？

問題：當你打斷案主時，他覺得不高興怎麼辦？

回答：如果他們沒有主動表示你的中斷令人不舒服，但你注意到案主有負向的情緒變化，可詢問他們剛剛有什麼閃過他們的腦海中。若他們沒有辨識出他們的自動化想法，你可以提供你的假設：「我想知道你是否覺得我打斷你太多？」一旦你確定打斷是個問題，則給予正增強，如「你告訴我這些很好」

接著就是道歉,簡單地說:「我很抱歉。」(道歉是適當的,因為你明顯錯估了他們對於中斷的容忍程度)。接下來是解決問題,例如詢問案主,若接下來的五或十分鐘他們想要不被打斷談話,在時間結束前你會摘要他們所說的,並告訴他們:「我能真正瞭解你發生了什麼事,這對我來說很重要」。

##  讓案主融入認知行為治療模式

若治療師沒有適當地讓案主熟悉認知行為治療模式,就會產生第二個常見的維持結構之困難。不熟悉認知行為治療模式的案主,事先不會知道治療師會請他們報告當週的狀況,描述情緒,並以簡潔的方式設定流程,也不會知道治療師會要求她們對重要的問題討論做出摘要、提供回饋、記住會談內容,並持續每日的家庭作業。另外,當治療師教導案主某些基礎的技巧時,也是讓案主同時以新的方式和治療師建立關係(對那些曾採取其他治療類型的案主來說),或是以新的方式處理她們的困難,讓她們可以採納更為客觀的問題解決的取向。因此,治療師必須說明、提供原理原則、溫和地監控,並針對每次會談要素給予矯正性地回饋。

##  增加案主投入治療的程度

當案主有失功能的信念,並干擾案主投入治療的能力時,第三個常見的困難便因此產生了。他們可能沒有明確想要達成的目標(見第五章);也可能不切實際的認為不做治療也會變好;可能對自己問題解決的能力感到無望,並影響他們的生活或改變;他們甚至可能害怕如果變好了,他們的生活在某些方面可能會變糟,例如他們會失去你這個治療

師，或必須返回職場。對於這些可能造成干擾的認知，治療師必須保持
警覺，並協助案主回應這些認知，如此他們會更加願意遵從治療的結構
及任務。

 ## 強化治療同盟

　　第四種常見的困難是，案主因對自己、對治療，以及對治療師有失
功能的信念，而不願依從既定的結構。若治療師相信它不會妨礙治療同
盟，則可以承認案主的不適，鼓勵他們用實驗的心態嘗試看看。另一方
面，治療師可以允許案主支配及控制會談的走向──在一開始的時候。
然而，對大多數的案主而言，治療師會協調一個妥協方案，以同時符合
治療師和案主的要求；隨著時間的過去，治療師會試著將案主推向標準
結構的方向。

　　治療師是如何確定所固守的治療結構的困境係來自於未讓案主熟悉
認知行為治療的模式，或是案主不願意遵守？首先，治療師藉由更進一
步教導案主熟悉認知行為治療模式作為介入，並監控她們的語言及非語
言反應。若僅是對認知行為治療模式不熟悉，那麼案主的反應會是中性
的（或許稍微自我批評），而之後的配合度會是好的。

> 治療師：我可以打斷一下嗎？我們可以回到當妳打電話給妳的
> 　　　　朋友時，發生什麼事？
> 案　主：喔，當然。

　　當案主做出負向的反應，便會以負向的方式理解治療師的要求，這
時你需要改變作法。

> 案　主：（生氣地）可是和我媽媽有關的事真的讓人很煩。
>
> 治療師：喔！那麼我們應該花幾分鐘討論妳的媽媽嗎？但我們可能會沒有時間回過頭來討論有關大衛的事，這樣可以嗎？

如果治療師以控制的、高要求的方式將結構強加在案主身上，也會產生問題。若案主不願坦誠回應治療師有多專橫，治療師可能不會知道自己犯了這個錯誤。因此，會談紀錄的回顧是很重要的，最好是有同儕、同事或督導可以一起回顧會談紀錄。然後治療師可以在下次會談時表達歉意，並試著補救問題：「我想我上禮拜太過強硬，對不起，我想確保你同意治療如何進行。」

除了治療師所犯的明顯錯誤之外，在治療會談的每個階段中會遇到的典型問題呈現如下。

## 心情檢核

常見的問題包含案主沒有填寫家庭作業、討厭寫家庭作業，或是很難主觀地表達（以簡潔的方式）這週的普遍情緒狀態。若只是因為案主未能充分瞭解家庭作業在認知行為治療中的重要性，治療師可詢問案主是否記得及同意填寫家庭作業的原則，並確定是否有實踐上的困難是需要解決的（例如時間不夠、忘記，或有讀寫能力的問題）。

當案主對於完成家庭作業的要求感到惱怒，治療師可以詢問當在填寫家庭作業時，案主想到或實際上的自動化想法是什麼，或情境的特徵，如「家庭作業最糟糕的部分是什麼？」或「我要求你完成這些表格，對你來說代表什麼意義？」接著治療師可以回應案主所關注的重點，並協助他們評估相關的思考或信念，並／或進行問題解決。以下提供三個回應的例子：

174

> 案　主：這些表格似乎不適合我。有一半的問題是不相關的。
>
> 治療師：是的，我知道。但事實上它對我是有幫助的——可以讓我快速的看過它們並瞭解全部的狀況，而不需要用一堆問題來打擾妳。妳下週願意再次填寫家庭作業嗎？而如果它們仍然讓妳感到困擾，我們可以有更多的討論。

在下個例子中，案主則是透過其言詞、音調與身體語言，清楚表達了厭惡：

> 案　主：這些表格是在浪費時間。有一半問題是不相關的。
>
> 治療師：填寫表格最糟糕的部分是什麼？
>
> 案　主：我很忙。我有很多事情要做。若我的生活被沒意義的作業給填滿，我將無法完成任何事。
>
> 治療師：我可以看出並感受到妳非常生氣。完成家庭作業需要花掉妳多少時間？
>
> 案　主：……我不知道。大概幾分鐘吧！我想。
>
> 治療師：我知道有些項目是不適用的。但事實上它們可以節省我們會談中的時間，因為我不需要問妳一堆問題。還有我們可以試著解決問題，並看看有什麼適合的時間可以用來填寫表格？
>
> 案　主：我想它不是個大問題。我會完成它們。下一次我會早點結束工作。

在這裡治療師避免去直接評估案主自動化想法的正確性，因為他很生氣，而且察覺到案主會以負向方式來理解這些探詢。此時，治療師提

供一個原則,來幫助案主瞭解作業並不像他所認為的是浪費時間。

在第三個案例中,治療師判斷若更進一步企圖說服案主填寫表格,將會對原本脆弱的治療同盟有負面影響。

> 案　主:(生氣的聲音)我討厭表格。它們對我來說不適用。我知道你想要我完成它們,但我告訴你,它們沒有用。
>
> 治療師:讓我們暫時先略過它們。我想知道妳這個禮拜感覺如何,或許妳可以用0到100,或0到10的量尺來評估妳的情緒。

另一個問題則是案主很難主觀地描述他們的情緒,可能是因為沒有辦法簡潔地表達出來,或是因為他們對於把情緒標定出來有困難度。此時你可以溫和地打斷,並詢問具體的問題,或示範如何回應。

> 治療師:我可以打斷一下嗎?妳能用一句話告訴我,相較上週,妳這個禮拜的情緒怎麼樣?我很想多聽一些有關妳哥哥的問題,但首先我只需要知道,相較上週,妳感覺變好、變差或是一樣。
>
> 案　主:我想有一點變差。
>
> 治療師:更焦慮?更悲傷?或更生氣?
>
> 案　主:或許稍微更焦慮一點。悲傷的程度差不多一樣。沒有非常生氣。

當案主在標定情緒遇到困難時,你可以如此回應:

> 治療師：聽起來要確切找出妳的感覺是困難的。或許我們應該
> 將「情緒辨識」（identifying feelings）放入流程中。

在此會談中，你可以使用第十章所描述的技巧，教導案主如何明確地說出他們的情緒。

##  簡短地更新近況

當案主太過詳盡地描述或漫談而未聚焦在他們的本週狀況。在幾個這樣的句子後，你必須溫和的轉移話題：

> 治療師：我可以打斷妳一下嗎？現在，我更想知道妳整體的感
> 覺如何。妳可以用兩到三句話告訴我妳本週的狀況
> 嗎？大致上是好的一週？壞的一週？或是起起伏伏
> 呢？

若案主持續提供詳細的細節，而非主要的狀況，你可以具體的描繪出那看起來像是什麼：

> 治療師：聽起來妳是說：「我過了非常難受的一週。我和朋友
> 吵架、對外出感到非常焦慮，且專注在我的工作上有
> 困難。」對嗎？

有些案主可以理解並能夠提供簡潔的回顧，但卻選擇不這麼做。若治療師有資訊顯示，探詢案主不願順從的原因會損害治療同盟，那麼一開始時可以讓他們控制會談中更新近況的部分（上述的資訊包含案主對治療師企圖結構化時所使用的語言和／或非語言回應、在治療過程中直接表明強烈的偏好，或他們報告在過去若知覺到他人是較為支配、控制的，會有強烈的回應）。

案主對結構化有極端反應的情況並不常見，然而治療師可以就事論事地引出案主不願意的原因，接著進行問題解決。在要求案主簡潔地回顧本週狀況，並指出情緒的負向轉變後，治療師可以詢問：「當我只要求你給我重點，有什麼閃過你的腦海？」治療師辨識案主的自動化想法後，接著可以：(1)幫助他們評估想法的正確性；(2)使用**想法挖掘技巧**（downward arrow technique，見第十三章第277-279頁）來揭露想法的意義；且／或(3)同理案主，並進行問題的解決：

> 治療師：我很抱歉讓妳覺得我又打斷妳了。我能看出妳有很多想法，且我很想聽聽妳的想法。妳想繼續告訴我妳這週最新的情況嗎？或我們應該將「本週近況」放入流程中？我想確認我知道妳今天想討論的所有問題。

若案主非常生氣，那麼後面的選擇對於幫助案主評估當下的想法通常是較好的。藉由表達關心以及妥協的意願，治療師通常可以修正案主對於你過於控制的知覺。

 ## 連結會談

當案主提供的訊息太多或太少時，問題便產生了。例如：當要求連結前一週的重要事件時，因案主給予太過詳細的描述，需要治療師溫和

地打斷；或他們可能會聳肩地說他們沒想到任何事，而治療師此時需要問更多有針對性的問題（「你去見教授的時候發生了什麼事？」），或稍後再回到這個問題。若治療師還沒有蒐集到所需要的資訊，案主回憶上次會談的重點也有可能有困難，特別是治療師忘了給他們治療筆記、或他們忘記做閱讀筆記的家庭作業時。

當案主無法提出想討論的流程項目、或在設定流程時絮絮叨叨，或對於討論流程問題不抱希望，此時設定議題的典型問題便會產生。無法對流程提出想討論議題的案主，可能因為沒有適當地被教導認知治療模式概念（或太過困惑而無法命名具體問題），或他們對於設定流程抱持有負向的解釋意義。兩個案例說明如下：

> 治療師：今天妳想要我幫忙解決什麼問題？
>
> 案　主：……我不知道。
>
> 治療師：過去一個禮拜發生了什麼問題？或是妳預期這個禮拜可能會發生什麼問題？
>
> 案　主：我不知道。我想事情都維持原樣。
>
> 治療師：這個禮拜當中什麼時候妳覺得最糟？
>
> 案　主：（思考）我不知道。這整個禮拜都很糟糕。
>
> 治療師：妳覺得最糟糕的是在白天？還是工作的時候？或在晚上？
>
> 案　主：我想是在晚上。
>
> 治療師：好的，我們能將「晚上」放入流程中，來看看我們能做些什麼來讓它變好？
>
> 案　主：好的。

在會談最後的部分，治療師會要求案主將一項家庭作業加入他的清單當中，思考他在下次會談中希望解決什麼問題。即使最新的情況報告顯示案主的確經驗到一些困難，但案主對於提出要在流程中討論這些問

題仍有困難，那麼治療師會引導案主思考與「治療師的請求」有關的自動化想法和／或意義。

治療師：妳有想到任何想獲得協助的問題嗎？

案　主：（些微惱怒的聲調）我有想過。但我沒有想到任何事。

治療師：當妳在想的時候是什麼樣的感覺？覺得生氣嗎？

案　主：或許有一點。

治療師：當時有什麼想法閃過妳的腦海？

案　主：我只是不確定這個治療是否適合我。

治療師：妳能告訴我這想法很好。妳能意識到有什麼或許可以幫妳更多的嗎？

案　主：我上一個治療師只是讓我談任何我想談的。他沒讓我一開始就做決定。

治療師：所以當我要求妳命名想獲得幫忙的問題時，你是否有受限的感覺？

案　主：嗯，我想是的。

治療師：所以讓我們一起來想想如何改善這個情況。妳想要在每次會談一開始時跳過設定流程嗎？若在前十分鐘談論任何妳想談的話題，妳覺得如何？接著我會摘要妳所說的內容，以確保我完全理解，然後或許我們可以從妳所說的內容中挑出一些主題，並在會談的下個階段中討論。（停頓）。這聽起來如何？

案　主：聽起來好多了。

治療師：關於治療還有任何讓妳感到困擾的事嗎？

案　主：不，我不這麼認為。

治療師：若妳想到什麼，可以確實讓我知道嗎？

案　主：好的。

這個案主的反應是特別的。多數案主較容易做到流程設定。但在這個案例中，治療師認為更進一步逼迫案主可能會使他疏遠，所以治療師表達了想與案主一起修復問題的想法。案主一開始在會談結構上需要較多的彈性，但治療師會儘快將他推向標準化結構。

在流程設定中漫談，或只是一味詳盡地描述而非命名問題的案主，通常只是需要更進一步的教導。

> 治療師：（溫和地打斷）我能打斷妳一下嗎？我們可以稱這個
> 　　　　問題為「與老闆的問題」嗎？
> 案　主：好的。
> 治療師：很好。妳能告訴我其他妳想要我幫忙解決的問題簡稱
> 　　　　嗎？
> 案　主：可以。

若案主堅持在下次會談設定議程時，只描述問題而非為它們設定一個簡稱時，可要求他們寫下流程主題作為家庭作業。（見圖7.1，第143頁）。

第三個問題是設定流程時可能會遇到的，當案主對於討論他們的問題不抱希望時，治療師可嘗試讓案主進行問題解決。

> 治療師：好的。目前我們在流程中有疲憊、規劃財務，以及平
> 　　　　衡收支等問題。還有其他的問題嗎？
> 案　主：（嘆氣）沒有……有……我不知道……我快受不了
> 　　　　了。我不認為這幫得上忙。
> 治療師：妳不認為在這裡討論妳的問題能幫得上忙？
> 案　主：我不認為。這有什麼用？我的意思是，你無法改變我

> 欠很多錢的事實，而且我好累，我幾乎每天早上都無
> 法起床——更不用提我在工作上犯了多少錯誤的事
> 實，我大概會被炒魷魚吧！
>
> 治療師：嗯，我們的確無法立刻改變每一件事，而且妳的確有
> 　　　　現實的問題需要我們一起努力。現在，若我們只有時
> 　　　　間處理一件事，妳覺得哪個問題會比其他的更有幫
> 　　　　助？
>
> 案　主：我不知道⋯⋯或許是疲憊吧！若我能睡得比較好，或
> 　　　　許就可以完成較多事。

　　在這個案例中，治療師傳達了一個訊息讓案主知道他的問題是現實的，可以一個一個處理，且他不必獨自努力。要求他們做決定確實可以幫助他們聚焦在所選的問題上，且似乎可以幫助他們朝向問題解決的方向。要是案主拒絕做決定，治療師會嘗試不同的策略：

> 治療師：聽起來妳覺得非常無望。我不確定我們一起努力會有
> 　　　　不一樣，但我想嘗試。妳願意嘗試嗎？我們能討論疲
> 　　　　憊感幾分鐘，看看會發生什麼好嗎？

　　承認案主的絕望以及治療師無法保證成功，會增加案主嘗試問題解決的意願。

##  回顧家庭作業

　　當治療師太急於設定流程議題，而沒有詢問案主過去一週的家庭作業，問題便產生了。若治療師設定家庭作業為標準的流程項目，便要盡

可能記得詢問及討論家庭作業。當治療師在討論流程主題之前，太過詳細地回顧家庭作業（與案主當天的苦惱無關），相對的問題也會產生。其他家庭作業問題在第十七章中會有詳細的討論。

##  討論流程項目

　　典型的問題包含了無望感、討論失焦或離題、沒有效率的進度，以及沒做到治療性介入。**討論失焦**（unfocused discussion）通常發生在治療師沒有透過溫和地打斷，適當地將討論結構化（引導案主回到手邊的議題），沒有強調自動化想法、情緒、信念及行為的重要，與沒有規律地作摘要。在以下的副本中，摘要了幾分鐘案主的描述，治療師並重新引導案主辨識她的自動化想法。

> 治療師：讓我確認我理解妳的意思。妳昨天和姊姊吵架。這讓
> 　　　　妳想起了前幾次的爭吵，而妳變得愈來愈生氣。昨晚
> 　　　　妳再次打電話給她，而她開始批評妳沒有幫助妳媽
> 　　　　媽，對嗎？
> 案　主：是的。
> 治療師：當她說「妳是家裡的害群之馬」時，妳當下有什麼想
> 　　　　法閃過腦海？

　　當治療師高估一次會談可以討論的議題數時，進度（pacing）通常會是個問題。若你是新手認知行為治療師，那麼排出優先處理順序，並將兩個問題列入會談討論清單（或可能有第三個問題），會是較合適的作法。治療師及案主應該一起注意時間，且當時間愈來愈少時，應一同決定該怎麼做。臨床上建議可以準備兩個時鐘（讓彼此都容易看見），那麼治療師便可以鼓勵案主與你一同監控時間：

> 治療師：在我們結束會談之前還剩十分鐘。妳想繼續討論和鄰
> 居的問題或是準備結束這個議題，這樣我們就有時間
> 討論和同事的問題？

　　第三個問題是治療師沒做到治療性的介入。多數時候，僅是描述問題，或辨識失功能的想法或信念並不會讓案主感覺變好。治療師必須意識到你的目標是幫助案主回應他們的失功能想法、解決問題，並設定可以幫助案主改善問題或減輕痛苦的家庭作業。在整個會談過程中，治療師要問自己：

- 在會談結束之前我能如何幫助案主感覺變好？
- 我可以如何幫助案主度過較好的一週？

##  設定新的家庭作業

　　案主不願意做家庭作業有下列可能，當治療師：

- 提出太難的家庭作業或與案主關注的問題無關的家庭作業。
- 無法提供好的理由。
- 在之前的會談中忘記回顧家庭作業。
- 沒有強調每天做一般或特殊家庭作業的重要性。
- 沒有明確教導案主該如何做家庭作業。
- 沒有在會談中即開始練習家庭作業、做情境預演（見第十七章，第401-403頁），或沒有詢問可能成為阻礙的潛在問題。
- 沒有讓案主寫下家庭作業。
- 沒有與案主一同討論並訂定想做的家庭作業。

若上述原因都不符合，那麼治療師要嘗試弄清楚案主是否對家庭作業持續抱有不良的想法，例如：「我應該不需努力就能感覺變好」；「我的治療師應該治癒我，而我不需做任何改變」；「我無法勝任家庭作業」；「家庭作業不重要，而且不會讓我變好」等。接著治療師可幫助案主具體指出並檢驗他們對家庭作業的不良想法。

 ## 最後摘要

在會談中，治療師會定期做摘要，以確保理解案主的描述。若治療師在進行中有遵照標準程序，且明確地記錄下會談的重點，那麼最後部分的摘要可以包含：快速回顧筆記，並口語摘要任何在會談中或家庭作業中所討論的主題。如果沒有治療筆記做參考，案主通常很難摘要會談並記住重要的結論。

 ## 回饋

當案主在會談結尾時仍感到痛苦，且沒有足夠的時間解決她們的痛苦，或當案主感到苦惱卻無法對治療師敘述她們的痛苦，那麼問題便產生了。實際上可以用來避免時間不夠用的解決方式，是在結束前五至十分鐘開始作會談結束的準備。接著你可以更有效地回顧已分派的家庭作業，討論是否有其他家庭作業可能是有幫助的，摘要會談或要求案主作摘要，並引導回饋及對回饋做回應。以下是對負向回饋做回饋的例子：

> 治療師：妳覺得今天的會談怎麼樣？我有搞錯什麼事嗎？或我有說了什麼讓妳感到困擾的嗎？
>
> 案　主：我覺得你沒有真正瞭解，對我來說完成事情有多困

> 　　難。我有許多責任及許多的問題。說我只需要專注在
> 我的工作並忘記所有和老闆發生過的事，對你來說是
> 容易的。
>
> 治療師：喔，妳能告訴我這些是很好的——我很抱歉讓妳有這
> 樣的印象。我想要說明的是，我瞭解妳對於妳老板的
> 事感到很痛苦。我希望我們現在有時間能討論這個問
> 題。（停頓）只是，我有說過什麼讓妳覺得我建議妳
> 忘記所有和老闆發生過的事嗎？

　　接著，治療師澄清了誤解，且雙方同意將這個問題放入下次會談的議程中。

　　不論年資，許多治療師在面臨某些案主時都會有結構化的困難。仔細回顧你的會談錄音帶，對於辨識及解決問題是非常寶貴的。至於如何概念化及修正案主在會談中所呈現的問題，讀者可以在Beck 的*Cognitive Therapy for Challenging Problems*（2005）一書中取得更廣泛的描述。

# Chapter

# 9 辨識自動化想法

陳品皓

■ 自動化想法的特徵

■ 對案主解釋自動化想法

■ 引發自動化想法

■ 教導案主辨識自動化想法

　　認知模式認為，一個人對情境的解讀（而非僅針對情境的描述）是來自於他的自動化想法，並且回過頭來影響他的情緒、行為以及生理狀態。當然在各種文化中，很多事情幾乎都會帶來一致的負面後果，像是遭受人身攻擊、被拒絕等。然而對於某些有心理疾病的人來說，他們常常容易把中性或正向的事件錯誤解讀，也就是說他們的自動化想法是存在偏誤的。透過縝密地檢驗這些想法，並且調整其中錯誤的思考歷程，通常會讓當事人感覺好許多。

　　本章會介紹這些自動化想法的特徵，並且說明如何：

- 向你的案主解釋什麼是自動化想法。
- 找出並且具體說明自動化想法。
- 教導案主如何辨識他們的自動化想法。

## 自動化想法的特徵

　　自動化想法（automatic thought）是我們思緒中的一環，與我們平日主要的思考有著共存的關係（Beck, 1964）。這些自動化想法並非僅屬於有心理問題的人，一般人也會有。大多時候我們很少會意識到這些想法的存在，但是透過一些訓練，我們就可以覺察到這些想法。而當我們可以覺察自己的想法時，在沒有心理功能失調的狀況下，我們可以讓自己自動化的去檢驗這些想法的真實性。

　　比如說，對一個讀者而言，當閱讀到本章這個段落時，他的自動化想法可能是：「我看不懂它在寫什麼。」因此感到有些微的焦慮。他可能會自然的（而且是在沒有覺察的狀況下）用：「我有理解其中某些部分，我再來重新讀一遍看看。」的正面方式來回應他原本認為看不懂的自動化想法。

　　這種對自動化的檢驗以及對負向想法的正面因應是人們相當普遍的

經驗。但是當人在焦慮的狀態下，是很難做出如此詳盡的檢視。**認知行為療法**（cognitive behavior therapy）就是在提供人們實用的工具，用富有覺察性的結構來評估這些想法，特別是當人們處在負面的情緒下時更是如此。

舉莎莉的例子來說，當她讀到某篇在講經濟學的章節時，出現如同上述的自動化想法：「我看不懂它在寫什麼。」然後這種想法愈來愈極端：「我永遠都不會懂他在寫什麼。」莎莉接受了這些想法並且信以為真，因此感到很難過。然而在學過了認知行為療法中的一些技巧後，她比較能夠將這些負面情緒作為找出，評估想法的線索，並且發展出比較適當的回應方式：「這邊暫停一下，我永遠都不懂，這種想法不見得是完全正確的，我現在的確是遇到一些困難，但是如果我重新再讀一次，或是讓我自己先平靜下來再重新開始，我或許就可以更清楚一些了。不管怎樣，懂不懂又不會影響我的生命，況且如果有需要的話，我還可以問別人。」

雖然自動化想法好像很自然地就突然出現在腦海中，一旦案主可以辨識出自己深沉的信念，那預測這些自動化想法出現的時機就會簡單許多。治療師要關注的是找出那些失功能的想法，因為這些想法會扭曲事實，帶來挫折的情緒，並有可能會影響到案主追求目標的能力。失功能的自動化想法幾乎都是負面的，除非案主有躁鬱或輕躁的傾向、自戀型人格違常（narcissistic personality）或是藥物濫用的問題。

自動化想法通常很短暫，而案主比較容易覺察到因為想法引發的情緒，而非想法本身。比如說，在會談中，案主可能有時會感到焦慮、傷心、困擾或尷尬，除非在治療師的澄清下，不然他們很少會覺察到發生在情緒之前的自動化想法。

案主所感受到的情緒和他們的自動化想法有相對應的關係。比如說，一個想著「我是白痴，我搞不懂每個人〔在會議中〕說的話」的人，會感到很傷心。下一次他想到：「她〔我老婆〕一點都不感激我。」並因此覺得很生氣。而他想到：「要是我的貸款不通過怎麼辦？我該怎麼辦？」他就開始焦慮了起來。

自動化想法通常以一種「簡略」的版本呈現，但是當你詢問想法的意義時，案主又可以輕易的詳盡說明。比如說，當案主腦海中出現「喔，不！」的念頭，這意義可能是：「〔我老闆〕又要給我一堆工作了。」而當腦海出現「該死！」，背後的意義可能是：「我竟然笨到把手機忘在家裡。」

自動化想法會以語文、視覺（心像），或兩者同時的方式出現。上面的案例中，除了「喔，不！」以語文為主的自動化想法外，也會在腦海中出現關於自己的心像：一個人在深夜的書桌前，埋首在一堆稅單裡工作著（第十六章會介紹以心像形式出現的自動化想法）。

要檢驗自動化想法可以從想法的真實性及效用性來著手。常見的自動化想法類型之一是以某種扭曲的形式出現，且和客觀的事實相左。第二類的自動化想法是正確的，但是個體據此卻做出錯誤的結論。比如說：「我沒有做到〔對朋友〕所承諾的事情」是一個真實的想法，但是結論：「所以我是個糟糕透頂的人」則被扭曲了。

第三類的自動化想法同樣也是正確的，但案主卻做出了失功能的決策。比如說，莎莉正為一場考試做準備，她想：「這考試要花我很多時間去準備，所以我明天凌晨三點的時候要起來準備」。她想法的部分是正確的，但結果卻增加了焦慮而降低了她的注意力跟動機。在此例中，比較合理的回應通常是從效用性來著手：「準備這考試的確是要花很多時間，但是我可以做到的，我以前就有過類似的經驗。去想要花多少時間才能完成反而會讓我覺得很痛苦，也沒有辦法專心。我可以試著一次就只專注在事件的一個部分，然後鼓勵自己可以辦到的。」當評估自動化想法的真實性和／或效用性，並且給予適當的回應時，通常會對情緒產生正向的改變。

整體而言，自動化想法會與其他更主要的想法共存，不需要經過深思熟慮便會自然出現。人們通常比較可以覺察到情緒狀態，但是需要一些練習才能夠覺察到自己的想法。與人們的困擾有關的想法，通常會與特定的情緒連結，端視這些想法的內容與意義。想法常常是簡短、簡略的形式，並且可能以語文和／或心像的形式出現。人們通常會在不加思

索下，便將自己的自動化想法當作真實的事情。適當的辨識、評估以及回應這些自動化想法，通常會對情緒有正向的影響。

 ## 對案主解釋自動化想法

用案主自身的例子來向他解釋自動化想法是相當有說服力的。在下列與案主討論特定問題的範例中，你可以引導出與問題有關的自動化想法。

> 治療師：〔到第一個討論會程〕我們要不要來討論一下妳昨天在公園中有多沮喪呢？
>
> 案　主：好。
>
> 治療師：妳那時情緒的感覺什麼：難過？緊張？生氣？
>
> 案　主：難過。
>
> 治療師：那時有什麼閃過妳的腦海中？
>
> 案　主：〔進一步描述當時的情境，用來連結她的自動化想法〕我當時正看著公園中的人群，散步、玩飛盤之類的。
>
> 治療師：當妳看著人群時，有什麼閃過妳的腦海中？
>
> 案　主：我永遠無法跟他們一樣。
>
> 治療師：好〔提供心理衛教〕妳剛好找出一個我們稱之為自動化想法的東西，每個人都有。它們就像是突然出現在我們腦海的想法。我們從沒有試著去仔細思考這些想法；這就是它被稱為自動化的原因。大多時候，它們是非常快速閃過去的，我們覺察不到，我們只能覺察到情緒的部分，在妳的例子裡，就是難過的感覺。這些想法大多時候都有某種程度的扭曲，但我們會把它

> 當作事實而做出反應。
>
> 案　主：嗯。
>
> 治療師：我們要做的就是教妳如何去找出妳的自動化想法，然後來評估看看它們是否正確。比如說，我們來評估「我永遠不可能跟他們一樣」這個想法，妳覺得如果妳發現自己這樣的想法不正確，當妳的憂鬱好多了，妳瞭解到自己就如同這些在公園裡的人們一樣時，妳的情緒會有什麼變化？
>
> 案　主：我會覺得好多了。

　　治療師在這裡可以舉另外一個例子來說明認知模式，在稍後的會談中，治療師用蘇格拉底式的問話（參考第十一章）來檢驗案主的想法，以便她可以找到適合自己的合理回應方式。在接下來的部分，治療師會把自動化想法寫下來，強調認知模式。

---

情境：看著在公園中的人群

↓

自動化想法：我永遠不可能跟他們一樣

↓

情緒：難過

---

> 治療師：我們把它寫下來。當妳有「我絕對不可能跟他們一樣」的想法時，妳會感到難過。妳現在瞭解妳的想法是如何影響妳的情緒嗎？
>
> 案　主：嗯嗯。
>
> 治療師：那就是我們所說的認知模式。而我們在治療中要做的

就是當妳發覺自己情緒改變時，教妳找出妳的自動化
想法。這是第一步，我們會不斷的練習這一步，直到
妳覺得可以上手後。接著妳會學習如何評估妳的想
法，如果它不太正確的話，那麼妳要如何去改變它。
這樣清楚嗎？

案　　主：應該是吧。

治療師：〔確認案主瞭解的程度〕妳可以用妳的方式告訴我想
法跟感受之間的關係嗎？

案　　主：有時候我有一些錯誤的想法，而這些想法會讓我覺得
很糟……但如果我想的是正確的怎麼辦？

治療師：很好。如果這想法是正確的，那我們就會著手去解決
問題，或是找出為什麼會感覺這麼不好。我猜，當妳
憂鬱時，我們會在妳的想法當中找到很多錯誤的地
方。非現實的負面想法永遠是憂鬱的一部分。在任何
情況下，我們都會一起來確認妳的想法是對還是錯。

在會談的最後，治療師再一次確認案主對於認知模式的理解到哪個
程度。

治療師：讓我們回顧一下，妳可以跟我說妳現在對於情緒跟想
法之間的關係瞭解有多少嗎？

案　　主：嗯，有時候自動化想法就這麼出現在我腦海裡，而我
把它們視為事實。然後我感覺……難過、憂慮之類的
情緒。

治療師：很好。那如果把找出自動化想法當作是妳這週的回家
功課，妳覺得如何？

案　主：好呀。

治療師：妳覺得我為什麼要建議妳這麼做呢？

案　主：因為有時候我的想法就只是想法，不是事實，如果我可以分辨我在想什麼，我就可以改變它，這樣也會讓自己好過一些。

治療師：完全正確。好，那我們把本週的作業寫下來：當我感覺到情緒改變或是變糟的時候，要問自己……，還記得妳要問的是什麼嗎？

案　主：是什麼在我的腦海中閃過去？

治療師：太好了，把它寫下來吧！

 ## 引發自動化想法

學習辨別自動化想法的技巧，跟學習其他的技巧很類似。有些案主（以及治療師）能夠很輕易又快速的做到這些。其他人就需要更多的指導跟練習。而你可以問的一個基本關鍵問題就是：

> 「你的腦海中閃過了什麼？」

你可以在以下的時機提出上述問題：

1. 當案主描述一個之前發生的困擾情境，通常是在上一次會談之後，或是

2. 當你在會談的過程中發現案主有負面情緒的轉移，或是加劇時。

尤其第二種狀態有很重要的意義，所以治療師對於案主在語言與非語言的線索要有足夠的敏感度，這樣才能引發案主的**熱認知**（hot cognition）——與情緒轉變有關，而在會談過程中所引發的重要自動化想法與心像。這些熱認知裡可能是關於案主本身的（「我是徹底的失敗者」）、關於治療師的（「她不瞭解我」），或是討論中的主題（「我要做的事情那麼多，這對我一點都不公平」），這些熱認知可能會損害案主的動機或自我價值感，也可能會干擾案主對會談的專心度，甚至它們也會阻礙案主與治療師之間的治療關係。找出這種自動化想法能夠讓案主有機會立即檢驗，並且回應這些想法，促進後續的治療進展。

至於治療師要如何知道案主正經歷的情緒轉變呢？治療師可以藉由非語言的訊息，像是面部表情、肌肉的緊張程度、姿勢的改變或手勢等，獲得訊息。語言線索的部分，包含音調或速度的改變、音量或節奏的改變等等。當注意到任何改變，讓你懷疑可能與情緒轉變有關時，治療師可以透過詢問案主腦海中閃過去的內容來確認你的懷疑。

## 引發自動化想法的困難之處

如果案主無法回答你「你的腦海中閃過什麼？」的問題時，你可以：

1. 詢問案主現在／當時感覺如何，以及在身體的哪些部位感受到了情緒反應。
2. 引導案主詳細描述令他困擾的情境。
3. 要求案主具體想像令他苦惱的情境。
4. 建議案主跟你一起利用角色扮演的方式，重現當時的場景（以人際互動的主題為佳）。
5. 引導出相關的心像。
6. 由治療師提供所假設的與案主腦海中相反的想法給案主。
7. 詢問案主該情境對他的意義。
8. 用不同的方式提問。

以下的範例說明了如何利用上述的技巧。

## 強調情緒跟生理的反應

> 治療師：莎莉，當妳在課堂上想到要自願做什麼的時候，妳的腦海中閃過些什麼？
>
> 案　主：我不太確定。
>
> 治療師：妳當時感覺如何？
>
> 案　主：焦慮吧！我想。
>
> 治療師：妳哪一個部位有焦慮的感覺？
>
> 案　主：這裡（指著她的腹部），我胃部的這個凹陷處。
>
> 治療師：妳現在能夠重現當時的感覺嗎？
>
> 案　主：（點頭）
>
> 治療師：所以妳現在正坐在教室裡，想到要自願時，在妳胃部的凹陷處有一種焦慮的感覺……現在妳腦海中閃過什麼？
>
> 案　主：如果我說了什麼，可能會說錯，別人就會因此而評論我。引導案主詳細描述
>
> 治療師：所以，妳昨晚一個人待在房間裡，然後妳開始感到很不舒服？
>
> 案　主：是。
>
> 治療師：當時有什麼從妳腦海中閃過去？
>
> 案　主：我不知道，我就只是感覺到很低落、很難過。
>
> 治療師：妳可以描述當時的場景給我聽嗎？當時是幾點？妳是一個人嗎？妳當時在做什麼？當時有發生任何事嗎？
>
> 案　主：那時候大概是六點十五分。我剛吃完晚餐回來，當時我太早吃晚餐了，所以回來時宿舍空無一人。我正打算要從包包把書拿出來，來做化學作業……
>
> 治療師：所以當時妳正打算要去做功課，然後妳邊想著……

案　主：〔陳述她的自動化想法〕這太難了，我永遠搞不懂它們。

治療師：然後發生了什麼事？

案　主：我就直接倒在床上。

治療師：當妳躺在床上時，妳的腦海中閃過些什麼？

案　主：我不想做這些作業，我根本就不想待在這裡。

## 想像情境

治療師：莎莉，妳可以想像妳現在正身處課堂上，教授正在說話，妳身邊的同學正低聲說話，而妳現在感到很緊張……妳可以想像這些，就好像它現在正發生著嗎？教室有多大？妳坐在哪裡？教授在說什麼？妳在做什麼？等等之類的細節。

案　主：我正在經濟學課堂上。教授站在教室前面。我看看，〔回到當時緊張的情境，這會讓經驗放慢下來，並且降低情緒性反應〕我當時正坐在離後門約四分之三的位子，我當時很辛苦的在聽教授上課……

治療師：〔引導案主用現在進行式的方式敘說〕所以，「我現在正坐在離後門約四分之三的位子，我很辛苦的在聽教授上課……」

案　主：她在跟全班說我們可以挑選什麼主題之類的，從總體經濟學的觀點看經濟現況，或是……之類的，然後我左邊的某個同學靠過來問我「報告什麼時候要交？」

治療師：現在妳的腦海閃過了什麼？

案　主：她在說什麼？我錯過了什麼？這樣子我不知道該怎麼辦了。

### 利用角色扮演重現人際場景

案主描述別人說了些什麼，然後由案主扮演他們自己，由你扮演對話的另一方。

---

治療師：所以，當妳和同學討論作業時，那時妳感到很低落嗎？

案　主：對。

治療師：當時妳在和她說話時，妳的腦海中閃過什麼呢？

案　主：（停頓）……我不知道，我就只是感覺到真的很低落。

治療師：妳能夠告訴我，當時妳對她說了什麼，而她怎麼回答妳嗎？

案　主：（描述兩邊的對話）

治療師：我們用角色扮演來試試看如何？我扮演妳同學，妳扮演自己。

案　主：好。

治療師：當我們在重現當時的情境時，看看妳是否能夠想起當時有什麼閃過妳的腦海。

案　主：（點頭）

治療師：好，妳先開始。妳先說了什麼？

案　主：麗莎，我可以問妳一個問題嗎？

治療師：當然，但是妳可以晚點再跟我說嗎？我現在要去上下一堂課。

案　主：很快就好，我只是忘記一部分史密斯教授說的有關報告的事。

治療師：我現在真的很趕時間。七點以後再找我好不好？掰掰……好，現在我們跳脫角色扮演的情境。妳當時是

---

否能覺察到當時有任何想法閃過腦海？

案　主：可以，我當時在想她實在是太忙了，然後她不太想幫
　　　　我，這樣我就不知道該怎麼辦才好。

治療師：你當時有「她很忙」、「她不太想幫我」、「我不知
　　　　道該怎麼辦」這些想法。

案　主：對。

治療師：而這些想法讓妳感覺很低落？

案　主：對。

## 引出心像

治療師：所以，當我問妳「學校那邊如何？」時，妳那時候是
　　　　很難過的。那時候有什麼閃過妳的腦海？

案　主：我想我當時正在想著我的經濟課，拿回我的報告。

治療師：妳是想像到那個情境嗎？在妳腦海中有這些畫面嗎？

案　主：是呀，我想到報告上的分數是用紅筆寫上的C。

## 提供相反的想法

治療師：所以，當時妳正一個人坐在房間內，那時妳是否想著
　　　　每件事情都棒透了？

案　主：不，完全不是這樣！我當時在想我不知道自己是否屬
　　　　於這裡。

## 找出情境的意義

> 治療師：妳的報告拿了一個B，這對妳的意義是什麼？
>
> 案　主：我不夠聰明，我達不到這堂課的要求。

## 用不同的方式提問

> 治療師：所以當妳母親沒有回電時，那時妳的想法是什麼？妳
> 是不是有些什麼預測？妳還記得當時的任何事嗎？

另外，還有一個比較少受到青睞的方法，就是詢問案主：「你猜猜你當時在想什麼？」；或是「你有沒有可能當時是在想＿＿＿＿或＿＿＿＿？」因為案主有時候可能會推敲錯誤，但有時候這兩個問題卻又相當有用。

當案主對於要找出自動化想法覺得有困難時，治療師可以嘗試用以上的方法來幫助他們。但如果這對他們來說還是太難，治療師可能就要協同案主一起決定改變主題，以避免案主有被審問的感覺，或是減少他們認為自己成事不足的想法：

> 案　主：嗯，有時候這些想法真的很難抓出來。這很正常，不
> 如我們現在來……

## 找出其它的自動化想法

儘管案主陳述第一個自動化想法，但對話與釐清仍會持續。藉由額外的詢問或許可以讓案主發現其它重要的想法。

> 治療師：所以當考試卷發回來後，妳當時想著「我應該要做得
> 　　　　更好、我應該要更認真一些」，除此之外，還有什麼
> 　　　　閃過妳的腦海中？
> 案　主：其他人或許都考得比我好。
> 治療師：然後呢？
> 案　主：我當時在想「我根本不該在這裡，我是個廢物」。

你要對案主保持警覺，因為他可能有其它與原本情境無關，而是跟
他們怎麼反應情境有關的自動化想法。他們可能會用一種負面的角度來
知覺自己在情緒、行為以及心理的反應。

> 治療師：所以妳當時有一個想法——「我會讓自己出糗」，然
> 　　　　後妳感覺到焦慮？之後發生了什麼事情？
> 案　主：我的心跳加快，然後我想到「我到底怎麼了？」
> 治療師：然後妳感覺……？
> 案　主：更焦慮了
> 治療師：然後呢？
> 案　主：我在想「我會一直感覺這麼糟」
> 治療師：然後你感覺……？
> 案　主：難過跟無助。
> 治療師：然後呢？
> 案　主：我覺得很糟，我想我在跟艾利森一起吃午餐時應該會
> 　　　　很無趣，所以我跟她說我不太舒服，然後就回宿舍
> 　　　　去。

讀者可以注意到，案主一開始的自動化想法是跟特定情境有關的
（在課堂上要自願舉手）。然後她出現一些關於自己焦慮跟生理反應的

想法。在許多案例中，這些第二型情緒反應會讓人相當難受，然後顯然會讓原本已經低沉的情境更加黯淡。之後莎莉出現了負向的預期，並因此影響到她的行為。

為了讓治療效用達到最大，治療師必須決定案主在什麼時機下，他的狀態最糟糕（事前、期間、事後），而他在那個當下的自動化想法又是什麼。當事人過去可能曾經有過以下幾種令人痛苦的自動化想法：

- 在事件之前，預期可能會發生什麼事（「如果她對我吼叫怎麼辦？」）
- 在事件期間（「她現在認為我很蠢」），和／或
- 事件後，對於已經發生事件的一種反思（「我無法做好任何事；我一開始根本就不該嘗試」）。

## 找出引發困擾的情境

有時候，案主除了無法對當下的情緒找出背後自動化的想法外，他們也很難找出某些令他們痛苦的特定情境或議題（或是指出哪個部分最令他難過）。當發生這種狀況時，你可以請案主列出讓他難過的問題，然後請案主假想，如果去掉一個問題，他的狀態可以改善的程度，藉此來標定出最令案主困擾的情境。一旦這個讓案主困擾的特定情境被標記出來後，要找到自動化想法就會相對容易許多。

> 治療師：〔摘要〕所以，這幾天妳一直處在難過的情緒中；另一方面，妳並不清楚為什麼會如此，而要找出想法似乎有點困難——然後大部分的時候，妳都沉浸在沮喪的情緒裡，是這樣嗎？
>
> 案　主：是的。我就是不瞭解為什麼自己總是在難過。
>
> 治療師：妳那時候有想到哪些事情嗎？

案　主：嗯，學校是一個，我跟我的室友處得不太好，然後我想要跟我媽媽溝通，但是也做不到，我不知道，好像每件事我都做不好。

治療師：所以，妳在學校遇到了一個問題，與室友之間也有一個問題，和媽媽溝通也存在問題……還有別的嗎？

案　主：還有，我這陣子都感覺不太對勁，我擔心我可能生病了。

治療師：哪一個的狀況最讓妳困擾——學校、室友、與母親溝通？還是生病？

案　主：喔，我不知道耶，這些我全部都很擔心。

治療師：好，我們先把這四件事情記下來，然後我們來假設如果可以完全消去感覺生病的問題，也就是妳現在身體完全無恙，妳現在會有多焦慮？

案　主：還是一樣。

治療師：好，那假如說妳在治療後馬上就跟媽媽溝通，而她的狀況相當好，妳現在感覺如何？

案　主：會有好一點點，但不會太多。

治療師：好，我們來看看學校的問題，學校的問題是什麼？

案　主：我下星期前要交出一份報告。

治療師：好，那假設妳之前就已經完成這份報告了，而且寫得還不錯。妳現在感覺如何？

案　主：如果我的報告做完了而且做得還不錯的話，我會鬆一大口氣。

治療師：所以這樣聽起來，似乎是報告的問題最讓妳困擾。

案　主：是啊，我想是吧。

治療師：我們來確認一下……如果妳的報告還沒完成，但是跟室友的問題解決了，妳的感覺會是如何？

案　主：不太好，我想應該是報告的問題最讓我困擾。

治療師：等一下我們會討論學校的問題，但是首先我想先回顧一下我們是如何找出這個問題的，這樣以後妳就可以如法泡製。

案　主：嗯，你讓我把我擔心的所有事情都列了出來，然後假裝它們一個一個被解決。

治療師：然後妳可以看看哪一個問題被解決後，妳的感覺會最放鬆。

案　主：是的。

稍後我們就把焦點放在學校的問題上，找出自動化想法後對它做出回應，同時也嘗試一些問題解決的方法。

同樣的方法也可用來幫助案主，決定在整個困擾的問題中，哪個部分最讓他感到難受。

治療師：所以妳對室友的問題感到很頭痛。哪個部分最困擾妳？

案　主：喔，我不知道，每件事情都是吧。

治療師：你可以具體說出是哪些事嗎？

案　主：嗯，她常常吃我的東西，雖然不是故意的，但這真的讓我很困擾。然後她有一個男朋友，每次她說到她男友時，就好像在提醒我還單身。然後她很髒亂，東西丟得到處都是……然後她也不會顧慮到別人，常常很大聲的講手機。

治療師：還有其它的嗎？

案　主：主要都是這些事。

> 治療師：好，接著這部分我們以前做過。我把妳剛剛說的再念
> 一次給妳聽，妳可以找出哪一個部分最困擾妳。如果
> 沒辦法的話，我們可以假設狀況一個一個消去，看看
> 哪一個讓妳的感覺最不一樣。好嗎？

## 分辨自動化想法與詮釋間的差異

當治療師在瞭解案主的自動化想法時，意謂著是在尋找閃過案主腦海中的實際詞彙或心像。在他們學會辨識這些想法之前，許多人陳述的是他們詮釋後的結果，但詮釋不見得反應出案主們真正的想法。在接下來的範例中，筆者會引導當事人陳述他的想法。

> 治療師：當妳在自助餐館看到那位女士時，妳的腦海中閃過些
> 什麼？
> 案　主：我想我當時正在否認我真正的感受。
> 治療師：妳當時實際上在想什麼？
> 案　主：我不是很確定你的意思。

在這次對話中，案主說的是他當下的感覺與想法的詮釋。以下，筆者再一次試著將焦點放在她的情緒上。

> 治療師：當妳看到她時，妳感受到的是什麼情緒？
> 案　主：我想我正試著否認我的感受。
> 治療師：嗯嗯，妳在否認什麼樣的感受？
> 案　主：我不確定。

治療師：〔提供一個與預期相反的情緒，藉以喚起案主的回
　　　　憶〕當妳看到她的時候，妳是不是感到很開心？很興
　　　　奮？

案　主：一點都不會。

治療師：妳還記得當時妳走進自助餐館看到她？妳能在腦海中
　　　　想起那個畫面嗎？

案　主：嗯嗯。

治療師：妳的感覺是什麼？

案　主：我想是難過。

治療師：當妳看著她，妳的腦海中閃過些什麼？

案　主：〔陳述情緒跟生理狀態，而非自動化想法〕我感到相
　　　　當難過，感到胃部一陣的虛無。

治療師：妳現在腦海中閃過些什麼？

案　主：她真的很聰明。〔自動化想法〕跟她比起來我什麼也
　　　　不是。

治療師：好，還有其它的嗎？

案　主：沒有，我直接越過她去桌子另一頭，開始和我的朋友
　　　　聊天。

## 找出藏在對話中的自動化想法

　　案主需要將閃過他們腦海中的訊息用精確的詞彙表達出來，以利後
續有效的評估。以下是想法以及精確的詞彙：

| 【表述】 | 【實際的自動化想法】 |
|---|---|
| 我猜我想知道他是否喜歡我。 | 他喜歡我嗎？ |
| 我不知道如果去找教授的話會不會浪費時間。 | 我若去了可能是在浪費時間。 |
| 我就是無法專心讀書。 | 我做不到。 |

你可以和緩的引導案主用精準的詞彙描述閃過他們腦海中的訊息。

> 治療師：所以當妳在課堂上感到尷尬時，當時妳腦海中閃過些
> 　　　　什麼？
> 案　主：我猜我當時在想他會不會覺得我很奇怪。
> 治療師：妳可以準確回憶當時腦海中所用的字眼嗎？
> 案　主：（困惑狀）我不是很確定你的意思。
> 治療師：你當時是在想「我猜我當時在想他會不會覺得我很奇
> 　　　　怪」，或者是妳在想「他是不是覺得我很怪？」
> 案　主：喔，我懂了，是第二個想法。事實上我的確在想「他
> 　　　　大概認為我是個怪人」。

## 釐清電報式或疑問式的想法

案主表述的想法通常不是很詳細，這種電報式的想法很難被評估，因此你可以引導案主更充分的陳述自己的想法。

> 治療師：當報告發回來後，你腦海中閃過些什麼呢？
> 案　主：「喔不！」，我就只有想到這個。
> 治療師：妳可以說得更仔細一點嗎？「喔不」意味著……
> 案　主：我永遠都無法在時限內完成，事情太多了。

如果案主無法仔細陳述他們的想法，治療師可以試著提供他相反的想法：「『喔不』意思是不是指說『這真是太棒了』？」

自動化想法有時候會用疑問句的方式呈現，這也會讓評估變得困難。因此，治療師可以引導案主用說明的方式來表達這些想法。

> 治療師：所以妳感到焦慮嗎？那時候妳的腦海中閃過些什麼呢？
>
> 案　主：我當時在想「我會不會通過考試」？
>
> 治療師：好，妳當時是在想妳可能會通過？還是不會通過考試？
>
> 案　主：不會通過。
>
> 治療師：好，所以妳的想法是「我可能不會通過考試」？

另外一個例子則是：

> 治療師：所以當時妳有一個想法「〔如果我愈來愈焦慮〕我會發生什麼事情呢？」妳害怕會發生什麼事情？
>
> 案　主：我不知道……我猜是失控吧！
>
> 治療師：好，那我們來看看「我可能會失控」這個想法。

在這邊，筆者引導案主精確的詳述她所害怕的是什麼。在下一個案例中，案主一開始很難找出藏在自動化想法背後的恐懼，筆者試著用幾種不同的問話來釐清。

> 治療師：所以妳當時想「下一個會是什麼？」，妳當時認為接著會發生什麼事情呢？

案　主：我不知道。

治療師：你是否害怕有什麼特定的事情可能會發生？

案　主：我不是很確定。

治療師：在這種情況下，妳覺得最糟的情況有可能發生什麼事？

案　主：嗯……我被退學。

治療師：妳想這是否是當時妳害怕會發生的事情呢？

為了評估的需要，其他種類的疑問式想法可以換成以下的陳述方式：

| 【疑問】 | 【陳述】 |
| --- | --- |
| 我有能力應付嗎？ | 我沒有能力應付。 |
| 如果她離開我可以承受嗎？ | 如果她離開我可能無法承受。 |
| 如果我辦不到怎麼辦？ | 若辦不到我會失去工作。 |
| 如果她對我生氣怎麼辦？ | 她要是生我的氣，這會讓我很受傷。 |
| 我要怎麼面對這些？ | 我無法面對這些。 |
| 如果我無法改變怎麼辦？ | 要是不改變，我會永無寧日。 |
| 為什麼這會發生在我身上？ | 這些不應該發生在我身上。 |

## 找出會引發自動化想法的情境

到目前為止，本書所列舉的自動化想法的例子都與外在的事件有關（比如和朋友說話），或是和思考的有關（比如想到即將到來的考試）。但是除了外在事件，內在經驗也會引發自動化想法。圖9.1 提供了相關的說明。

案主可能也會有其他類型的自動化想法。他們對於自己的認知（想

| 〔情境／刺激〕 | 〔案例〕 | 〔自動化想法〕 |
|---|---|---|
| 外在事件<br>（或連續事件） | 一直被媽媽掛電話 | 她怎麼可以這樣對我！ |
| 思考 | 想到考試 | 我永遠學不會這些東西。 |
| 認知：想法、心像<br>、信念、白日夢、<br>夢境、記憶、重現<br>經驗 | 覺察到某一個強烈的心像 | 我一定是瘋了。 |
| | 重現一個創傷事件的經驗 | 我永遠無法克服這些，我會永<br>遠逃不過這些夢屬的折磨。 |
| 情緒 | 生氣 | 我不應該對他生氣的，我真是<br>太過分了。 |
| 行為 | 狂吃東西 | 我好脆弱，我連飲食都無法控<br>制。 |
| 生理或心理經驗 | 心跳加快 | 如果我真的出了什麼問題怎麼<br>辦？ |
| | 非現實感 | 我一定是要發瘋了 |

**圖9.1　引發自動化想法的情況**

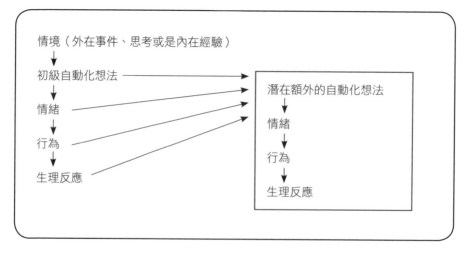

**圖9.2　初級及次級想法與反應**

法、心像、信念、白日夢、夢境、記憶或重現經驗）、情緒、行為、生理或心理經驗都會有些想法。而上面任何一種刺激都會引發一個初級的自動化想法（或一連串的自動化想法），然後引起初級的情緒、行為或是生理反應。接著案主可能對於這些認知模式會有額外的想法，而導致另一個與情緒、行為或生理反應相關的想法（見**圖**9.2）。

## 教導案主辨識自動化想法

如第五章所說的，就算是第一次會談，你也可以教案主如何找出自動化想法的技巧。在這邊筆者利用莎莉的案例做一個示範。

> 治療師：莎莉，下週當妳注意到自己情緒改變或變糟時，妳有
> 　　　　辦法停止這種改變並且問自己：「我現在腦海中閃過
> 　　　　了些什麼？」嗎？
> 案　　主：可以
> 治療師：或許妳可以在紙上記下這些想法？
> 案　　主：當然。

在之後的會談中，如果基本的質問（你現在腦海中閃過些什麼）沒有效，你也可以具體教導案主其它的技巧。

> 治療師：有時候妳可能無法找出自己正在想什麼。所以不管是
> 　　　　現在或以後，妳都可以試試看我今天在會談中教的方
> 　　　　法。在妳的想像中盡可能真實地重放這些情節，就好
> 　　　　像它又發生了一次，並且專注在妳的感受上，然後問

> 妳自己「什麼閃過了我的腦海？」妳覺得妳可以做到
> 這些嗎？還是我們再練習一次？
>
> 案　主：我會試試看。

　　如果利用基本質問以及想像技巧仍然沒有效的話，你或許可以教導案主對想法提出假設。這方法比較少被使用，因為案主有時說出來的有可能是事後的詮釋，而不是當下真正的想法。

> 治療師：如果妳對於找出腦海中的想法仍然有困難，這邊有些
> 　　　　問題妳可以試著問自己（見**圖9.3**）。
>
> 案　主：好的。
>
> 治療師：第一個問題：如果一定要猜，我會猜當時自己正在
> 　　　　想什麼呢？我有沒有可能正在想_____ ；還是在
> 　　　　想_____？我想像某件事情或我記得某些事情？最
> 　　　　後，這個情況對我的意義是什麼？或是妳也可以試著
> 　　　　從反方向的想法著手來喚起妳的記憶。
>
> 案　主：好。
>
> 治療師：如果妳這週要找出自動化想法遇到困難的話，而且利
> 　　　　用想像的方式也不管用時，要不要試試看用這些問題
> 　　　　來幫助妳？
>
> 案　主：可以呀。

　　總結而言，有心理疾患的案主，想法會出現可預期的錯誤。治療師須教導案主去找出這些失功能的想法，然後去評估它、校正它。這些程序都要先從找出特定情境中的特定自動化想法開始。找出自動化想法對某些案主來說相當簡單，但對其他案主來說則是困難重重。你必須要謹

---

**喚起自動化想法的技巧**

【基本問題】

就在前一刻，你的腦海中閃過些什麼？

【找出自動化想法】

1. 當你注意到會談中的情緒有轉變（會強度變大）時，問自己上面的問題。

2. 當案主描述一個困擾的情境，或是在某個時刻經驗到情緒的改變時，問自己上面的問題。

3. 若有必要，讓案主用想像的方式來仔細形容特定的情境或時間（就好像現在正在發生一般），然後問上面的問題。

4. 若有必要，與你一同利用角色扮演的方式重現特定的人際互動場景，並詢問上面的問題。

【其它喚起自動化想法的問題】

1. 你猜你當時正在想什麼？

2. 你覺得你當時有沒有可能正在想_____；或是在想_____？

   （治療師要提供幾個可能的選項）

3. 你是否想像可能會發生什麼事情，或是記得確實發生過什麼事？

4. 這個狀況對你的意義是什麼？（你會怎麼評論這個狀況？）

5. 你是否正在想著_____？

   （治療師提供一個與預期答案完全相反的想法）

---

**圖9.3　找出自動化想法的技巧摘要表**

資料來源：From J. S. Beck (2011). © 2011 by Judith S. Beck. Reprinted by permission.

慎而注意的傾聽案主，確認他們說的是真正的想法，如果案主還沒有辦法找出自動化想法，你必須要在問題上做一些改變。下一章會澄清自動化想法與情緒之間的差異。

# Chapter

# 10 情緒辨識

陳品皓

　　情緒（emotions）在認知行為療法中是第一重要元素。畢竟治療的首要目標在於症狀減輕（尤其是在降低案主的悲傷程度）以及疾病的緩解。

　　強烈的負向情緒令人痛苦，也會阻礙人們清晰思考、解決問題、有效行動以及追求肯定的能力。精神科的病人常常會經驗到一些過度或不合時宜的情緒強度。舉例來說，當莎莉必須取消和室友的聚會時，她會有相當的罪惡感，然後悲傷的情緒接踵而來。而當要去找教授求助之前，莎莉也會感到異常的緊張。一旦你瞭解案主自動化的想法及信念（通常是相當痛苦的內涵）是處於被激發的狀態下，那他們在情緒上表現出來的強度跟質感也就相對有跡可循了。

　　瞭解並同理案主隱忍對情緒的回應與抵抗，以及理解案主面對這些狀態的感受是很重要的。而我們透過評估潛藏在案主悲傷情緒背後的想法與信念，來降低他的焦躁與不安；而非直接評估情緒本身。

　　治療師不用和案主討論所有讓他感到苦惱的情況，而是利用你對案主的個案概念化來決定哪一些問題是真正重要的。典型的重要問題通常跟高度的悲傷情緒有關。若案主抱怨的問題，其情緒反應相對來說算「正常」的話，通常那個問題的重要度也會低一些。認知行為療法的目的並不是在於免除當事人所有的悲傷；負向情緒就和正向情緒一樣，是讓生命完滿所不可或缺的一部分。它的功能和身體的疼痛同等重要，都是用來警戒我們可能面臨潛藏的危險，值得投注高度的重視。

　　除此之外，你也要和案主討論有關他們的興趣與嗜好，並希望或幫助他們尋找過程中任何可增加的正向情緒（通常相對會較少），像是本週經歷的正向事件或是任何正面的回憶。你也可以透過家庭作業的指派，增加一些能夠促進案主優勢能力以及感到愉悅的作業項目（參考第六章）。

　　本章則是解釋如何：

- 找出情緒中的自動化想法。
- 區辨不同的情緒狀態。
- 標定各種情緒。
- 為情緒的強度打分數。

##  辨識情緒中的自動化想法

　　許多案主不太真的知道想法跟情緒之間的差異。你要盡力瞭解案主的經驗,並將你的瞭解分享給案主。你要持續敏銳地協助案主,用認知模式的角度來觀照自身的經驗。

　　你要將案主所提供的資訊依照認知模式的架構作歸類:情境、自動化想法以及反應(如情緒、行為與生理反應)。當案主將想法跟情緒混在一起時,治療師仍然要保持警覺跟洞察。在這種時刻,當考量了會談的時機、目標以及彼此合作關係的強度,你可以決定:

- 忽略這些混淆的狀態。
- 當下指出這個問題(不管是直接明示或是隱微的暗示)。
- 稍後討論這個問題。

　　大多時候,案主在表述的過程中會將想法誤當成感受,這並不是很重要的事,而你只需要做簡單的修正即可。

> 治療師:當我們在討論議題的流程時,妳有提到想討論和妳哥
> 　　　　哥通電話這件事嗎?
>
> 案　主:對,我幾天前的晚上有打給他,他聽起來有點疏離。
>
> 治療師:妳當時情緒的感覺是什麼?
>
> 案　主:我感覺他不想跟我多談,好像他不在意我有沒有打給
> 　　　　他一樣。
>
> 治療師:所以當妳有「他不想跟我多談,他不在意我有沒有打
> 　　　　給他」的想法時,妳的情緒是如何呢?難過?生氣?
> 　　　　還是其它的?

在另一次的會談中，治療師很重視這種混淆的狀況，因為治療師想要教導莎莉如何利用**思考紀錄表**（見**圖12.1**，第262頁）去評估她的想法。治療師慎重地決定要教導她分辨這兩者，在那次會談中，治療師判斷這是很重要的議題，同時也確認這麼做不會妨礙之後的會談，重要的訊息也不會因此遺漏。

治療師：這個星期妳有沒有任何時候考慮出去走一走？

案　主：有，有過幾次。

治療師：妳還記得其中最特別的一次嗎？

案　主：昨天晚餐後，我正在清理的時候……我不知道。

治療師：當時妳感受到的情緒如何？

案　主：〔表達想法〕喔，我當時感覺這沒有用，可能不會有什麼幫助吧！

治療師：這些想法很重要。我們等一下會再回過頭來看看這些想法，但首先我想要再重新複習一下想法跟感受的差異，好嗎？

案　主：好的。

治療師：感覺是一種情緒性的感受，通常我們會用一個詞彙表達，像是悲傷、生氣、焦慮等等（停頓）。想法是妳腦海中的意念；這些意念會以字詞、圖畫或心像的方式呈現出來（停頓）。這樣妳懂我的意思嗎？

案　主：我想是吧。

治療師：所以我們回到昨天晚上，當時妳正想著要出去走一走。當時妳的情緒是什麼？

案　主：我想是難過。

治療師：然後妳的想法是「這沒有用，我永遠不會感到好過」？

案　主：是的。

在以上的案例中，莎莉一開始將想法當作情緒。有時候情況剛好會相反過來：也就是案主會把情緒當作是想法。

> 治療師：莎莉，當妳走回空蕩蕩的宿舍時，妳當時腦海中閃過些什麼？
>
> 案　主：我感到很難過、孤單又低沉。
>
> 治療師：所以妳覺得很難過、孤單又低沉。那又是什麼想法或是心像讓妳如此感覺呢？

## 分辨各種情緒的重要性

你不斷地概念化案主的問題，試著瞭解他們的經驗與觀點，試著理解案主深沉的信念如何在特定情境中引發特定的自動化想法，影響了他們的情緒與行為。在案主的想法、情緒與行為之間的關係，應該是要有邏輯可循的。如果案主所表述的情緒與他們的自動化想法似乎不吻合的話，這時你就需要更進一步的探究查明。如同以下的範例。

> 治療師：當妳母親沒有馬上回電給妳時，妳當時的感覺是什麼？
>
> 案　主：很難過。
>
> 治療師：當時妳的腦海中閃過些什麼？
>
> 案　主：我當時在想「如果她發生了什麼事情怎麼辦？也許出了什麼問題了。」
>
> 治療師：然後妳感到很難過？
>
> 案　主：是的。
>
> 治療師：這邊我有一點困惑，因為這聽起來比較像是焦慮的想法。還有其他任何閃過妳腦海的想法嗎？

案　主：我不太確定。

治療師：如果我們想像一下當時的情境？〔協助案主在想像中儘量鮮明的回憶起當時的情景〕妳說妳坐在電話旁邊等媽媽的電話？

案　主：接著我在想「如果她發生了什麼事情怎麼辦？也許出了什麼問題了」。

治療師：然後發生什麼事？

案　主：我看著電話，眼角就濕了。

治療師：當時妳的腦海閃過些什麼？

案　主：如果媽媽出了什麼事，這世上就不會有人在乎我了。

治療師：「這世上就不會有人在乎我了」這想法給妳的感覺是？

案　主：難過，是真的很難過。

　　這一段對話起因於案主的表述與情感不一致。治療師警覺到這樣的差異，才能從自動化想法的內容與情緒之間挑出這樣的矛盾之處。也才能透過想像的方式幫助莎莉回想到這個關鍵的自動化想法。如果當時治療師選擇聚焦在莎莉的焦慮想法上，這就有可能忽略了她原本主要關注的事情。儘管聚焦在核心想法是有幫助的，但找出關鍵的自動化想法並處理它，通常也會促進治療的進展。

##  標定情緒的困難

　　大部分的案主可以輕鬆又正確的將自己的情緒分門別類。然而有些案主在表述情緒時，有詞不達意的問題，有些人很清楚情緒的類別，但對辨識自己特定的情緒則有困難。在以下兩個例子裡，請案主將某個特

定情境中的情緒反應彼此間做連結,是有幫助的。為案主設計一個如**圖10.1** 的**情緒表**,將有助於案主更有效地辨識自己的情緒。案主可以條列出過去或現在某些引起他們特定情緒的情境,並可以在他們遇到無法辨識自己情緒的情境中使用。

---

〔生氣〕

1.我哥取消我們之間的計畫
2.朋友沒還我運動包包
3.公車司機音樂放得太大聲

〔難過〕

1.媽媽沒有回電
2.沒有足夠的錢在放假外出時使用
3.星期六沒事做

〔焦慮〕

1.看到存摺的金額太低
2.聽到可能有龍捲風來襲
3.在脖子上發現一個腫塊

---

**圖10.1　情緒表範例**

---

治療師：我想要花一點時間和妳討論幾種不同的情緒類別,以便我們更瞭解妳在不同情境下的感受,這樣好嗎?

案　主：好呀。

治療師：妳可以回想一個妳過去生氣的時刻嗎?

案　主：嗯,可以……當我哥取消原本跟我去看電影的計畫時；我忘記是哪部電影,但當時我很想看那一部。不管怎樣,他卻告訴我他要跟朋友出去……

治療師：當時妳的腦海中閃過些什麼?

案　主：他以為他是誰呀?我就不會這樣對他。他應該要對我好一點呀。

治療師：而這樣讓妳覺得……

案　主：火冒三丈。

221

　　這裡案主回憶了一個特定情境，且伴隨著一股情緒。從她的描述中，聽起來她正確的辨識了自己的情緒為何。因為治療師想要再確認這一點，便請她找出自己的自動化想法，而這個自動化想法的內容也的確與情緒的狀態一致。

　　接下來，治療師請案主回憶其它讓她感到生氣、難過以及焦慮的事件。然後詢問她在這些情境中的特定自動化想法，以確認她能夠正確辨識自己的不同情緒。接著他們製作了一張情緒表（見**圖**10.1）。治療師請案主一旦在會談中或在家中難以辨識自己的情緒時，就參考這張圖表。

　　對大多數的案主來說，並不需要利用這個方式來區分情緒。有些案主透過上述的討論就可以做得很好，少部分的案主則可以從負向情緒表（見**圖**10.2）與簡短的討論中得到幫助。

難過、低落、孤單、不開心
焦慮、憂慮、害怕、恐懼、緊張
生氣、發狂、煩躁、惹惱
羞愧、窘迫、丟臉
沮喪
忌妒、忌羨
內疚
傷痛
懷疑

**圖10.2　負向情緒**

## 評估情緒強度

　　對案主來說，除了能夠辨識自己正經驗到的情緒外，能夠評估情緒的強度也很重要。有些人對情緒的經驗抱持著失功能的信念（Greenberg,

2002; Holland, 2003; Leahy, 2003）。舉例來說，有些人相信如果自己出現一點點的悲痛情緒，這種感覺會不斷逐步擴大，最終令人無法忍受。而學習評估情緒的強度可以幫助案主檢驗這些信念。

　　除此之外，治療師可以透過對信念或想法的詢問以及適應性回應，來評估這樣做是否有效，並藉以判斷是否需要更進一步的認知模式介入。若沒有做到這些，有時候你會誤以為自己介入的方式是成功的，然後就貿然地跳入下一個有待解決的問題或想法中。相反的情況也有可能發生，治療師有可能不斷地在討論某些自動化想法或信念，但卻沒有意識到這對案主其實已不再造成困擾。

　　最後，判斷與情境相關的情緒強度，可以讓治療師與案主決定眼前的情境是否需要更詳盡的探究。一個沒有承載太多情緒的情境，比起一個令案主悲痛的情境，討論前者的價值就相對少了許多，而後者的情境則比較可能會有深沉信念被激發。

　　大部分案主都可以輕易地學習如何判斷情緒的強度。

> 治療師：當妳朋友說「抱歉，我現在沒空」時，妳的感受是什麼？
>
> 案　主：相當難過。
>
> 治療師：如果100%是妳經歷過或可以想像到最難過的狀態，而0%是完全不難過；當他說「抱歉，我現在沒空」時，妳當時的感覺是多少？
>
> 案　主：75%。

　　有些案主對於要為情緒打分數有困難，有些人則是不喜歡這麼做。你也可以簡單地請他們用「一點點」、「中等」、「非常」、「完全」的方式來評估。如果這樣還是很困難，你可以利用以下的數線來進行：

一點都不難過　　　　一點點難過　　　　中等難過　　　　非常難過　　　　完全難過（我驗過最難過的可以想像或經狀態）

---

治療師：當妳的朋友對妳說「抱歉，我現在沒空」時，妳的感覺是什麼？

案　主：難過。

治療師：難過的程度從0到100%，妳的是多少呢？

案　主：我不太確定，我對數字不太在行。

治療師：妳覺得妳是一點點難過？中等難過？非常難過？還是完全難過？

案　主：可以再說一次嗎？

治療師：來，我畫個量表給妳看，這是妳的難過量表，妳覺得妳是（指著量表）只有一點點、中等程度、非常還是完全難過呢？

案　主：喔，非常難過。

治療師：好，現在我們找到好用的工具了，我們來看看這有多好用。妳這週的其它時間有感到難過的時刻嗎？

案　主：有，昨天晚上我把自己反鎖在門外時。

治療師：試著用妳的新量表來幫助妳評估，妳當時有多難過呢？

案　主：嗯，在中等到非常難過之間。

治療師：太好了，現在，妳覺得妳會使用這張量表了嗎？

案　主：是，我會。

 **利用情緒強度指引治療**

　　案主或許不清楚要把哪一些情境帶入治療中討論。你可以請他們評估現在仍經驗到的痛苦程度，以便決定討論哪個情境比較有幫助。在下一個範例中，治療師很快瞭解到，他跟莎莉大概不會把太多時間放在她一開始提到的情況裡：

---

治療師：所以妳想討論的問題跟妳的室友有關？

案　主：是。

治療師：這週有發生什麼事情嗎？

案　主：嗯，當她和她男友出去，而不是和我出去的時候，我感到不太好受。

治療師：妳的感受有多糟？從0到100％的話？

案　主：我不知道，大概25％？

治療師：現在呢？

案　主：（思索）更少。

治療師：這樣聽起來那似乎並不是一個非常糟糕的情況。妳這星期有其它時刻因為室友的事情而感到相當沮喪嗎？

---

　　整體來說，對於讓案主痛苦的情境，治療師必須要蒐集相當完整的資料，協助案主清楚地將他們的情緒從想法中區分開來。整個過程中，治療師同理他們的情緒，並幫助他們評估這些影響當事人心情的失功能信念。

# Chapter

# 11 評估自動化想法

陳品皓

曾孟頤

- ■ 選擇主要的自動化想法
- ■ 藉由提問以評估自動化想法
- ■ 檢核評估期的結果
- ■ 對自動化想法的評估為何無效進行概念化
- ■ 使用不同方式協助案主檢視他們的想法
- ■ 當自動化想法為真
- ■ 教導案主評估他們的想法
- ■ 捷徑：不使用提問

案主一天當中可能出現上千種想法，有些是失功能的，有些不是，而治療師在會談過程中，僅能針對其中幾個想法評估。本章即是在描述要如何：

- 選擇主要的自動化想法。
- 使用蘇格拉底式提問評估自動化想法。
- 衡鑑評估歷程的結果。
- 當評估無效時的概念化作法。
- 對自動化想法使用替代的詢問方法與回應。
- 當自動化想法為真的回應方式。
- 教導案主評估他們的自動化想法。

##  選擇主要的自動化想法

治療師辨識出了自動化想法，案主可能於會談中自然地吐露「我不認為有任何事可以幫我」，這通常與過去一週的自動化想法有關，或是案主報告他們預期未來會出現的自動化想法。接著，治療師需要概念化是否案主所呈現的想法值得在治療中處理，亦即這想法是否是為痛苦的、失功能的或可能不斷地發生？若來自於上週的自動化想法，治療師可進一步詢問：

- 在什麼情況下，你會有這樣的想法？當時，你有多相信它？現在你有多相信？
- 它如何讓你感到有情緒？那時的情緒強度？現在的情緒強度？
- 你當時做了什麼？

治療師也可以問自己，是否案主日後可能會再有這樣的想法，並因

此感到痛苦。若案主自發性表達該想法，且／或想法與未來情境相關，治療師應找出是否有更加核心或痛苦的額外想法：

> • 有其他想法進入你的心中嗎〔在此情境〕？你有其他想法或心像嗎？
>
> • 有哪些想法／心像是最痛苦的？

　　在接下來的範例中，治療師決定莎莉的自動化想法是重要的：

> 治療師：〔摘要〕星期四時妳在課堂上，當時妳不知道教授問題的答案，妳感到相當悲傷，因為妳認為「我在這裡永遠無法成功」，當時有多相信這個想法？有多悲傷？
>
> 案　主：我相當相信，且我真的感到悲傷。
>
> 治療師：妳現在有多相信它？現在感到有多悲傷？
>
> 案　主：我仍然認為我沒辦法成功。
>
> 治療師：這個想法仍然讓妳感到痛苦嗎？
>
> 案　主：非常。

　　透過這樣轉換至一個重要的自動化想法，可以讓治療師與案主進行評估。在另一個情況下，儘管莎莉和治療師找出了另一個自動化想法，但可能不值得討論。莎莉陳述在圖書館遇到的問題，而治療師藉由幾個問題的釐清，以評估是否是一個需要討論的重要情境。

> 治療師：〔摘要〕所以，妳在圖書館，找不到自己需要的書，並認為「真沒有效率，系統有夠糟糕」，且感到挫折。妳感到有多挫折？

> 案　　主：喔，大概90％。
>
> 治療師：妳仍然感受到這樣的挫折？
>
> 案　　主：不，我克服它了。
>
> 治療師：當妳感到挫折時，妳做了什麼？
>
> 案　　主：我回到我的房間，開始做我的化學作業。我最後向麗莎借了課本，但必須在週一前把書還給她。
>
> 治療師：所以妳解決了這問題，妳認為圖書館未來對妳會是個問題嗎？妳可能沒有做任何事感到挫折地離開？或從別的管道也拿不到妳要的書？
>
> 案　　主：我想我沒問題，我知道可以期望什麼，若我沒有從麗莎那拿到書，我會回到圖書館，且尋求協助。
>
> 治療師：這很不錯……聽起來妳已經對任何可能發生的事有了計畫，我們可以轉而討論其他事情嗎？

在這裡，治療師判斷莎莉當時感到痛苦的自動化想法，並不需要更進一步的討論，是由於：(1)莎莉不再因此感到痛苦；(2)她已經具備因應的能力；(3)情況已解決；(4)當相同問題再出現時，她有一個不錯的解決方案。

為何有時候案主帶來的問題與呈現的自動化想法並不重要？大部分是因為他們並未全然融入認知治療的模式，但他們仍然可以學到找出哪些是重要到值得討論的議題。

通常在下列的情況中，就算案主陳述了重要的自動化想法，治療師也許並不特別處理：

- 治療師評斷：若關注於自動化想法，會損害治療關係，如治療師察覺到案主感到無能為力。
- 案主的痛苦程度太高，以至於無法評估其想法。

- 會談中沒有足夠時間幫助案主有效地回應其想法。
- 治療師評斷：進行認知模式的其他部分更重要。如治療師可能轉而關注於解決問題情境，教導案主情緒調控技巧，討論更為適切的行為反應，或說明案主的生理反應。
- 治療師評斷：觸發與處理在自動化想法之下的失功能信念更為重要。
- 治療師評斷：討論另一個問題更為重要。

##  藉由提問以評估自動化想法

為了觸發出案主的自動化想法，判斷其是否重要且令人痛苦的，並且辨別伴隨而來的反應（情緒的、生理的與行為的），治療師可能要與案主共同合作及評估。然而，基於以下三個理由，治療師極少直接挑戰自動化想法。

1. 治療師通常無法事先知道案主所提出的自動化想法被扭曲的程度（例如在莎莉的自動化想法中沒有人想和她一起共用晚餐，是有根據的）。
2. 治療師對案主自動化想法的直接質疑可能會讓案主感到無效能感（例如莎莉可能認為，「〔我的治療師〕說我錯了」）。
3. 挑戰案主的認知是違反認知行為治療的基本原則——即共同經驗主義（collaborative empiricism）：治療師與案主共同評估自動化想法，檢驗其有效性，和／或實用性，並發展更為適切的回應。

對治療師而言，重點是自動化想法很少完全有誤。通常，它們包括一部分的真實（這部分是重要的）。

　　圖11.1含括一連串的蘇格拉底式提問（socratic questions），用來協助案主評估其思考（實際上，「蘇格拉底式」一詞有時會被誤用，蘇格拉底式提問法起源自哲學家蘇格拉底，其中包括辯證討論）。案主需要一個結構化的方法，來幫助他評估自己的想法；另一方面，他們對自動化想法的回應方式太過空泛表淺，無法改善其心情或提升功能。評估應該要公正，舉例而言，治療師不會想要案主忽略支持自動化想法的證據，發想另一種不太可能的解釋，或用不切實際的正向觀點看待所發生的事。

　　對案主而言，並非所有圖11.1的問句皆適用於每一個自動化想法。此外，使用所有的提問，即使是邏輯性使用，仍可能過於繁重且浪費時間。若案主認為過程太惱人，就可能不會評估其想法。通常治療師一次可以採用一個或幾個提問。

---

1.有任何證據支持這個想法？

　有任何證據駁斥這個想法？

2.有可供替代的解釋或觀點嗎？

3.最糟可能發生什麼？（若我還沒有想到最糟的情況）若這種情況真的發生，
　我可以如何因應？可能發生的最佳情況是？最真實的結果為何？

4.若我相信這個自動化想法，影響為何？若我改變我的想法，影響為何？

5.當＿＿＿＿〔朋友或家人〕他／她遇到相同情境，我可以對他說什麼？

6.我可以做什麼？

---

**圖11.1　自動化想法提問**

　　治療師可於首次會談時使用提問，以評估明確的自動化想法。接續的會談中，治療師將開始更加清楚解釋此歷程，案主可學習在會談間評估其想法：

治療師：（摘要過去的那一段談話，在紙上寫下自動化想法，
　　　　讓兩人都能看到）所以，當妳在去上課的路上，遇到
　　　　凱倫，妳有了這樣的想法，「她根本不在乎我發生什
　　　　麼事！」，而且這個想法讓妳感到難過？

案　主：是的。

治療師：當時，妳有多相信這個想法？

案　主：喔，相當多，大概有90%。

治療師：妳有多難過？

案　主：可能是80%。

治療師：妳記得我們上週說的？有時自動化想法是真的，有時
　　　　卻不是，有時包含一部分真實。我們現在是否可以檢
　　　　視關於凱倫的想法，並看看她的真實性？

案　主：好。

　　治療師可使用任何提問以協助案主評估其思考，而圖11.1可有助於
引導治療師與案主：

- 檢驗自動化想法的有效性。
- 探索其他解釋或觀點的可能性。
- 將問題情境去災難化。
- 覺察相信此自動化想法的衝擊。
- 遠離自動化想法。
- 一步步解決問題。

　　圖11.1中的每個提問後續都將進行描述。

## 有關「證據」的提問

由於自動化想法通常包含一點真實，案主常有些證據可以支持其正確性（治療師會先發現到），且時常無法覺察到相反證據（治療師會在第二次時發現）。

---

治療師：有任何證據顯示凱倫不關心妳發生什麼事嗎？

案　主：嗯，當我們在（賓大校園內）蝗蟲步道（Locust Walk）相遇時，她看起來相當匆忙，只是很快地說：「嗨，莎莉，待會見。」而且走得很快。她幾乎沒有看著我。

治療師：還有其他嗎？

案　主：嗯，有時她相當忙碌，沒有給我很多時間。

治療師：還有嗎？

案　主：（思考）不，我想沒有。

治療師：好，現在有其他相反的證據，顯示她可能有注意到發生在妳身上的事？

案　主：（依一般措辭回應）嗯，她人很好，我們從開學便是朋友。

治療師：〔協助莎莉更加具體思考〕她曾做過或說過哪些事，可能表現出她是喜歡妳的？

案　主：嗯……她常問我是否想和她一起去吃東西。有時我們會聊天聊到很晚。

治療師：好。所以，一方面，在昨天的情況下，她匆匆從你身邊經過，沒說什麼，而且有好幾次她也是如此；但另一方面，她有時會邀請你一同用餐，與妳聊天聊到很晚，對嗎？

案　主：對！

---

治療師逐漸和緩地試探出支持莎莉想法的證據，當正反面的證據皆被觸發出來時，治療師再將莎莉的表述加以總結。

## 「另一種解釋」的提問

接著，治療師協助莎莉對曾發生的事情，想出另一種合理的解釋。

> 治療師：好，現在我們再來看看這個情況，除了「她不關心妳發生何事」的解釋之外，事情是否可能有另一種解釋？
>
> 案　主：我不知道。
>
> 治療師：她匆匆走過的原因還可能是什麼？
>
> 案　主：我不確定，她可能有課，她也許是遲到了。

## 「去災難化」的提問

多數案主會預期最糟的情況。若案主的自動化想法並未將巨大的災難包含在內，詢問案主最害怕的事，通常相當有用。在下面這兩種情況下，治療師可藉由詢問案主，當最害怕的事發生時，他們可以怎麼做來接續會談。

> 治療師：好，現在妳覺得在這種情況下，什麼是最糟的結果？
>
> 案　主：我猜她可能真的不喜歡我，我無法指望她會提供協助。
>
> 治療師：妳會怎麼處理呢？
>
> 案　主：嗯，我會不高興，我想我必須停止指望她的友誼。

> 治療師：〔透過引導式的提問幫助她形成一個堅定的回應〕妳
> 　　　　有其他朋友可以指望嗎？
> 案　主：是。
> 治療師：所以，妳沒關係？
> 案　主：是的，我沒關係。

案主最害怕的事通常不切實際，治療師的目標是協助他們想到更實際的結果，但許多案主難以進行。治療師可以先透過詢問案主事情最佳的結果為何？來協助其擴展思考。

> 治療師：現在最糟的情況不太可能發生，最好的結果會是什
> 　　　　麼？
> 案　主：她瞭解到是她拒絕了我，她跟我道歉。
> 治療師：實際最可能的結果是什麼？
> 案　主：她真的相當忙碌，我們仍然是朋友。

在先前的階段，治療師協助莎莉看到就算最糟的情況真的發生了，她仍然有能力因應，而莎莉亦瞭解到她最害怕的事不可能成真。

> 問題：如果案主最害怕的是他們會死？
> 回答：當然，治療師不會詢問「你會如何處理？」，亦不會問最佳
> 　　　與最真實的結果。治療師亦可決定探究死亡最糟的情況會
> 　　　是：對死亡歷程的害怕；案主對想像晚年模樣的害怕；或對
> 　　　所愛的人在案主辭世後，害怕可能會發生的事情。

## 「自動化想法的影響」的提問

接著，治療師協助莎莉判斷回應與不回應扭曲思考的結果。

> 治療師：「她不喜歡你」，對妳的想法產生什麼樣的影響？
> 案　主：讓我感到難過，我想這會讓我對她有些退縮。
> 治療師：若改變妳的想法，對妳會產生什麼樣的影響？
> 案　主：我會感覺好一些。

## 「距離化」的提問

案主藉由想像在相似的情境下，當主角換成自己的好友和家人，自己會如何回應對方時，這種方式能讓案主和自己的想法保持距離而獲益。

> 治療師：莎莉，若妳的朋友艾莉森有個朋友，有時很匆忙，但似乎在其他時候會關心她。若艾莉森有這樣的想法：「我的朋友並不關心我」，妳會告訴她什麼？
> 案　主：我想我會告訴她，不要在她匆忙時放太多重心在她身上，特別是如果她的朋友對她還不錯。
> 治療師：對妳來說，這建議適用嗎？
> 案　主：是，我想是。

## 「問題解決」的提問

事實上，問題的答案可能是認知的，且／或行為的。認知部分負責讓案主記得他們對問題的反應。在莎莉的例子中，治療師與案主想出行

為計畫：

> 治療師：妳認為在這個情境中，妳應該做的是什麼？
>
> 案　主：呃……我不確定你的意思是什麼。
>
> 治療師：嗯，自從昨天發生這樣的事，妳有變得比較退縮嗎？
>
> 案　主：是，我想有的，早上看到她時，我沒有多說什麼。
>
> 治療師：所以，今天早上妳是以原本想法為真的前提下去做，妳能試試其它不一樣的方式嗎？
>
> 案　主：我可以跟她多說一些話，讓自己友善一些。

在試著對凱倫友善的這個目標中，如果治療師不確定莎莉的社交技巧或動機是否足夠，治療師可以花一些時間先詢問莎莉以下問題：如「妳何時會再看到她？」、「妳認為親自去找她出來是否值得？」、「當妳看到她時，妳會跟她說什麼？」、「你可以面對面直接表達你的想法嗎？」（如果有需要，治療師可為她示範如何跟凱倫說話，且／或與她進行角色扮演的模擬情境）。

##  檢核評估期的結果

會談的最後一部分，治療師會檢核莎莉現在對一開始自動化想法的相信程度，以及她所感受的情緒程度，以作為決定下一階段要做什麼的依據。

> 治療師：好，妳現在對於這個想法，「凱倫真的並不在乎我發生什麼事」的相信程度有多少？
>
> 案　主：並不高，也許只有20%。

> 治療師：好，那難過的程度有多少？
>
> 案　　主：也差不多。
>
> 治療師：好，聽起來這樣的練習是有用的，我們回頭來看看剛剛我們做了什麼導致這樣的結果。

　　治療師與案主並非將**圖11.1**的所有問題都拿來運用到每一個自動化想法的評估上，有時候可能沒有一個問題有用，治療師可能要同時使用其他方法（見本章第241-245頁）。

## 對自動化想法的評估為何無效進行概念化

　　若案主仍相當相信自動化想法，且情緒也沒有什麼改善時，治療師需針對「其在認知重建的努力無效」進行概念化。這時需考量的理由如下：

> 1.有其他更核心的自動化想法，且／或心像尚未被辨識或評估。
>
> 2.自動化想法的評估是不合理的、表面的，或不適切的。
>
> 3.案主並未充分表達心中相信、支持自動化想法的證據。
>
> 4.自動化想法本身就是案主的核心信念。
>
> 5.案主理智上瞭解其自動化想法是扭曲的，但情感上並不相信。

　　在第一種情況中，案主並未表露其最核心的自動化想法或心像。例如，約翰陳述他的想法：「若我嘗試參加〔社區籃球隊〕，我大概無法勝任。」評估這個想法對他的煩躁不安並無顯著改善，因為案主尚有其他更重要（但未被辨識）的自動化想法：「若他們認為我是一個很糟的球員呢？」、「若我犯下愚蠢的錯誤呢？」同時，案主也有個運動教練

與其他球員用輕蔑的眼神看著他的心像出現。

在第二種情況中，案主表面上對自動化想法做出回應。約翰認為「我無法完成我的工作，我有太多事要做」。約翰並未仔細評估該想法，僅是如此回應：「不，我大概可以完成。」這回應不夠充分，且他的焦慮並未減緩。

在第三種情況中，治療師沒有充份地引導，因此案主並未完全揭露支持自動化想法為真的證據，造成無效的**適應性反應**（adaptive response），如以下的情況：

> 治療師：好，約翰，有任何證據顯示你的妹妹不想打擾你？
> 案　主：嗯，她很少打電話給我，總是我打給她。
> 治療師：好，有任何相反證據嗎？表示她真的很關心你，且她真的想要和你有良好的互動？

若治療師多深入詢問一些，會發現約翰還有其他證據支持他的自動化想法：在假期時他妹妹花在女性朋友的時間比花在約翰身上更多，且當約翰打電話給她時，她聽起來相當沒耐心，她也從未寫生日卡片給他。當觸發了案主這些額外訊息時，治療師可協助約翰更有效地權衡這些證據，並找出他的妹妹出現這樣行為的其他解釋。

在第四種情況中，案主找到的自動化想法，同時也是他的核心信念。約翰時常認為：「我是無能者」，他是如此強烈地相信這個想法，以至於單次的評估無法改變他的知覺或相關感受，他的治療師需使用更多技巧，且花更多時間改變此信念（見第十四章）。

在第五種情況中，案主指出其「理智上」相信某一個適應性反應，然而在「情感上」，他的內心深處並非如此。他因而減少適應性反應，在這個例子中，治療師與案主需要探索隱藏在自動化想法下的模糊信念。

治療師：你對於「自己被解僱這件事並非是你的錯誤」，這個
　　　　信念你相信的程度有多少？

案　主：嗯，我可以很理性地看待它。

治療師：但是？

案　主：即使我知道景氣不好，但我仍認為我應該足以保住我
　　　　的工作。

治療師：好，讓我們假設一下，若你真的被解僱了，最糟的情
　　　　況是什麼，或它代表的意義為何？

　　這裡，治療師發現約翰並非真的相信這個適應性反應，且隱藏著另
一個假設：若我失去我的工作，代表著我無能。

　　總之，評估自動化想法時，治療師可以請案主評估對適應性反應的
相信程度，及情緒上的感受程度。若案主的信念薄弱，且仍感到痛苦，
治療師可以針對「為何當案主檢視了此想法後，仍然無法減緩其痛苦」
進行概念化，並為下一步可進行的事情規劃策略。

##  使用不同方式協助案主檢視他們的想法

　　除了使用**圖11.1**的問句外，治療師亦可進行以下事務：

- 改變提問。
- 辨識認知扭曲。
- 使用自我揭露。

　　這些策略如以下所述。

## 使用其他提問

以下的範例僅為說明當治療師預期標準問題無效時，可以如何改變提問。

> 治療師：那時有什麼閃過妳的心裡〔當妳問妳母親，是否可以減少跟她相處的時間時，她當時聽起來有受傷且生氣的感覺〕？
>
> 案　主：我應該知道那並非是打電話的好時機，我不應該打那通電話的。
>
> 治療師：有任何證據顯示妳不應該打那通電話？
>
> 案　主：嗯，我母親通常早上相當忙碌，若我等她下班回家後，她的心情可能會比較好。
>
> 治療師：過去曾發生那樣的事嗎？
>
> 案　主：嗯，是啊！但我想要立即讓我的朋友知道我是否可以拜訪她，讓她可以先做一些規劃。
>
> 治療師：因此當妳打電話的時候，的確有理由做這件事，且聽起來妳知道這可能有些冒險，但妳真的想儘快讓妳的朋友知道結果？
>
> 案　主：是。
>
> 治療師：對你而言，承擔這樣的風險是相當困難的，這種想法是否合理？
>
> 案　主：不。
>
> 治療師：聽起來妳並不確定。無論如何，在事情的規劃中，妳想要花一週的暑假時間和朋友在一起，而這樣會讓妳的母親感到受傷，這會有多糟糕？

治療師接著提出以下的問題：妳的母親感到受傷的程度有多少？這樣的傷害會持續多久？她現在可能的感覺為何？妳有可能儘量減少母親的痛苦嗎？當妳母親想盡可能陪著妳時，有沒有可能做一些對妳有益，且不會傷害到她的事呢？妳是否有需要建立一個永遠不會傷害到別人感覺的目標？為何你會放棄自己？

先前的範例說明，治療師如何使用非標準化問句來協助案主接受更為有用的觀點。治療師一開始質問想法的正確性，接著，將重點轉至隱藏的潛在信念（治療師與案主先前曾討論的）：「傷害他人的感覺是不好的。」最後，治療師使用開放式的問句詢問案主（「你現在如何看待這個問題？」），以確認案主是否在回應她的想法上需要更多的協助。注意，治療師詢問的許多問題是圖11.1問句2的變型：「是否有其他說明〔針對為何你在那時打電話，為何母親會受到傷害，不同於『你是不好的且錯誤的』的解釋〕？」

## 辨識認知扭曲

案主的思考歷程存在某種一致性的偏誤，通常深受精神疾病所苦的患者，在認知處理中存在著系統性的負向偏誤（Beck, 1976）。最常出現的偏誤如圖11.2所示（Burns, 1980）。為扭曲的想法貼標籤是一個有用的技巧、教導案主貼標籤的技巧對他們也有同樣的幫助。治療師可將案主常見的扭曲記在心裡，且察覺出狀況時，指出明確的**認知扭曲**（cognitive distortion）：

> 治療師：莎莉，關於「妳要不就拿A，表示妳成功了；若沒有，就表示妳是失敗的」這個想法，我們稱它為「全有全無思考」。這似乎很熟悉？我記得妳也認為「要不然妳要瞭解章節內所有東西，要不然妳就是笨蛋。」妳認為這可以幫助妳留意這類的思考模式嗎？

雖然有些自動化想法是事實，但有許多不是真的，或只有一部分是事實，典型的思考偏誤包括：

1.**全有全無思考（亦稱非黑即白、兩極化或二分法思考）**：對事情的觀點僅有兩類別，而非連續向度。例如：我如果沒有完全成功，那就是失敗。

2.**災難性思考（亦稱預言式思考）**：負向地預期未來，沒有考慮其他結果的可能性。例如：我會很難過，然後完全沒辦法作任何事。

3.**取消或減少正向思考**：不理性地告訴自己，任何正向經驗、行為或跟個人有關的特質不算在內。例如：我把這計畫做得很好，但不表示我是有能力的，我只是幸運罷了。

4.**情緒性推論**：認為事情為真是因為案主強烈的「感受」到（真的相信），而忽略或貶抑任何相反的證據。例如：我知道我在工作上做好很多事，但我仍覺得我是失敗者。

5.**貼標籤**：將固定、全面的標籤貼在自己或他人身上，未考量更合理且較少災難推論的證據。例如：我是個輸家、他不好。

6.**誇大化／縮小化**：當評估自己、他人或情境時，不合理地誇大負向證據，且／或縮小正向證據。例如：考績乙等代表我不適任；得到高的分數，不表示我是聰明的。

7.**心智過濾器（選擇性摘要／斷章取義）**：花費不適切的注意在負向細節上，而非看到全貌。例如：因為我在考核中得到低分〔亦有其他為高分〕，這表示我做得很糟糕。

8.**讀心術**：相信自己知道別人在想什麼，而未考量別人真正的狀態。例如：他認為我不知道這計畫的主要項目。

9.**過度類化**：對目前狀況做出大不相同的負向概括性推論。例如：〔因為我在這次會面中感到不舒服〕我不需要在這裡結交任何朋友。

10.**個人化**：相信別人做任何負向行為都是因為自己的關係，未對他人行為做出更合理的解釋。例如：這個維修員對我不客氣，是因為我做錯事。

11.**「應該」與「必須」的陳述（亦稱為命令式思考）**：對自己或他人應該如何做，有一嚴密、固著的想法，且當期望未達成時，會過度放大事情壞的一面。例如：我會犯這個錯，真是太糟糕了，我應該總是要做到最好。

12.**視野狹窄（tunnel vision）**：僅看到事件的負面樣貌。例如：我兒子的老師什麼事都做不好，他的教學是有問題的，不敏銳而且很糟糕。

### 圖11.2　思考偏誤

資料來源：Adapted with permission from Aaron T. Beck.

　　若治療師判斷案主並沒有受到扭曲的情感所影響時，可提供如**圖
11.2**的思考偏誤清單。在其他次的會談中，治療師提供莎莉這張清單，
然後一起找出她典型的自動化想法與它們所呈現出來的扭曲狀態，舉例
來說：

---

- 災難性思考（catastrophizing）：我要被學校退學了。
- 全有全無思考（all-or-nothing thinking）：若我沒有讀完所有的章節，這樣的閱讀沒有意義。
- 讀心術（mind reading）：我的室友不想為我費心。
- 情緒性推論（emotional reasoning）：我感覺到自己相當無能。

---

　　莎莉將這份清單隨時帶在身邊，且當她評估自動化想法時，常運用
此清單。如此做有助於莎莉和她的想法保持適當的距離，且使她更加強
烈相信，自動化想法可能並非真實，或並非完全為真。

## 使用自我揭露

　　有時，治療師會審慎的以**自我揭露**（self-disclosure）方式來替代蘇
格拉底式提問或其他方法，向案主示範自己是如何改變類似的自動化想
法，如同以下的範例：

---

治療師：妳知道的，莎莉，有時我會和妳有相似的想法：「我
　　　　必須讓每個人都開心。」但我會提醒自己，我有責任
　　　　要把自己照顧好，且若有人感到失望，世界也不會因
　　　　此走到末日。（停頓）妳認為這也適用於妳嗎？

---

當自動化想法為真

有時候自動化想法結果證明為真時,治療師需選擇下列作法的一個或更多:

> • 專注於問題解決。
> • 調查案主是否做了一個無效或失功能的推論。
> • 致力於接納。

下面是這些策略的描述。

### 專注於問題的解決

並非所有問題皆可解決,但若案主對情況的覺察有其根據,治療師可研究是否問題可被解決,或至少可以解決到某一個程度。在接下來的範例中,莎莉與治療師評估她的自動化想法:「我要用光我的錢了!」,且證據清楚地顯示這是有根據的覺察。

> 治療師:所以,即便妳很小心,看來妳在學期結束前仍無法拿出租金⋯⋯妳有嘗試為此做些事嗎?
>
> 案　主:不,還沒有,我不想再問我的父母,他們就像這件事情一樣,都讓我覺得很困擾。
>
> 治療師:但妳可以讓他們成為妳最後的資助?
>
> 案　主:也許⋯⋯
>
> 治療師:妳還有想到其他的嗎?
>
> 案　主:不,我不認為有任何事是我可以做的。
>
> 治療師:妳曾經與學校的學務長談過?

案　主：我沒有想過這點。

治療師：事實上，他很有可能會幫妳，我想也有其他學生在財
務上很吃緊，他可能會建議其他助學貸款，或付款方
式，或可能有一些緊急救助金可以使用。

案　主：我希望可以。

治療師：嗯，妳想要和學務長一起討論嗎？若這樣沒有任何發
展，我們可以腦力激盪出其他想法，如找工作、搬到
其他地方、向親戚借……有很多事情妳可以做，之所
以沒有想到，是因為妳現在整個處在憂鬱的狀態下。

## 調查無效的推論

當一個自動化想法可能為真，其意義或許是不正確的，或至少並非
完全正確（如以下所述），治療師可檢驗潛藏的信念或推論。

治療師：所以，看起來妳真的傷害到妳朋友的感覺。

案　主：嗯，我對此感到難過。

治療師：對妳而言，妳傷害到她的感覺代表什麼？妳害怕什麼
會發生？

案　主：我應該從不會這樣跟她說話。我是個糟糕的朋友……
我是糟糕的人！她絕不會想再和我說話了！

治療師：好，我們可以先看看這個？有其他證據顯示妳是一個
很糟糕的人？……或有其他反面證據顯示妳不是？

### 朝向接納

　　有些問題無法解決，且可能永遠無法解決時，案主需要協助接受那樣的結果。一個未解決的問題會以某種幾乎是不可思議的方式，造成案主有不切實際的期望或希望，並使他們可能會持續感到愁苦。此時，他們需要協助學習專注於其核心價值，強調生活中更具有價值的部分，並以新的方式充實經驗。Hayes與其同事（2004）的論述中，可以找到提高接納所設計的一連串策略。

##  教導案主評估他們的想法

　　在某些時候，治療師可以給予案主**圖11.1**這些問題的影本。尤其是治療師在某次會談中已經以口語詢問案主這些問題後，若治療師的提問效果不彰；或治療師沒有足夠時間與案主一同回顧**圖11.1**；或是當治療師認為案主會嚴重受到情緒影響，則可等一段時間後再給予該圖。教導案主一或兩個提問，將它們寫在個別紙張上，對多數案主而言，這能夠幫助他們做得更好。治療師可以給予部分案主完整清單，並在其中標明過去回顧到的問題。

　　學習怎麼去評估自動化想法是一種技巧，有些案主可以立即抓到要領，有些則需要較多藉由劃分等級的方式反覆引導練習。舉例來說，有些案主因「證據」提問的變化而受益：「我如何知道這個想法為真？」，有些案主常出現災難性思考，這時可以透過「去災難化」提問的變化，使案主做得更好：「若最糟的事情發生，我可以如何因應？且最好、與最實際的結果為何？」也有案主發現最有用的是使用「距離化」提問：「若〔弟媳〕在這樣的情況中有這樣的想法，我會跟她說什麼？」。

　　當案主準備好可以學習因應的技巧時，這時可以選擇一自動化想法，然後使用**圖11.1**多數的提問。在檢驗莎莉的自動化想法之後，治療師向她指出這個過程：

> 治療師：如果妳跟大多數人一樣，妳可能會發現在家使用這份
> 　　　　自動化想法提問單，有時很困難。事實上，我們真的
> 　　　　需要好幾次時間一起合作來協助妳評估自己的想法。
> 　　　　但這次不妨給自己一次嘗試的機會，如果有任何困難
> 　　　　的話，我們也會在下週會談中討論，好嗎？

　　若想法評估的作業進行不順利，治療師可預期案主在協助自己減緩自我批評或失敗感上，可能會有些困難。治療師推測，即使提醒了莎莉，她仍可能會因為未正確執行指派的家庭作業，而全面的批判自己。治療師將持續徹底地追蹤問題：

> 治療師：莎莉，若本週妳在評估自己的想法上有困難，可能會
> 　　　　有什麼樣的感覺？
>
> 案　主：我想是挫折吧！
>
> 治療師：有什麼想法可能會進入妳的心中？
>
> 案　主：我不知道，我可能會放棄。
>
> 治療師：妳可以想像自己看著這張紙卻想不到該怎麼做嗎？
>
> 案　主：是的。
>
> 治療師：當妳看著這張紙時，妳想到什麼？
>
> 案　主：「我應該要會做的，我怎麼這麼笨。」
>
> 治療師：好，如果妳寫下：「這只是一個技巧，和治療師練習
> 　　　　愈多，我會愈熟練」的提醒語，妳覺得會不會有幫
> 　　　　助？
>
> 案　主：是（寫在她的治療筆記中）。
>
> 治療師：妳認為這個回應對妳有足夠的幫助嗎？或妳認為我們

> 應該將家庭作業延後，等到我們有更多的時間時，再
> 一起練習？
>
> 案　主：不，我認為我可以嘗試。
>
> 治療師：好，若妳做的時候感到挫折，且出現自動化想法時，
> 務必將它寫下來，好嗎？

這裡，治療師指派了一個萬無一失的家庭作業：莎莉要不成功地完成，要不就是有一些困難，治療師能在下次會談時給予協助。若莎莉感到挫折，可以閱讀治療筆記（且可能感到好一些），或持續追蹤她的想法，以便下次會談時學習對此回應。

##  捷徑：不使用提問

最後，當案主於治療中有進展，且可自動評估自己的想法，治療師有時可以只要求他們設計適應性回應。

> 案　主：〔當我準備要求室友保持廚房整潔〕我可能會認為自
> 己整理好。
>
> 治療師：你是否可以用一個更有利的角度看這件事？
>
> 案　主：嗯，對我來說，為自己表達立場是比較好的，我要求
> 的事情很合理，我並沒有惡意地要她增加額外的工作
> 量。她或許也會欣然接受我的要求，就像上次我請她
> 打掃時一樣。
>
> 治療師：好，當妳這樣對自己說時，妳覺得妳的焦慮感會有什
> 麼不同？
>
> 案　主：它會平靜。

這裡有另外一個例子：

治療師：妳認為有什麼事情會妨礙妳開始進行化學作業？

案　主：我可能認為有太多事要做，且感到被情緒淹沒。

治療師：好，若妳有這樣的想法，「有太多事要做」，妳可以
　　　　告訴自己什麼？

案　主：我不需要一個晚上做完所有的事，我不需要第一次讀
　　　　就讀懂作業，那太完美了。

治療師：好，妳認為這足夠讓妳可以繼續並開始作業嗎？

　　評估自動化想法是一個特別的技巧，藉由反覆練習，治療師與案主皆能提升此能力。下一章將描述，如何協助案主回應其自動化想法。

# Chapter

# 12 回應自動化想法

陳品皓

曾孟頤

■ 回顧治療紀錄

■ 會談間出現新的自動化想法的評估與回應

■ 其他回應自動化想法的方法

前一章說明，治療師如何協助案主評估重要的自動化想法，以及在會談中決定評估的有效性。本章的重點在每次會談中，治療師如何促進案主對自動化想法的評估與回應。案主於會談外經驗到兩種自動化想法：一個是他們在會談中和治療師一起找出來並且進行評估的；另一個就是全新的認知經驗。對於前一種案主所呈現的想法內容，治療師應確保案主有針對這些想法的完整回應將之記錄下來（在紙上、索引卡、治療筆記或智慧型手機），或用語音記錄（在錄音帶、CD，或在其手機內記錄訊息等）。

治療師教導案主使用**圖11.1**的問題清單（無論在心裡記錄或寫下），或使用如**圖12.1**的思考紀錄表，或更容易的方式，如**圖12.2**「**檢視你的想法**」工作單（"Testing Your Thoughts" Worksheet），來協助案主處理每次會談與會談中的空檔期間，所面臨的新自動化想法。然而，也有其他方式可以用來因應案主的自動化想法，包含問題解決，使用分心或放鬆技巧，或不帶評價的標籤，並接受其想法與情緒。

##  回顧治療紀錄

與案主完成自動化想法的評估後（通常透過蘇格拉底式提問），治療師可要求其做總結。舉例而言，治療師可能列出以下其中一個問題：

- 你可以總結我們曾談論的內容嗎？
- 你認為本週什麼對你而言是重要而且需要記住的呢？
- 若這種情況再次發生，你會希望告訴自己什麼？

當案主表達出一個確切的結論，治療師便可詢問他們是否想要將這個結論記錄下來，當未來出現相似的自動化想法時，他們就可以更易記得怎麼去回應。在後續的範例中，莎莉與治療師使用許多**圖11.1**（見第232頁）的問句來評估她的想法——我無法做這件事，治療師要求莎莉做

總結。

> 治療師：好，莎莉，若本週妳打開化學作業，然後再一次有了
> 　　　　這個想法：「我無法做這件事」，妳會想要提醒自己
> 　　　　什麼？
> 案　主：這可能不是真的，我可能至少會做其中一部分，因為
> 　　　　我以前是可以的，且若我無法瞭解全部的題目，我也
> 　　　　可以從別人那裡得到幫忙。我想進行部分的閱讀，會
> 　　　　比什麼都不做的好。
> 治療師：這很好，我們應該把它記錄下來嗎？

問題：如果案主的回應是表面的、困擾的或過於嘮叨？
回答：治療師可以說：「嗯，我想這滿接近的了，但我在想的是，
　　　如果我們用這個方法會不會讓我們更能夠記住它……」，若
　　　案主的回應合理但不完整，治療師可以問：「你是否也同時
　　　想提醒自己另外一點……」，若案主同意，治療師或案主可
　　　一同記錄治療師的建議。

　　讓案主每天早上閱讀他的治療紀錄是必要的，且在有需要的情況下，案主也可以將紀錄隨時放在身邊，以便不時之需。而當案主重複的背誦閱讀時，將能夠以整合性的方式將回應灌輸至思考中。若案主只有在面對困難情境時才閱讀紀錄，通常會比平常就養成規律性閱讀以準備好面對困難情境的效果差。以下是莎莉的部分治療紀錄，包括：

- 對失功能想法的回應。
- 行為分派（behavioral assignment），或；
- 結合回應與行為分派。

當我想「我將永遠無法完成我的作業」時，提醒自己：

我只需要關注現在我需要做的事。

我無法完美地做每一件事。

我可以要求協助，這並非軟弱的象徵。

---

當我想「我寧可待在床上」，告訴自己，當我試著做某些事情時，就算只是一件小事，我也會因此感覺好一些，如果我什麼也沒做，會感覺很糟糕。

---

我可能會感覺似乎沒人關心我，但這不是真的，我的家人、愛莉森與喬是關心我的。我很難感受到他們的關心，是因為我是憂鬱的，我可做得最好的事是與他們保持聯繫；因此，打電話或留訊息給他們吧！

當我想要尋求專業協助：

1. 提醒自己，這沒什麼大不了，最糟的情況也不過是他板著臉孔而已。

2. 記得，這是一個實驗，就算它這次行不通，但對我來說仍是很棒的練習。

3. 假如他板著臉孔，但這跟我應該沒關係，他可能很忙，或被其他事激怒。

4. 倘若他沒有幫我，又怎樣？這是他身為教授的失敗，這表示他沒有徹底完成他的工作，我可以詢問系所內其他老師，或向班上其他人尋求協助。

5. 因此我應該敲他的門，不管多麼糟糕，它仍然是很棒的練習經驗。

當我焦慮時的策略：

1. 進行思考記錄表。

2. 閱讀因應卡。

3. 打電話給〔朋友〕。

4. 散步或跑步。

5. 接受焦慮，它是一不愉快的感覺，但它並非是生活的威脅，當我轉移注意到其他事時，這種感覺就會減少。

在練習的紀錄單上，治療師應該利用影印或使用無碳複寫紙的方式，持續影印案主的治療紀錄。治療師可能會發現自己時常使用到這些治療紀錄，特別是當回顧案主的家庭作業，或強化治療師與案主先前會談中所討論的想法。且有部分案主會遺失其紀錄，這時候如果治療師有副本，事情將會簡單很多。

### 以聲音記錄治療

最理想的狀態是確保案主寫下每一次的治療紀錄。他們可能帶著筆記本或索引卡，以備需要時閱讀，或他們可以在其智慧型手機閱讀治療記錄。但也有些案主不能或不喜歡閱讀，或是他們發現用聽紀錄的方式更加有效。在任何情況下，當治療師與案主共同討論對自動化想法的回應時，治療師可以打開錄音機，或請案主在他的手機錄音，也可以由治療師記錄對於自動化想法的回應方式，然後在會談的最後幾分鐘打開錄音機，一次記錄所有回應。記錄與讓案主聽完整的治療會談，通常不是那麼有用，他們可能週間僅聽一次記錄，而不會重複聽會談中的最重要部分。

增強案主閱讀治療紀錄的動機，以及增加案主進行任何家庭作業的動力，在治療上的目的與歷程是相似的（見第十七章）。初期，讓案主於會談結束時，閱讀其會談紀錄是有用的，而且要讓他們知道這花不到一分鐘。當案主無法閱讀治療紀錄時，他們可以聽錄音摘要，或在週遭環境中找到可以為其閱讀治療紀錄的人。

##  會談間出現新的自動化想法的評估與回應

前一章提供可讓案主自己藉由提問，評估其思考的蘇格拉底式提問清單。當案主於家中感到低落，使用提問清單的建議前，治療師需先確保：

- 案主瞭解評估其思考可有助於讓他們感覺好一些。
- 案主相信自己在家可有效使用這些問題。
- 案主瞭解並非所有問題皆可應用至所有的自動化想法。
- 如果案主在執行整份清單會感到畏縮或不安時，治療師有必要縮短清單的內容。

治療師亦可指引案主何時及如何使用提問，如同下面的例子：

治療師：莎莉，若這週每出現一次自動化想法，就要填寫一次
　　　　蘇格拉底式提問清單，這是相當惱人的一件事。這就
　　　　是妳之所以需要每天早上閱讀治療紀錄的原因之一，
　　　　且若有需要的話，一整天的其他時候也要如此。但當
　　　　妳注意到自己的心情開始變糟，而且有抓到妳的自動
　　　　化想法時，可以想想「我有可以因應這想法的治療紀
　　　　錄嗎？」，好嗎？

案　主：好的。

治療師：若妳進行這件事，妳可以選擇使用提問清單，或拿出
　　　　妳的筆記。

案　主：好的。

治療師：如果妳沒有作治療紀錄，那有些時候妳就勢必要使用
　　　　到提問清單。比較理想的狀況是，妳不只是詢問自己
　　　　這些問題，若可以的話妳也同時把這些回應寫下來，
　　　　如何？

案　主：好的。

## 思考紀錄表

　　思考紀錄表（Thought Record, TR），如同「失功能想法的每日紀
錄」（Daily Record of Dysfunctional Thoughts）（Beck et al., 1979），
都是一種工作清單，都是在案主感到痛苦的當下（見圖12.1），利用來
評估他們的自動化想法。使用此清單，會較只是回應圖11.1的問題，引
發出更多訊息。對案主而言，如果使用圖11.1的問題對他們有幫助，那
使用思考紀錄表就並非是必要手段。但大多數案主會發現，利用思考紀

錄表時，能夠幫助他們組織自己的思考，並且回應得更好（思考紀錄表也並非特別有用，然而對低功能、不喜歡寫東西、缺乏動機，或缺乏足夠能力的案主而言，可從中獲益）。治療師與案主可能是第一次使用**圖11.1**的問題清單，之後再向他們介紹如何在思考紀錄表中，寫下這些答案與相關的訊息。

在接下來的片段中，莎莉與治療師已使用蘇格拉底式提問的清單評估她的想法：「鮑伯不想跟我出去」，並且因此感覺好一些。

治療師：好，若這樣可以的話，現在我想拿一張清單給妳，我認為這對妳在家有幫助。我們稱它為「思考紀錄表」——它只是將我們所做的用組織的架構記錄下來，好嗎？（拿出**圖12.1**）

案　主：好。

治療師：這就是我說的那張紀錄表。現在在我開始前，我要告訴你幾件事。首先，拼字、手寫與文法是否正確都沒有關係。第二，這是一個有用的工具，對妳來說，需要做一些練習，以便妳能夠運用自如。因此，在利用它時如果犯錯也是很正常的。這些錯誤實際上是有用的，因為我們會看到哪邊出了差錯，這樣下一次妳就可以做得更好，好嗎？

案　主：好的。

治療師：這邊是妳要知道何時該紀錄的情況（指清單最上端），妳有看到最上端嗎？它寫著：「指導語：當妳注意到自己的心情變糟，問自己：『現在有什麼想法進入我的心中？』，且盡可能快速的在自動化想法欄位寫下想法或心像。」

案　主：好。

治療師：現在，讓我們看看這些欄位，每一個頂端都有一個說

明欄。第一個欄位很簡單：妳何時會出現有關鮑伯的
想法？

案　主：星期五下午的課後。

治療師：好，妳可以將它寫在第一個欄位內。

案　主：（如此做）。

治療師：現在，妳看看第二欄，請寫下當時的情況。因此妳可
以寫「想想是否要邀請鮑伯喝咖啡（停頓，讓莎莉
寫）。現在，第三個欄位是妳的自動化想法，與妳有
多相信它們。這裡是讓妳寫下進入妳心中的實際想法
或影像，在這裡，妳有這樣的想法：「他不想跟我一
起去」，當時妳有多相信這個想法？

案　主：很多，可能90％。

治療師：好，妳可以在妳的想法後面寫上「90％」或「很
多」，並在第四欄寫下妳的情緒與強度。在這裡，妳
有多感到悲傷？

案　主：相當難過，75％。

治療師：好，寫下來（等莎莉完成紀錄）；接著，看第五欄，
這是請妳判斷它屬於哪一種認知扭曲。妳可以看著妳
的清單，並告訴我，妳認為妳的自動化想法，屬於哪
一種偏誤？

案　主：我認為是預言式思考或讀心術。

治療師：好，事實上，兩者皆是。接著欄位五有告知你使用底
下的提問，你想要寫下我們檢核的答案嗎？

案　主：好（如此做）。

治療師：現在，最後一個欄位告訴我們這個有什麼樣的幫助。
妳現在有多相信這個自動化想法？

指導語：當你注意到情緒開始變糟時，問自己：「現在有何想法進入我的心中？」且盡快將想法或心像，記錄在下面自動化想法的欄位內。

| 日期／時間 | 情境 | 自動化想法 | 情緒 | 適當回應 | 結果 |
|---|---|---|---|---|---|
| | 1.是什麼實際事件、思考、白日夢或回憶的內容導致這不舒服的情緒？<br>2.(若有的話)有怎樣痛苦的生理感覺？ | 1.有何想法和／或心像進入心中？<br>2.當時對每個想法相信的程度有多少？ | 1.當時有哪些情緒，如難過／焦慮／生氣等等？<br>2.情緒的強度是多少？(0-100%) | 1.(選擇式作答)產生什麼樣的認知扭曲？<br>2.利用底下的問題回應自動化想法。<br>3.對每個回應相信的程度有多少？ | 1.現在有多相信每個自動化想法？<br>2.現在感受到的情緒為何？情緒的強度為多少（0至100%）？<br>3.會做什麼？(或過去會怎麼做？) |
| 3/8(五)<br>15:00 | 在想如何邀請鮑伯喝咖啡 | 他不會想要跟我一起去 (90%) | 難過 (75%) | (預言式思考與讀心術)<br>1.我不知道他是否想去<br>2.他在課堂上對我很友善 (90%)<br>3.最糟糕的情況是我被拒絕我，且我會感到難過好一陣子，但我知道我可以和愛莉森談這個 (90%)<br>4.最好的情況是他答應我 (100%)<br>5.最實際的情況是他可能會說他很忙，但會用很友善的方式回應我 (80%)<br>6.若我持續假設他不想和我出去，我會沒有機會問他 (100%)<br>7.我應該上前去主動邀他 (50%)<br>8.這其實沒有什麼！(75%) | 1.自動化想法 (50%)<br>2.悲傷 (50%)<br>3.我會邀請他 |

引導建立其他回應的問題：(1)有何證據顯示自動化想法為真？或不是真的？(2)有其他解釋嗎？(3)最壞的情況會發生什麼事？可以如何因應？最好的狀況為何？最實際的結果為何？(4)相信自動化想法的影響為何？改變思考有什麼樣有效果的效果？(5)關於這個，我可以做什麼？(6)若_____(朋友的名字)在這樣的情境中，而且有這個想法，我會告訴他／她什麼？

**圖12.1　思考紀錄表**

資料來源：取自「認知行為治療工作單套組」。Copyright 2011 by Judith S. Beck, Bala Cynwyd, PA: Beck Institute for Cognitive Behavior Therapy.

> 案　　主：少一些，可能50%。
>
> 治療師：你有多感到悲傷？
>
> 案　　主：少一些，我想，大概50%。
>
> 治療師：妳可以把它寫下來。
>
> 案　　主：（如此做）。
>
> 治療師：我想要妳記得我先前跟妳提過的。不要預期妳所有的負面情緒都會消失，但若進行思考紀錄表可能會有一些幫助，即便是10%，也值得去做。
>
> 案　　主：好。
>
> 治療師：所以，妳怎麼看待思考紀錄表？妳本週想在家嘗試它嗎？
>
> 案　　主：好，我會。

對一些案主而言，用兩個階段來介紹思考紀錄表會比較好。比如在某一次會談中，治療師先教案主完成前四個欄位，如果他們在家庭作業中成功完成，治療師就可以接著教他們使用最後兩個欄位。

## 「檢核你的想法」紀錄表單

當治療師預期思考紀錄表對案主而言，可能太過惱人或複雜，可考慮使用簡版：「檢視你的想法」工作單（見**圖12.2**），包括以較易閱讀的文字呈現類似問題，以**圖12.2**更加結構的格式，對於案主完成是更為容易。

## 當紀錄表無法提供有效幫助時

如同認知行為治療的其他技巧，重要的是，不要過分強調紀錄表的重要性。在有些情況下，多數案主會發現完成一獨特的紀錄表並未提供

---

- 情況為何？<u>瓊安對我咆哮。</u>

- 我想到什麼？<u>她不會再打電話給我。</u>

- 是什麼讓我認為這想法為真？<u>她似乎相當生氣。</u>

- 是什麼讓我認為這想法並非真的，或並非完全是真的？<u>她以前曾對我生氣，但似乎會恢復。</u>

- 有什麼其他角度可以解釋這件事？<u>她是真的發脾氣，但她不會一直在生氣。</u>

- 最糟會發生什麼事？我接著可以做什麼？<u>我可能會失去我最好的朋友，我必須將注意力放在我其他朋友身上。</u>

- 最好會發生什麼事？<u>她會立刻打電話給我，並跟我道歉。</u>

- 可能會發生的情況是？<u>她可能有幾天對我比較冷淡，但我會打電話給她。</u>

- 若我持續告訴自己相同的想法，會發生什麼事？<u>我會一直很難過。</u>

- 若我改變我的想法，會發生什麼事？<u>我會感到好一些，可能很快再打電話給她。</u>

- 若這發生在我的朋友身上時，我會告訴他或她什麼？〔想一個特殊對象〕
  <u>艾蜜莉。</u>
  <u>不用擔心，過兩天再打電話吧！</u>

### 圖12.2 「檢視你的想法」工作單

資料來源：取自「認知行為治療工作單套組」。Copyright 2011 by Judith S. Beck. Bala Cynwyd, PA: Beck Institute for Cognitive Behavior Therapy.

多大的改變。治療師這時候可以強調，這些紀錄是對一般情境有效用，就算遇到「阻礙點」（stuck points），我們仍然可以將這些練習視為是學習的機會，治療師這麼解釋可以避免案主對自己、治療、紀錄表或治療師出現批判的自動化想法。

　　正如前一章所述，若案主無法對最令自己難受的想法或心像做出有效合宜的回應，可能是因為案主的自動化想法就是他的核心信念，或是自動化想法激發了案主的潛在信念。另外，如果案主的評估與回應都流於表面，或案主根本就貶抑自己回應的效果，通常這種情況下的評估與回應，效果都不會太理想。

 ## 其他回應自動化想法的方法

　　有時治療師會使用其他方法來回應自動化想法。舉例而言，當案主有焦慮與強迫的想法時，治療師可以教導他們 "AWARE" 技巧（Beck & Emery, 1985）。案主可以練習：

> A：接受他們的焦慮
> W：不帶評價的看他們的焦慮
> A：當他們不再焦慮時，處理其焦慮
> R：重複前三個步驟
> E：預期最佳狀況

　　當案主的情緒過高以至於無法有效使用其執行功能以評估其想法，治療師可使用分心術或放鬆技巧，如第十五章所描述。

# Chapter

# 13 辨別與調整中介信念

陳品皓

曾孟頤

■ 認知概念化

■ 調整信念

前一章說明對自動化想法（在一個情境中，進入案主心中的想法或心像，並引發其痛苦）的辨識與修正。本章與下一章將探討案主通常會對自己、他人與自己所處的世界，存在一種較深層、未被釐清的意念，這種意念會引發案主特定的自動化想法。在治療前，這些意念通常不會輕易顯現出來，但很容易被觸發、或經由推論而得，也因此能夠在會談中被公開檢視。

如同第三章所描述，信念可分為兩類：(1)**中介信念**（intermediate beliefs）：包括規則、態度與假設；(2)**核心信念**（core beliefs）：對自己、他人或世界呈現一種整體的僵化想法。中介信念雖然不像自動化想法相對容易調整，但比起核心信念其可塑性相對較高。

本章分成兩部分，第一部分說明**認知概念化**（最初於第三章時介紹），並解釋如何建立**認知概念表**（Cognitive Conceptualization Diagram）的過程。透過本章的指引，治療師可經由認知概念化來建立整個療程的規劃，並能更熟練地選擇適當的介入方式；此外，當標準的治療介入失敗時，治療師也可以依據概念化的架構來克服遇到的阻礙。本章第二部分的重點在於**誘發與調整中介信念**，這些技巧亦會於下一章使用，同時還有其他特殊技巧用來觸發與調整核心信念。

## 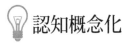 認知概念化

一般而言，治療師在直接修正案主的信念前，會先跟著案主一起處理他的自動化想法。一開始，治療師先進行個案概念化，用邏輯推論的方式推導出案主自動化想法與深層信念之間的關係。若治療師沒有在個案的問題上開展出更宏觀的視野，將可能無法有效地進行治療。

在治療師耐心地與案主完成第一次會談後，治療師可以填寫認知概念表（如**圖13.1**、**圖13.2**），透過認知模式（圖表的下端）的架構來收集案主的相關資料，包含典型的自動化想法、情緒、行為與／或信念等資訊。案主上述的相關資料，治療師可以依據概念化表格所提供的架構蒐

集資訊。此表格顯示了核心信念、中介信念與自動化想法之間彼此的關係，提供了治療師有關於案主心理病理的認知地圖，並有助於治療師將所蒐集到的資料用來組織案主所呈現的面貌。圖13.1的圖表說明相關的基本問題，治療師可透過自問自答的方式完成該圖表。

　　治療師要謹記在心的是，在初次會談後所完成的資料蒐集，都只是暫時的，因為這些資料仍然不足以代表案主典型的自動化想法。而當治療師所蒐集有關案主自動化想法的事件，並不具通盤的代表性時，這時用這些資料建立的概念化架構就可能會有誤導治療之嫌。一般來說，在三、四次會談後，治療師比較能夠在有充分的資料來完成圖表的下半部，這樣案主整體的樣貌才會更為清晰明顯。

　　治療師可以在每次會談時，向案主說明一部分的概念化架構（有時也可以寫在空白紙上），並以認知模式的架構來摘要案主的經驗。通常不建議治療師直接提供表格作說明，因為案主覺得這些資訊令他們感到迷惑（或是他們認為治療師只是企圖將他們的問題標準化而已）。

　　最初，治療師蒐集到的資料可能僅能完成圖表的一部分，而留下其他空白欄位，或是用問號來註明只是初步的暫時推論。在未來的會談中，治療師會與案主核對遺漏或屬於治療師個人推論的項目。某些時候，當治療的目標是要協助案主能夠對自己的困難有通盤的瞭解時，治療師會分享概念化圖表的上、下兩個部分。此時，治療師以口語表達概念化的架構，在空白紙上分享簡短版的圖表，或呈現一空白概念化表（由治療師判斷此舉對案主是否有幫助），然後兩人一起完成。無論何時，治療師呈現的解釋都是暫時性的假設，而必須透過徵詢案主的回饋來確認這些假設是否「為真」，並做出適當的調整。而正確的假設通常能夠引起案主的共鳴。

　　通常治療師可以從概念化圖表的下半部開始，寫下三個讓案主感到難過的典型情境，然後針對每個情境，寫下主要的自動化想法、意義及案主後續的情緒與相關行為（若有的話）。如果治療師沒有在這個時候直接詢問案主自動化想法對他的意義，也可以先用假設代替（以問號註記），或是在接下來的會談中運用想法挖掘技巧，來發掘每一個想法背

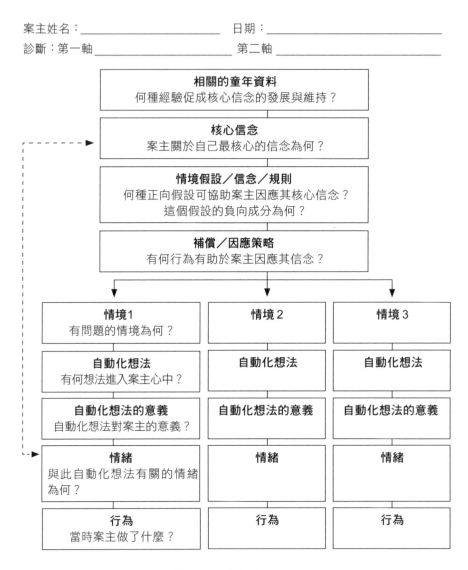

案主姓名：＿＿＿＿＿＿＿＿＿＿＿＿　　日期：＿＿＿＿＿＿＿＿＿＿＿＿＿

診斷：第一軸＿＿＿＿＿＿＿＿＿＿　　第二軸＿＿＿＿＿＿＿＿＿＿＿＿

**相關的童年資料**
何種經驗促成核心信念的發展與維持？

**核心信念**
案主關於自己最核心的信念為何？

**情境假設／信念／規則**
何種正向假設可協助案主因應其核心信念？
這個假設的負向成分為何？

**補償／因應策略**
有何行為有助於案主因應其信念？

| **情境1**<br>有問題的情境為何？ | **情境 2** | **情境 3** |
|---|---|---|
| **自動化想法**<br>有何想法進入案主心中？ | **自動化想法** | **自動化想法** |
| **自動化想法的意義**<br>自動化想法對案主的意義？ | **自動化想法的意義** | **自動化想法的意義** |
| **情緒**<br>與此自動化想法有關的情緒為何？ | **情緒** | **情緒** |
| **行為**<br>當時案主做了什麼？ | **行為** | **行為** |

**圖13.1　認知概念表**

資料來源：Adapted from *Cognitive Behavior Therapy Worksheet Packet*. Copyright 2011 by Judith S. Beck. Bala Cynwyd, PA: Beck Institute for Cognitive Behavior Therapy.

後的潛在意義。

每一個情境中，案主自動化想法所代表的意義，都應該與表格頂端的核心信念有邏輯關係的連結。舉例而言，莎莉的表格（如圖13.2）清楚顯示，她的自動化想法及背後的意義與她失功能的核心信念有關。

治療師可以藉由提醒自己（詢問案主）以下這些問題，來完成表格的上半部欄位：案主的核心信念是如何產生與維持的？案主過去曾經經歷過哪些與他現在信念的發展及維持有關的生活事件（特別是童年時期）？與案主有關的典型童年資料，包括有沒有發生過任何重大事件，如父母或其他家人長期或偶發的爭吵；父母離異，與父母、手足、老師、同儕及他人的負向互動是否存在？這些互動有沒有帶來被責備、被批判，或被貶低價值的感覺？是否曾有嚴重病痛、重要他人的辭世、生理或性虐待，或其他負向生活情況，如頻繁搬家、經驗創傷、於貧困中長大、長期遭遇種族隔離等。

有時候案主的早年經驗可能是相當隱晦且難以捉摸的，但治療師仍然應該試圖蒐集這些訊息。舉例而言，孩子是否知覺到自己的表現比不上其他兄弟姊妹（可能有，或可能沒有經過證實），或是否感覺自己與同儕不同、被貶低，未達到父母、老師或他人的期望，或父母比較喜歡他們的兄弟姊妹等等。

接著治療師可以試著自問：「案主如何因應這些令人痛苦的核心信念？案主因此發展出什麼樣的中介信念（如隱藏的假設、規則與態度）？」

莎莉的信念在圖13.3中以階層的概念來描述，圖中可以看到許多中介信念，大致上可以分為**態度**或是**規則**這兩種形式，而表格將主要「假設」列在核心信念底下，這對治療將會有所幫助（本書第283、284頁會說明治療師如何協助案主透過重新描述的方式，把這些與案主內在假設有關的態度或規則說出來）。舉例來說，莎莉有一個「若我非常努力，我可以做得很好」的假設，這個假設是用來幫助她面對自己無能的痛苦想法，然而就像大部分憂鬱症病人一樣，莎莉也會因此出現一個逆向的假設：「若我不努力，我將會失敗。」大部分有第一軸診斷的案主會依

認知治療 —— 基礎與進階
Cognitive Behavior Therapy: Basics and Beyond

案主姓名：＿＿＿＿＿＿莎莉＿＿＿＿＿＿ 日期：＿＿＿＿2月22日＿＿＿＿

診斷：第一軸＿＿＿重鬱症＿＿＿ 第二軸＿＿＿＿無＿＿＿

**相關的童年資料**
何種經驗促成核心信念的發展與維持？
常與哥哥及同儕比較／嚴格的母親

**核心信念**
案主關於自己最核心的信念為何？
我是無能的

**情境假設／信念／規則**
何種正向假設可協助案主因應其核心信念？
這個假設的負向成分為何？
〔正向〕如果我格外努力，我可以做得不錯。〔負向〕如果我不努力，我會失敗。

**補償／因應策略**
有何行為有助於案主因應其信念？
訂高標準、努力工作、過度準備、檢視缺點並調整、避免尋求協助

| **情境 1** | **情境 2** | **情境 3** |
| 有問題的情境為何？ | 思考課程的要求 | 仔細考慮課本的困難 |
| 與同學討論修課問題 | | |

| **自動化想法** | **自動化想法** | **自動化想法** |
| 有何想法進入案主心中？ | 我無法完成研究報告 | 即使上完課，我還是 |
| 他們都比我聰明 | | 學不會 |

| **自動化想法的意義** | **自動化想法的意義** | **自動化想法的意義** |
| 自動化想法對案主的意義？ | 我是無能的 | 我是無能的 |
| 我是無能的 | | |

| **情緒** | **情緒** | **情緒** |
| 與此自動化想法有關的情緒 | 悲傷 | 悲傷 |
| 是？ | | |
| 悲傷 | | |

| **行為** | **行為** | **行為** |
| 當時案主做了什麼？ | 哭泣 | 闔上課本；停止學習 |
| 保持安靜 | | |

**圖13.2 莎莉的認知概念表**

資料來源：Adapted from *Cognitive Behavior Therapy Worksheet Packet*. Copyright 2011 by Judith S. Beck. Bala Cynwyd, PA: Beck Institute for Cognitive Behavior Therapy.

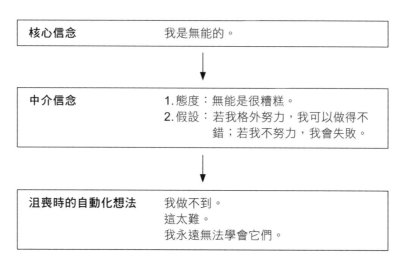

| 核心信念 | 我是無能的。 |

| 中介信念 | 1.態度：無能是很糟糕。<br>2.假設：若我格外努力，我可以做得不<br>　　　　錯；若我不努力，我會失敗。 |

| 沮喪時的自動化想法 | 我做不到。<br>這太難。<br>我永遠無法學會它們。 |

圖13.3　莎莉的信念與自動化想法階層表

據第一個比較正向的假設來行動，但當他們感到痛苦時，逆向假設便會
出現。讀者要注意一點：這裡所謂「正向」的假設或信念，並不代表它
們對案主是合宜有幫助的。

　　為了完成概念化表格中的「因應策略」欄位，治療師會自問：「案
主發展出怎樣的行為策略來應付這些痛苦的核心信念？」。值得注意的
是，案主所抱持的假設常常會把他們的因應策略與自己的核心信念綁在
一起：

> 「如果我〔採用因應策略〕，那〔我的核心信念可能不會成真，那
> 我就會好一些〕，然而，如果我〔不採用此因應策略〕，那〔我的
> 核心信念可能會成真〕。」

　　莎莉的因應策略是開始嚴以律己，認真投入，花費大量精力準備
考試與報告，過度注意自己的缺點，並且不向外界尋求協助（她認為尋
求協助只是證明自己很無能）。她相信這些行動，可以讓自己免於失敗

與暴露缺陷（若沒有做這些事，則會導致失敗並且讓別人看到自己的無能）。

　　其他案主有可能發展出與莎莉截然相反的行動策略；像是避免太過認真投入、為自己設定較少目標、準備不夠充分、向外尋求過多協助等等。

　　為何莎莉發展出此獨特的因應策略，而另一個案主發展出相反策略呢？這可能是因為每個人天生的氣質賦予他們不同的認知與行為類型，而在與環境的互動中，發展出不同的中介信念，並因此強化了他們各自獨特的行為策略。其他的案主，童年經驗或許也有同樣失功能的核心信念，但卻可能發展出不同的因應想法：「若我為自己建立低目標，我會很好，但若我設定高目標，我會失敗」、「若我倚靠別人，我會成功，若我只靠自己，我會失敗」。

　　讀者請注意，這邊所提到的許多因應方法，其實是每個人有時都會做的正常行為。對正承受著痛苦的案主而言，主要的問題在於他們過度使用這些策略而減損了其功能。圖13.4則是列出部分例子來說明，案主為了因應痛苦的核心信念所發展出的策略類型。

| | |
|---|---|
| 逃避負向情緒 | 表現高昂情緒（如為了吸引注意） |
| 嘗試達到完美 | 故意表現無能或無助 |
| 過度負責任 | 逃避責任 |
| 逃避親密 | 尋求不適切的親密 |
| 尋求認同 | 逃離被注意 |
| 避免面對 | 挑釁他人 |
| 嘗試掌控情況 | 將控制權給予他人 |
| 孩子氣行為 | 以獨裁方式行事 |
| 嘗試取悅他人 | 孤立自己或嘗試只取悅自己 |

圖13.4　典型的因應策略

　　總之，認知概念表是以案主所呈現的每一份資料、每一句話為基礎。除非能被案主證實，否則治療師應將自己的假設視為暫時的狀態。概念化是一個動態的持續過程，治療師不斷收集相關資料，持續評估並

調整架構，直到治療結束的那一天為止。治療師並不會將實際的表格呈現給案主。首次會談時，治療師會透過文字（且常在紙上）來概念化案主的經驗，協助案主瞭解他們當下對情境反應的背後意義。有時，治療師可呈現更多資訊讓案主瞭解：

- 他們的早期經驗如何誘發有關自己、世界與他人核心信念的發展。
- 為了生存，他們如何發展出目前的假設或規則，來協助自己因應痛苦的核心信念。
- 這些假設如何導致案主發展出獨特的因應策略或行動模式，並（或不可能）在特定情境中有效，但卻無法適用於大部分情境中。

有些案主因為智能的優勢能力與情感的敏銳洞察力，在治療早期就能以宏觀的視野看待自己的問題，但治療師不應如此而加快治療的腳步（特別是治療師與案主的治療同盟關係還未成熟，或是案主並非真正相信認知模式時更是如此）。如本章先前所強調的，每一次在治療師對案主說明自己的概念化假設時，都應該要詢問案主是否正確、是否合宜，或是有哪些部分需要調整。

## 辨別中介與核心信念

為辨別中介信念，治療師會藉由：

1. 當自動化想法傳遞出某種信念時，對此進行確認。
2. 提供案主有關假設的初步訊息。
3. 直接引導案主表述其規則或態度。
4. 使用「想法挖掘技巧」。
5. 檢視案主的自動化想法並且找出主要的議題。
6. 直接詢問案主。
7. 回顧案主完成的信念問卷。

底下是這些策略的介紹：

## 策略一

首先，案主可能會在自動化想法中清楚傳遞自己的信念，特別是在沮喪時。

> 治療師：當改好的考卷發還給妳時，腦海中有想到任何事嗎？
>
> 案　主：我應該要做得更好的，但我什麼事都做不好，我有夠無能的〔核心信念〕。

## 策略二

治療師或許可以提供初步的某些訊息，引導案主說出完整的假設。

> 治療師：所以妳有「我必須熬夜做報告」的想法。
>
> 案　主：是的。
>
> 治療師：若妳沒有在報告或計畫上，盡力的話……
>
> 案　主：我就沒有做到最好，我會失敗。
>
> 治療師：這是否有點像我們之前討論的？這是妳常用來看待自己努力的方式嗎？如果妳沒有盡一切努力，就會失敗？
>
> 案　主：是，我想是的。
>
> 治療師：妳可以再多舉幾個例子嗎，這樣我們就可以知道這個想法影響妳多大了？

問題：如果案主對描述自己假設的部分仍然有困難，該怎麼辦？

答案：改變治療師問問題的方式。

> 治療師：我這麼問妳好了：「如果妳對報告或計畫沒有盡到最
> 大的努力，最糟的狀況會是什麼？或是這糟糕的結果
> 對妳的意義是什麼？」

## 策略三

治療師可以藉由直接引導，找出案主的規則或態度。

> 治療師：對妳而言，把這份助教的工作做好，相當重要？
> 案　主：喔，是的。
> 治療師：妳還記得？我們先前討論過類似的主題：妳總是要把
> 事情做到最好。這部分我在想，妳是不是對這類的事
> 情有某種規則呢？
> 案　主：喔……我沒這樣想過耶……我猜我一直都認為必須把
> 每件事做到最好。

## 策略四

通常治療師會使用第四種技巧來找出中介（與核心）信念：**想法挖掘技巧**（downward arrow technique）（Burn, 1980）。首先，治療師找出一個可能直接來自失功能信念的自動化想法。接著，治療師假設此想法為真，並詢問案主該想法對他的意義。治療師持續進行此步驟直到發現一個或多個重要信念。詢問案主想法對他的意義為何，通常會誘發案主的中介信念，而詢問案主這些中介信念跟案主的關係時，通常幫助我們找到他的核心信念。

> 治療師：好，我們來做個整理，妳昨天一整晚熬夜讀書，當時
> 妳在看上課的筆記，妳開始在想「這些筆記我根本看
> 不懂」，然後就開始感到難過。
>
> 案　主：是。
>
> 治療師：好，現在我們還沒看看有哪些證據支持妳的想法，不
> 過我想先瞭解為何這個想法讓妳如此難過，因此我們
> 先暫時假設妳是對的，妳看不懂筆記的內容。這對妳
> 來說是什麼意思？
>
> 案　主：我在課堂上沒有專心聽課。
>
> 治療師：好，如果妳真的在課堂上沒有專心聽課，這代表什麼
> 意思？
>
> 案　主：我是糟糕的學生。〔案主的假設是：「如果我在學校
> 沒有專心聽課，就代表我是糟糕的學生」〕
>
> 治療師：好，如果妳是一個糟糕的學生，這跟妳的關係是什
> 麼？
>
> 案　主：〔核心信念〕我不夠好〔我是無能的〕。

　　有時候治療師在使用想法挖掘技巧時，會因為案主以「感覺」回應而受到阻礙，譬如案主會說：「那真是糟糕啊！」或「我會感到相當焦慮」。治療師可以先和緩地同理案主的情緒，並嘗試帶著案主回到討論的正軌。為減少案主對治療師探索的排斥，治療師可解釋之所以重複提問的原因為何，並透過以下的提問改變問問題的方式：

- 若這是真的，又會如何？
- 關於……會有多糟？
- 關於……最糟的部分是？
- 對你而言的意義是……

以下的範例說明使用想法挖掘技巧時，原則與變化的形式。

> 治療師：對我們來說，能夠瞭解這件事的哪個部分最讓妳感到
> 　　　　難過是很重要的。如果妳的室友與朋友成績都比妳
> 　　　　好，對妳來說意義是什麼？
> 案　主：喔，我會受不了。
> 治療師：所以妳會相當難過，但是最糟糕的是什麼？
> 案　主：他們會瞧不起我。
> 治療師：如果他們真的看不起妳，這讓妳覺得糟糕的是什麼？
> 案　主：我討厭那樣！
> 治療師：是，這的確是令人痛苦的事。而如果他們真的看不起
> 　　　　妳，對妳來說，這代表什麼？
> 案　主：我不知道，就是很糟糕吧！
> 治療師：當他們看不起妳的時候，這對妳這個人的意義是什
> 　　　　麼？
> 案　主：表示我是比較差的，不像他們這麼好〔案主此刻的假
> 　　　　設是：「若人們看不起我，這表示我比較差」，核心
> 　　　　信念則是「我是低人一等的」〕。

治療師如何知道何時要停止想法挖掘技巧？通常當案主表現出情緒的負向轉變，且／或開始以同樣或相似的語句來說明信念時，治療師通常會察覺重要的中介信念與／或核心信念。

> 治療師：如果妳是比較差的、不像他們這麼優秀，這對妳來說
> 　　　　意義是什麼？
> 案　主：就是這樣呀，我就是低人一等。

## 策略五

第五個找出信念的方式是在各種不同的情境中，找出與案主自動化想法一致的主題。治療師可詢問洞察力高的案主是否發現自己一再出現的議題，或治療師可能對其信念有一些初步的假設，並要求案主仔細考慮其正確性。

> 治療師：莎莉，在許多情況下，妳似乎常常會覺得「我做不到」或「它太難了」，或是「我無法完成它」。我想知道妳是否在某種程度上相信自己是無能的？
> 案　主：是，我想是的，我真的認為我是無能的。

## 策略六

第六個辨別中介信念的方式是直接詢問案主。而有些案主相當容易表達自己的信念：

> 治療師：莎莉，關於尋求協助這件事，妳的信念是？
> 案　主：喔，求助是軟弱的象徵。

## 策略七

最後，案主可能會需要填寫一些簡式問卷，像是失功能態度量表（Dysfunctional Attitude Scale）（Weissman & Back, 1978），或性格信念問卷（Personality Belief Questionnaire）（A. T. Beck & Beck, 1991）等等。治療師如果能夠仔細檢視這些得分高的題項，將能從中找出導致問題的信念。這類問卷就會是治療師得力的助手。

　　總之，治療師有許多方法可以用來找出案主的中介與核心信念，治療師可以在自動化想法中尋找案主核心信念的蹤跡。比如提供一個未完成的假設性句子（如果……），並請案主完成；直接誘發案主潛藏的規則；使用想法挖掘技巧；又比如在許多自動化想法中找出一致的共同主題、詢問案主自己覺得自己的信念為何；或是檢視案主的信念問卷等方法。

## 決定是否修正信念

　　當找出一個信念後，治療師需要評估這個中介信念是處於核心或邊陲的位子。一般而言，為了讓治療盡可能有效進行，治療師要把精力放在最重要的中介信念上（Safran, Vallis, Segal, & Shaw, 1986）。當治療中找到的失功能信念並非核心，或是案主對該信念的相信程度不高，這個信念就不值得花時間來處理。

> 治療師：聽起來，似乎妳相信如果別人不接受妳，妳會覺得自己是很糟糕的。
>
> 案　主：我想是的。
>
> 治療師：這樣的想法妳有多相信？程度有多少？
>
> 案　主：不多，可能是20%。
>
> 治療師：這樣聽起來，我們不太需要花心思在這個信念上，我們回到先前討論的話題，如何？

　　當治療師找到一個重要的中介信念時，接著便是決定是否要向案主說明該信念的存在。當治療師在考量處理該信念的恰當時間點時，治療師可先問自己：

> - 該信念為何？
> - 案主對該信念相信的程度有多強？
> - 若案主非常相信其信念，這對案主生活影響的廣度與強度為何？
> - 若這個信念對案主的影響相當廣泛而強烈，治療師應該要當下處理嗎？案主是否準備好能用客觀的角度來面對它呢？今天會談有足夠的時間處理嗎？

　　在治療中，治療師會盡可能早點開始修正案主的信念。一旦案主擺脫對信念的認同，或不再那麼強烈地相信這些信念時，他們將能夠用更具功效的務實態度來解釋自己的經驗。但臨床上，案主總是會有一些根深蒂固、難以撼動的信念。因此，治療師可以先教導案主練習如何評估自己表層的認知結構（自動化想法）是否合理。透過這樣的教導，案主有機會學到原來他們過去相信的某些事，並不代表一定就是事實。修正信念對某些案主相對容易，但是對其他案主就明顯困難許多。因此在試圖修正案主的核心信念前，建議可以先修正其中介信念，因為核心信念的調整可能相當困難。

## 教導案主關於信念的二、三事

　　當治療師從案主身上找出了一個重要信念，而且是案主強烈堅信的情況下，通常治療師可以用特定的信念作為例子，來教導案主一些有關信念的普遍特性。治療師可以強調，其實案主有許多信念可以選擇，信念是可以學習且可以被修正的，並非與生俱來就烙印在腦中而無法變通。

> 治療師：好，我們已經找出妳的一些信念：「平凡的工作很糟糕」；「我必須把每一件事都做好」，「若我沒有盡力去做，我就是失敗者」，妳覺得妳是在哪裡學到這些想法？

案　主：我猜應該是我成長的過程中吧。

治療師：每個人都有相同的這些想法嗎？

案　主：（思考）也不是，有些人似乎不會這麼在意這些點。

治療師：妳可以想到有哪個人的信念和這個不同的嗎？

案　主：嗯，應該是我的表姊艾蜜莉吧。

治療師：她的信念是怎樣呢？

案　主：我在想她其實覺得平凡沒什麼關係，她對生活的品質
　　　　似乎更有興趣。

治療師：因此她學到的是跟妳不一樣的信念？

案　主：我想是的。

治療師：嗯，壞消息是妳現在擁有的這組信念，對妳的生活沒
　　　　什麼幫助，對吧？不過好消息是，當妳學到自己有這
　　　　些信念後，妳就可以開始學著去除它們，並用其他可
　　　　能的信念來替代──不見得要像艾蜜莉那麼極端，但
　　　　至少可以介於她的信念與妳的信念之間，妳覺得這聽
　　　　起來如何？

## 從案主的假設著手

　　對案主而言，以假設的形式呈現中介信念，會比以規則或態度的形式更容易看到其扭曲的狀態，這樣也比較能有機會接受檢驗。要找出案主的規則或態度，治療師可以使用想法挖掘技巧探究其意義。

治療師：因此，妳強烈的認為妳應該獨自完成所有事情〔規
　　　　則〕，而尋求別人的幫助是很糟糕的〔態度〕。向外
　　　　尋求幫助對妳的意義是什麼？比如說，假設妳學校的
　　　　功課並非自己獨力完成？

> 案　主：這表示我很無能。
>
> 治療師：現在妳有多相信這個想法，「若我尋求協助，我是無能的」？

治療師透過詢問或其他方法，邏輯地評估案主的假設，這樣做比只針對規則或態度作評估更能夠顯示出案主認知的不一致。對莎莉來說，治療師針對其假設「若我尋求協助，這表示我是無能的」來處理，會比把焦點放在她的規則——「我不應該尋求協助」，更容易找出其扭曲與／或失功能。

## 檢視信念的優點與缺點

對案主而言，檢視自己不合理信念所帶來的優缺點是有幫助的，治療師可以努力減少或削弱優點，並強調缺點的部分（本書第十一章，在評估自動化想法的實用性時，先前的會談紀錄中有描述類似的歷程，見第237頁）。

> 治療師：「不做到最好，就是失敗」這個想法對妳的好處是什麼？
>
> 案　主：嗯，這會讓我更加用功。
>
> 治療師：我們可以來看看妳是否真的需要如此極端的信念來幫助妳用功，我們待會再回到這個想法。還有其他好處嗎？
>
> 案　主：……不，我想沒有了。
>
> 治療師：「若不做到最好，就是失敗」，這個想法的缺點是什麼？

案　　主：嗯，當我考得不好時，我會感覺很糟糕……我在上台報告前會真的很緊張……我花太多時間唸書，結果沒有什麼時間去做其他我喜歡的事。

治療師：這樣會降低妳對閱讀或學習的樂趣嗎？

案　　主：喔，的確會。

治療師：好，所以這個信念是讓妳努力的唯一理由，至於是真的假的我們不知道。但是另一方面，當妳的表現不理想時，這就跟妳的信念相違背了，而這種不一致會讓妳感到很糟糕；在上台報告前，讓妳更加緊張，降低了妳學習的樂趣，而且讓妳無法去做自己喜歡的事，對吧？

案　　主：是。

治療師：這個想法，是妳想要改變的嗎？

## 形成新信念

　　為了決定要用什麼策略來修正案主既有的信念，治療師要清楚哪一個信念對案主更適切。治療師可以問自己：「對案主來說，哪一種信念是更有功能的？」

　　舉例來說，**圖13.5**列出莎莉當下的信念，與治療師認為合宜的新信念。雖然建構新信念是一個雙方合作的歷程，但治療師心中對新的信念仍然要有一定範圍的取捨，這樣治療師才可以適切地選擇策略，以改變舊有信念。

　　總之，在治療師嘗試修正案主的信念前，應該先確認這是案主深信牢固之核心信念，而治療師心中應該要有一個跟案主失功能信念的主題相關，但更具功效及彈性，且對案主是務實合宜的信念。治療師無法強加信念於案主，但是可以引導案主以一種互相合作的方式，藉由蘇格拉底式的提問，來建構替代性的信念。治療師也可以教導案主關於信念的

〔莎莉的舊有信念〕　　　　　　〔更具功能的信念〕

1. 如果我沒有做得和別人一樣好，我就是失敗者。

   如果我沒有做得和別人一樣好，我並不會是個失敗者，我就只是個一般人。

2. 如果我尋求協助，這會是軟弱的象徵。

   如果我有需要時，我會尋求幫助，這才是好的問題解決能力。

3. 如果我在工作／學校失敗，表示我整個人都失敗。

   如果我在工作／學校失敗，這並不代表我整個人的失敗（我整個人包括：一個朋友、女兒、姐妹、親戚、市民與社區成員等各種身分的整體；我的特質：仁慈、體貼他人、助人等），而且一時的失敗不是一輩子的失敗。

4. 我應該在每件事情上面都表現優異。

   除非我在該領域有天賦（且願意為此投入相當多時間與努力，並排開其他事物），我才可能表現優異。

5. 我應該每次都要努力且做到最好。

   我應該要在大部分的時間中，投入合理的努力。

6. 如果我沒有發揮我的潛能，我會失敗。

   如果我沒有做到最好，我的成功可能是70%、80%，或90%，而非0%。

7. 如果我沒有一直努力，我將失敗。

   如果我適時的放鬆自己，我的表現應該也會在合理的範圍，而生活也會因此均衡許多。

**圖13.5　更具功能的信念的形成**

一些特性（比如說，它們是想法，並非事實；它們是被學習而來的，因此也可以被去除；它們可以被評估與修正等等），治療師也可以協助案主評估繼續抱持這些信念的優缺點。

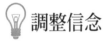 調整信念

治療中有許多方法可用來修正案主的中介與核心信念（核心信念的修正技巧，將於下一章詳細描述）。有些信念容易改變，但多數信念需

要花費較多的努力與時間。治療師持續詢問案主他們當下有多相信自己的信念（0-100%），同時在「理智的」與「特質的」或「情感的」層級，評估是否需要更進一步的處理。

通常來說，如果治療的目標放在把案主的信念層級降到0%是不可能也沒必要的。而瞭解何時停止對案主信念的處理也是治療師的專業判斷之一。一般來說，當案主對此信念的相信程度降到30%以下時，這就表示信念已經有效地減輕，儘管案主可能仍抱持著殘餘的一部分信念，但他們已經可以持續修正自己的失功能行為。

一般會建議案主持續追蹤他們在治療筆記中所評估的信念。而記錄的格式包括原本的失功能信念、更具功效的新信念、每種信念的優勢、用百分等級呈現相信的程度，如以下的例子：

- 固有信念：「若我沒有高成就，我就是失敗者」（50%）
- 新信念：「若我真的在每件事情上都失敗，我才算是失敗」（80%）

典型的家庭作業，是請案主每天閱讀這兩種信念，並且重新評估對這二種信念的相信程度。

修正信念的技巧如下所列，部分與修正自動化想法的技巧雷同。

1. 蘇格拉底式提問。
2. 行為實驗。
3. 認知連續性。
4. 理情角色扮演。
5. 以他人為參照點。
6. 以「猶如」的方式表現。
7. 自我揭露。

## 蘇格拉底式的信念修正技巧

在接續的範例描述中，治療師使用了和評估自動化想法時類似的問句，來評估她的信念。當治療師找出莎莉的一個信念時，治療師會在特定的情境中協助她對此信念進行評估。此舉有助於讓莎莉對自己信念的評估更為具體，並減少模糊的空間與耗費的精力。

> 治療師：〔摘要他們從想法挖掘技巧中所得到的資訊〕好，所以對於尋求協助等於無能的想法，妳相信的程度是90%，是嗎？
>
> 案　主：是的。
>
> 治療師：尋求協助這件事情有沒有其他可能的解釋？
>
> 案　主：我不確定。
>
> 治療師：舉例來說，接受治療是否就代表妳是無能的，因為妳來這裡尋求協助？
>
> 案　主：也許有一點。
>
> 治療師：嗯，這很有趣，因為我通常看的角度不太一樣。也就是妳接受治療有沒有可能是一種優勢與有能力者的象徵？因為如果妳沒有接受治療，會發生什麼事情？
>
> 案　主：我可能還是會躲起來。
>
> 治療師：所以妳的意思是不是說，當妳因為憂鬱的痛苦而決定向外尋求協助時，這本身就是一件比被動承受還要更有力的事？
>
> 案　主：嗯……我想是吧。
>
> 治療師：好，我想聽聽看妳的意見，假設現在有兩位憂鬱的大學生，一個去尋求外界的治療，另一位沒有，並且一直處在憂鬱的狀態下。這兩個人妳認為哪一個是比較有能力的？

案　主：嗯，尋求協助的人。

治療師：我們來看看之前妳曾提過的另一個狀況——跟妳的工作有關，假設這裡有兩個大學生，他們都是第一次擔任助教，兩個都不確定要做什麼，因為他們以前都沒有做過，其中一個尋求協助，另一位很被動，妳覺得誰比較有能力？

案　主：（遲疑地）尋求協助的人？

治療師：妳確定？

案　主：（思考一會兒）是，因為如果可以尋求協助還可以因此做得更好的話，那麼被動的掙扎就不代表有能力。

治療師：妳有多相信這個想法？

案　主：相當高，80%。

治療師：那妳覺得這兩種情況——尋求外在的治療資源以及詢問有關擔任助教的資訊，對妳而言適用嗎？

案　主：我想是的。

治療師：請寫下關於這件事的想法……讓我們稱第一個想法為「固有信念」——妳會怎麼描述它？

案　主：若我尋求協助，我是無能的。

治療師：現在妳有多相信？

案　主：少一些，可能40%。

治療師：好，在它旁邊寫下40%。

案　主：（如此做）。

治療師：現在，關於「新信念」的部分，妳會如何描述它呢？

案　主：若我尋求協助，我並不是無能的？

治療師：聽起來妳並不是很相信這個說法。如果妳換句話說：「如果我尋求合理的協助，這是有能力的象徵。」這會好一些嗎？

案　主：是（寫下這）。

> 治療師：妳現在有多相信這個新想法？
>
> 案　主：很多……（閱讀並沉思）也許是70%至80%吧（寫下這）。
>
> 治療師：好，莎莉，我們之後會再回來看這些信念。這週妳的家庭作業有兩件事，一個是每天閱讀這些信念，然後評估妳有多相信它們——在信念的旁邊，寫下相信的百分等級。
>
> 案　主：好。
>
> 治療師：〔解釋原因〕之所以會希望妳記錄自己相信這些想法的百分比，是因為這會讓妳開始認真思考這件事，而這會比單純閱讀筆記的效果好很多。
>
> 案　主：好（寫下這項指定作業）。
>
> 治療師：再來，這週也要請妳觀察一下，妳有沒有在其他狀況中尋求合理的協助？我們可以想一下，假如妳完全相信新的信念，也就是尋求合理的協助是有能力的象徵，在接下來的這一週，哪些時候妳可能會尋求協助？並寫下這些情境。
>
> 案　主：好。

　　本章前段，治療師在特定的情境中使用蘇格拉底式提問，協助莎莉評估自己的中介信念。而在莎莉的案例中，治療師當下判斷，與其帶著莎莉用標準問題來評估手邊的證據以及檢驗事件的結果，不如直接引導莎莉發展出另一個觀點，後者效果更好。筆者自己的蘇格拉底式提問風格，比起和案主共同評估自動化想法的討論方式，前者較具說服力，也較少公正性。而在莎莉的案例中，治療師則是與案主共同設計了一連串的家庭作業，目的在讓莎莉每天持續地反思自己失功能的假設，並且複習新學到的信念。

## 以行為實驗檢驗信念

和自動化想法一樣,治療師可以協助案主設計行為實驗,以檢驗其信念的正確性。當行為實驗設計得宜且能夠有效執行時,這對修正信念的效果將會大於治療室中的語言技巧。

> 治療師:好,莎莉,現在我們已經找到另一個信念:「如果我尋求協助,其他人會看不起我」,妳相信這個信念的程度達60%,當然,我並沒有鄙視妳,對嗎?
>
> 案　主:當然沒有,但協助他人是你的工作。
>
> 治療師:當然,但去找出其他人和我的異同,對妳也會有幫助的。關於這個部分妳打算怎麼做呢?
>
> 案　主:我猜或許就是向別人求助吧。
>
> 治療師:好,誰會是妳求助的對象,然後是哪種幫助?
>
> 案　主:嗯,我不確定。
>
> 治療師:妳會向室友求助嗎?
>
> 案　主:嗯,事實上我有在做,而且我想,我會向舍監尋求一些協助。
>
> 治療師:很好,那課業的部分可以向誰請益呢?
>
> 案　主:嗯嗯,我還可以求助我哥,還是不要,我不會問我的室友或我哥,我知道他們不會看不起我。
>
> 治療師:喔,所以妳已經知道這裡有一些例外?
>
> 案　主:是,但我想,我可以去找我的指導教授或助教。
>
> 治療師:妳要向他們尋求什麼協助?
>
> 案　主:嗯,助教這邊的話……我想我可以問關於我繳交報告或書面資料的問題。舍監這裡我就不知道了。我的導師……找她有點怪,因為我還不是很瞭解想要修什麼。

> 治療師：向職責是幫助學生決定主修項目的人諮詢修業方向，
> 　　　　聽起來是個有趣的實驗。
> 案　主：真的⋯⋯
> 治療師：這個實驗真是一舉兩得，妳不但可以檢驗自己的信
> 　　　　念：「妳會被鄙視」，還可以得到實際問題的指引。
> 案　主：我想我會試試看。
> 治療師：很好，因此妳想要檢驗這個信念，「若我向他人尋求
> 　　　　協助，他們會鄙視我」？本週妳會如何進行？

在案例中，治療師提供案主一個行為實驗來檢驗其信念。治療師覺察到莎莉有點遲疑，因此詢問她會怎麼進行這個實驗，以及是不是有什麼實際的問題或想法困擾她。治療師可能同時要求莎莉進行**情境預演**（covert rehearsal）（見第十七章，第401至403頁），以增加她接續完成整個實驗的可能性。此外，如果治療師判斷有其他人看不起莎莉的可能性，便會預先與莎莉討論這樣的鄙視對她的意義，以及若真的發生時，她會如何因應。治療師也會澄清莎莉對於鄙視的看法，以確保她並未誤會他人的行為。（行為實驗的延伸描述與討論，請見Bennett-Levy and colleagues, 2004）。

## 以認知連續性調整其信念

這個技巧對於修正自動化想法與兩極化思考（如當案主以全有全無的方式看事情）皆相當有用。舉例而言，莎莉相信如果自己不是頂尖學生，那就是失敗。治療師為案主的困擾核心建立一種連續性的認知結構，以有助於案主對中間地帶的覺察，如同以下範例所描述：

治療師：好，妳非常相信如果自己不是頂尖的，那就是失敗者。我們用連續線段的方式來看這個問題。（畫一條數線）

初始的成功圖表

0%　　　　　　　　　　　　　　　90%　　100%

莎莉　　　　　　　　　　　　　　　　頂尖學生

治療師：現在，頂尖學生的位置應該是在哪裡？

案　主：上端，我想是90%至100%那裡。

治療師：好，而妳是失敗者，妳在哪裡？

案　主：在0%，我想。

治療師：現在妳有想到任何人比妳更符合0%的位子嗎？

案　主：嗯，也許是經濟課的一個名叫傑克的人，我知道他表現得比我糟。

治療師：好，我們把傑克放在0%上，但我想知道是否還有其他人的表現比傑克還要糟糕？

案　主：可能有。

治療師：妳可以想像有一種人，他會幾乎每一次的考試、每項報告都表現很失敗的嗎？

案　主：是。

治療師：好，我現在如果將這個真正的失敗者放在0%這個位子，妳覺得傑克現在會在哪裡？而妳又會在哪裡？

案　主：傑克可能在30%，而我在50%這邊。

治療師：現在，如果有一個真的每件事都完全失敗、每堂課必定翹課、不看書、不交報告的人，妳覺得會在哪？

案　主：我想，他可能會在0%。

治療師：那如果有個學生至少願意嘗試，但還是未通過考試，
　　　　妳覺得他會在哪？

案　主：我想，他可能在10%。

治療師：那你和傑克會放在？

案　主：傑克會是50%，而我想我會在75%。

調整的成功圖像

| 0% | 10% | 50% | 75% | 90% | 100% |
|---|---|---|---|---|---|
| 不做任<br>何事的<br>學生 | 有嘗試過，<br>但得到不好<br>分數的學生 | 傑克 | 莎莉 | | 頂尖學生 |

治療師：那就用判斷「妳是75%成功的學生的正確性」來作為
　　　　妳的家庭作業如何？而這只是針對妳目前的學校而
　　　　已。因為可能在其他學校或一般學生裡，妳的百分等
　　　　級可能會更高。在任何情況中，對一個擁有75%成功
　　　　程度的人來說，妳覺得稱他是失敗者這個說法如何？

案　主：並不正確。

治療師：或許妳可以說，最糟的事情是他或她是75%的成功。

案　主：嗯（眼前突然一亮）。

治療師：好，回到妳最初的想法，妳現在有多相信妳並非是頂
尖學生，而是失敗者？

案　主：沒那麼多，可能是25%。

治療師：好！

　　當案主出現二分法思考（dichotomous thinking）時，認知連續性技
巧（cognitive continuum technique）通常對他會有幫助。跟大多數技巧一

樣，治療師可直接教導案主如何自己運用這些技巧，使她可以在合理的
情境中使用：

> 治療師：莎莉，我們想一下剛剛做了些什麼。我們找出了妳
> 「全有全無」的思考偏誤，然後我們畫下一條線來看
> 是否事情真的只有兩種結果——成功與失敗，以及用
> 這個方式看待成功的程度是否正確。妳可以想到任何
> 妳只用極端的角度看事情，並且讓妳感到痛苦的例子
> 嗎？

## 理情角色扮演

　　這個技巧亦稱為**參照點技巧**（point-counterpoint）（Young, 1999），
通常在治療師嘗試過其他本章所描述的技巧之後才會考慮使用。當案主
表示，理智上他們可以察覺信念是失功能的，但情感上，或在他們的本
質上，仍「感覺」信念為真時，此技巧特別有用。治療師首先提供一個
原理原則，邀請案主扮演其心中的「情感」面，強烈地表現其失功能信
念，而治療師扮演「理智」面。在第二個段落時，治療師與案主進行角
色交換。注意每個段落治療師與案主必須從案主本身出發，這表示治療
師與案主都需要使用「我」這個字眼。

> 治療師：就妳剛剛所說的，聽起來在某種程度上，妳仍然相信
> 自己是無能的，因為上學期妳沒有做到那麼好。
>
> 案　主：是。
>
> 治療師：我想多瞭解一點妳有哪些支持這個信念的證據。
>
> 案　主：好。
>
> 治療師：我們可以用角色扮演的方式嗎？我扮演妳的「理智

面」，理智面認為妳沒有拿到所有的A，並不代表妳是
無能的。然後我想請妳扮演「情感面」的部分，也就
是妳內心的聲音，妳相信妳是無能的。我想要妳盡妳
所能的跟我辯論，讓我可以瞭解是什麼原因讓妳的信
念持續，好嗎？

案　主：嗯。

治療師：好，妳先開始說「我是無能的，因為我沒有得到全
　　　　A」。

案　主：我是無能的，因為我沒有得到全A。

治療師：不，我不是，我只是有一個我很無能的信念，但我大
　　　　多數時間是相當有能力的。

案　主：不，我不是，若我真的有能力，我上學期會得到全A。

治療師：那並不是真的，能力不等於成績。若這是真的，那世
　　　　界上只有1%的學生是有能力的，其他人都是無能者。

案　主：好，我化學得到C，這證明我很無能。

治療師：這個也不正確，若我這門課不及格，或許可以合理的
　　　　說，我在化學科的能力比較不好，但這並沒有讓我在
　　　　每件事都因此表現不佳，而且說不定我是有能力應付
　　　　化學的，考不好可能是因為其他的因素，像是我有憂
　　　　鬱的困擾、無法專心等等。

案　主：但一個真的有能力的人，不會在一開始時變得憂鬱。

治療師：事實上，就算是真正有能力的人，也會有憂鬱的時
　　　　候。這二者之間沒有任何關係。而且就算一個人能力
　　　　再好，當他心情難過時，注意力與動機也會受到影響
　　　　而導致表現失常，但這不代表他們就會永遠失敗。

案　主：我想這是真的，他們只是難過。

治療師：沒錯，但妳跳出妳扮演的角色了，有沒有更多其他的

證據支持妳是失敗者的想法？

案　　主：（思考一會兒）不，我想沒有。

治療師：嗯，我們現在交換角色如何？這次換妳扮成「理智」
　　　　者，來反駁我的「情感」面，我會從妳的立場跟妳討
　　　　論。

案　　主：好。

治療師：我先開始，「我是無能的，因為我沒有得到全A」。

**轉換角色**（switching roles）的用意是讓案主有機會跟扮演自己理智面的治療師進行對話，治療師在扮演案主的情感面角色時，會使用與案主相同的情緒性推論及言詞。治療師借用案主原本的陳述，不加改造，這樣可以讓案主更精確地回應他們特別關注的議題。

若案主在扮演理智面時，無法做出回應，治療師可暫時轉換角色，或跳出角色來討論阻礙案主的原因。治療師也要評估這個方法的效用，以及案主需要投注的努力程度。而在做了上述的介入後，治療師可以詢問案主，評估他們對信念相信的程度。

許多案主會發現理情角色扮演是有幫助的，但有一些案主在進行的過程中會感到不舒服。任何治療所使用的技巧都有一個重要的前提，就是要在治療師與案主雙方決議下共同合作。因為轉換角色是帶有些微爭議的技巧，治療師需要特別留意案主在角色扮演過程中的非口語回應。另外，治療師也要特別謹記在心，觀察並確認當案主以理智面回應對話時，當事人不會有被批評或受辱的感覺。

## 以他人為參照點修正信念

當治療師請案主去思考他人的信念時，這個技巧通常可以把案主的觀點從原本的失功能信念中拉出來，出現一種心理上的距離。案主相信自己所擁護的信念，也認同他人客觀的信念，因此當站在他人的觀點

時，案主便會看到這兩者之間的不一致落差。接下來是四種以他人為參照來拉出案主心理距離的例子。

## 案例一

> 治療師：莎莉，上週妳提到，妳覺得艾蜜莉表姐對於「所有事情都要做好」有不同的想法。
>
> 案　主：嗯。
>
> 治療師：妳可以說說看她的信念是什麼嗎？
>
> 案　主：她不覺得每件事情都要做到完美，她覺得事情恰恰好就好。
>
> 治療師：妳相信她是對的嗎？她從沒有努力讓自己成為一個很不錯的人？
>
> 案　主：是。
>
> 治療師：妳覺得她是個徹底的失敗者嗎？
>
> 案　主：喔，不，她或許成績不好，但她有她的強項。
>
> 治療師：我希望艾蜜莉的信念也可以用在妳身上：「就算我沒有做到最好，我還是一個有價值、也有能力的人」。
>
> 案　主：嗯。
>
> 治療師：像艾蜜莉這樣不論結果好壞，始終態度悠然又有能力的人，跟妳比起來，她這樣會不會怪怪的？
>
> 案　主：（思考一陣子）不，沒有怪，我想是我沒有用那樣的方式想事情。
>
> 治療師：妳現在有多相信「我如果沒做到最好，就是無能」？
>
> 案　主：少一些，可能是60%。
>
> 治療師：妳有多相信這個新想法：「就算我沒有做到最好，我仍然是一個有價值、也有能力的人」？
>
> 案　主：比以前多，可能70%。

> 治療師：好，我們讓妳寫下新信念如何？並開始列出支持新想
> 　　　　法的證據清單。

　　在此時，治療師可能會介紹核心信念工作表，如第十四章所描述，可同時運用於核心信念與中介信念。


## 案例二

　　協助案主修正中介或核心信念的另一個方式，是讓案主去觀察也有相同失功能信念的他人。有時，案主會察覺某人思考中的扭曲，並且利用這種覺察來反思自己。這個技巧與思考紀錄表的提問相似：如果〔朋友名〕在這樣的情況中出現這個想法，我會怎麼跟〔她／他〕說？

> 治療師：有沒有其他妳認識的人也有相同信念：「如果我不努
> 　　　　力，我就會失敗」？
> 案　主：我高中同學芮貝卡，我相信她有這個信念，她動不動
> 　　　　就在唸書。
> 治療師：妳認為這個信念對她而言，有多正確？
> 案　主：喔，不太正確，她相當聰明，她接觸過的領域幾乎沒
> 　　　　有失敗過。
> 治療師：她是不是也會覺得沒有得到A就是失敗？
> 案　主：是，我知道她是。
> 治療師：妳同意她嗎？若她得到B就是失敗者？
> 案　主：不，當然不是如此。
> 治療師：妳會如何看這件事？
> 案　主：她得到一個B，這算還不錯的成績，就算不是最好也不
> 　　　　等於失敗。

> 治療師：妳會想要她擁有怎樣的信念？
>
> 案　主：努力拿到 A 很好。但沒有拿到 A 也不是世界末日，也不表示是個失敗者。
>
> 治療師：這說法適合妳嗎？
>
> 案　主：嗯，我想這是相同的。
>
> 治療師：妳可以說說哪些是相同的嗎？
>
> 案　主：若我沒有在所有成績拿到 A，這也不算失敗，我認為我還是應該一直努力。
>
> 治療師：當然，想要努力把事情做好是很合理的想法，不合理的地方在於太過相信沒有達到盡善盡美就是徹底失敗。妳同意嗎？

## 案例三

當治療師發現其他人與案主都有某些共同的無效信念時，治療師可以透過角色扮演的方式，讓案主覺察此一不合宜的信念。

> 治療師：莎莉，妳說妳室友也認為如果向教授求助的話，教授會覺得她不夠聰明或是準備不夠周延，是嗎？
>
> 案　主：是。
>
> 治療師：你同意她嗎？
>
> 案　主：不，她有可能是錯的。因為老師再怎麼嚴格也不代表他什麼都對。
>
> 治療師：我們可以試試看用這個例子做角色扮演？我當妳的室友，妳給我一些忠告，不讓我掉入任何扭曲思考。
>
> 案　主：好。
>
> 治療師：我先開始，莎莉，我不懂這個理論，我該怎麼做？

案　主：去找教授。

治療師：喔。我不能那樣做，他會認為我是笨蛋，他會認為我
　　　　在浪費他的時間。

案　主：嘿，協助學生是他的工作。

治療師：但他可能不喜歡學生打擾他。

案　主：這是他拿這份薪水就應該要做的事。而且好的教授喜
　　　　歡幫助學生。如果他不耐煩那是他的事，與妳無關。

治療師：就算他不介意幫忙，他也會發現我不聰明。

案　主：這又沒關係，他本來就不會期待妳什麼事情都知道，
　　　　這才是妳要去找他的原因。

治療師：若他認為我是個笨蛋呢？

案　主：首先，如果妳是個笨蛋，妳不會在這裡；第二，如果
　　　　他覺得妳應該會知道每件事，那他就錯了。如果什麼
　　　　都知道，妳為什麼還要上他的課。

治療師：我仍然覺得我不應該去。

案　主：不，妳應該。不要因為他比較強勢，妳就覺得好像是
　　　　妳在打擾或者妳很笨之類的。妳不是的。

治療師：好吧，我接受。現在跳開來看，妳跟妳室友說的這些
　　　　話要如何用在妳身上呢？

## 案例四

　　最後，案主也可以用自己的孩子（認識的孩子），甚至想像是自己
的孩子來作為參照點，以便挪出自己和信念的距離。

治療師：莎莉，妳有八成的比例相信如果無法做得跟別人一樣
　　　　好，就是失敗，是嗎？

> 案　主：嗯。
>
> 治療師：我想要請妳想像，現在妳有一個十歲念五年級的女兒，有天她回家時很難過，因為她朋友考試拿到A，而她只有C，妳希望她相信她是個失敗者？
>
> 案　主：不，當然不要。
>
> 治療師：為什麼不？……那妳希望她相信什麼（莎莉回應）？現在，妳所說的要如何應用在妳的身上？

## 以「猶如、好像」（as if）的方式表現

　　信念改變常同時導致對應的行為改變。相對的，行為改變亦會導致對應的信念改變。若信念相當薄弱，案主可能很容易快速改變目標行為，不需過多的認知介入。多數的狀況下，在案主有意願進行行為改變前，要先對信念進行修正。不過這種信念的修正是微幅的，而不是完全徹底的改變，而且當案主開始改變他們的行為，固有信念的影響會減弱（也會讓新行為容易持續，並持續減弱信念，邁入正向的改變）。

> 治療師：好的，莎莉，妳現在有多相信尋求協助是軟弱的象徵？
>
> 案　主：不多，大概50%。
>
> 治療師：這是不錯的轉變，妳覺得如果妳不再相信這樣的想法，這對妳有什麼好處？
>
> 案　主：我不確定你的意思。
>
> 治療師：意思是說，如果妳不相信它是軟弱的象徵，就好像是妳相信尋求協助是好事，這週妳會做什麼？
>
> 案　主：嗯，我們已經談過找助教這件事，我想我真的相信尋

求協助是好事，而我也會這麼做。

治療師：還有想到其他的部分嗎？

案　主：我可能試著找經濟學的家教⋯⋯我可能會跟樓下的同
　　　　學借筆記⋯⋯

治療師：嘿，挺好的，若妳真的做了這些事，有什麼好事會發
　　　　生？

案　主：（笑）我會得到我需要的幫助。

治療師：所以這週妳覺得可以用「如果我求助，這是好事」的
　　　　想法行動嗎？

案　主：也許。

治療師：好，接下來，我們會找出這樣做可能會出現的想法。
　　　　首先，先把這個想法寫下來。另外，妳想要記錄這個
　　　　技巧，好讓妳方便執行嗎？就算妳不是完全相信，試
　　　　著用「猶如（如果）妳相信⋯⋯」的方式行動。

　　「猶如（就好像是）」的技巧，可同樣應用於核心信念，如同前述
的中介信念調整技巧。

## 使用自我揭露調整信念

　　在適當的時機下，經過治療師縝密思慮的自我揭露，有助於部分案
主用不同的角度看到自己的問題或信念。**自我揭露**（self-disclosure），
應該是真誠且有效力的：

治療師：莎莉妳知道嗎，當我還在念大學時，要去問老師問題
　　　　其實也很困擾我。因為我也覺得這會讓老師認為我不
　　　　夠聰明。事實上我試過幾次，每次結果都不一樣。有

> 時候教授真的很好，對我的問題有問必答，但也有幾
> 次他們感覺到唐突，只告訴我再讀課本或其他資料就
> 好。不過重點是，就算我不瞭解某件事，這也不代表
> 我很失敗。而且說到那些唐突的教授，我認為他們的
> 問題比我還大（停頓），妳覺得呢？

　　總之，治療師的目標就是透過提供部分前端的假設、直接誘發案
主潛在的規則或態度、使用想法挖掘技巧、尋找自動化想法中一致的共
同議題、回顧案主完成的信念問卷等方法，來協助案主找出自動化想法
背後的中介信念。接著，治療師藉由釐清案主對信念相信的強烈程度，
以及信念對案主所有層面功能影響的廣度與強度，來確定信念的重要性
為何。之後，治療師決定是否在當下，還是往後的會談中進行信念調整
的作業。當開始進行信念修正時，治療師可教導案主關於信念的一般性
特質，**將案主潛在的規則與態度轉換成假設的形式呈現**，並探查所有信
念的優缺點。治療師要在心中形成一個更有功效的新信念，並藉由信念
修正技巧，包括蘇格拉底式提問、行為實驗、認知連續性、理情角色扮
演、使用他人參照、「猶如（好像）」行動與自我揭露等方法，引導案
主進行信念修正。本書介紹的某些技巧比蘇格拉底式提問更適合用於信
念僵化的案主。修正核心信念時，這些技巧也同樣可加以運用。

# Chapter

# 14 辨別與調整核心信念

陳品皓
曾孟頤

- 核心信念的分類
- 辨識核心信念
- 呈現核心信念
- 教導案主關於核心信念與管控其運作
- 發展新的核心信念
- 強化新的核心信念
- 調整負向核心信念
- 核心信念工作表

如同第三章所介紹的，**核心信念**（core beliefs）是一個人對自我最核心的意念。有些作者以**基模**（schemas）指稱這些信念。Beck（1964）認為兩者還是有些差異，基模是心中的認知結構；核心信念則是基模中某個特定的成分。此外，他將**負向核心信念**（negative core beliefs），依本質區分成兩大類：一類是與無助有關；另一類則是與不受喜愛有關（Beck, 1999），而筆者所提出的第三類信念，則是與**無價值感**（worthlessness）有關（J. S. Beck, 2005）。有些臨床個案的核心信念屬於其中某一類；其他個案則是具備任二種信念，或三者兼具。

人們自生命早期的孩童階段便開始發展這些信念，兒童的天生氣質會發展出某些人格特質，而成長過程中與重要他人的互動，以及所遭遇的某些經驗等，都會影響一個人信念的發展。大部分的人都會發展出較正向且實際的核心信念，如「基本上，我算是有掌控力的」、「我有能力做大部分的事情」、「我是個能力不錯的人」、「我是受到喜愛的」、「我是有價值的」等等。負向核心信念只有在個體感到痛苦時才會顯露出來（然而，有些伴隨人格疾患的案主，其負向核心信念幾乎是處在持續激發的狀態）。案主對自己的核心信念通常不像自動化想法能完全說清楚，往往是治療師藉由持續對想法意義的探問，才得以剝開其一層層的外殼。

重點是除了自己以外，案主可能也同時對「他人」與「世界」存在負向核心信念，像是「其他人不值得信任」、「其他人會傷害我」、「這世界是個充滿腐敗的地方」、「世界是危險的」。除了關於自己的核心信念，這些固著，過度類化的想法，也是治療中需要進一步評估與修正的地方。

在莎莉還沒憂鬱之前，她能看到自己優異的能力，並將表現失常的原因解釋為特定情境所導致。比如說高中時，當她的報告成績不如預期時，她會覺得是自己不夠努力，而不會是因為自己很無能。

當莎莉開始憂鬱後，她的正向基模也因此消弱，而且那些「我很無能」的相關負向基模也同時處在完全激發的狀態。如同第三章所介紹的，莎莉開始過度聚焦在負面的訊息，並且類化到各個情境、不斷強化

她很無能的信念。同時，莎莉忽略那些與她基模相關的正面資料（例如能夠持續進行她平常的活動，即便憂鬱增加了維持活動的難度）；原本那些正向的「認知三角」（譯按：即Beck 的認知三元素：自我評價、周遭經驗、未來影響）從她的基模組合中「跳開」了。不論多麼正向的訊息，莎莉都會用「是沒錯，但是……」的方式來解讀這些經驗（例如「是沒錯，我在測驗上表現還可以，但是它本來就很簡單」、「是沒錯，我的確有幫助到那孩子，但是那是因為我運氣好，因為我真的不知道我做了什麼」）。這些正向的認知三角，在本質上轉變成了負向三角。

　　而在這樣失能的狀態下，莎莉無法清楚地處理外在的訊息。這類自動化的訊息處理是憂鬱的症狀。除了減低莎莉當下的憂鬱狀態外，治療師可以找出莎莉的負向核心信念，並直接進行修正，同時減緩未來事態嚴重發展的可能。

　　舉例而言，當某一天莎莉處在很憂鬱的狀態時，不巧她的段考成績拿到B。她馬上認為這就是自己無能的證據；但是隔天莎莉在另一份報告中得到A，她卻很自動的把這些與負向核心信念不一致的訊息都忽略掉了。莎莉認為成績好並不代表有能力；事實上，她深信自己是無能的，上課只是在浪費教授的時間。她無法看到其他正面的訊息；好比說她每堂課都很準時（然而當她遲到或忘記上課時，她卻用負向觀點解釋這些經驗，以證實她的負向核心信念）。

　　治療師盡可能於治療初期便著手進行信念修正。當案主的信念改變了，他們處理訊息的不合宜方式也就減少了。在一些特定情境中，他們有不同（較適當且實際）的自動化想法及相關回應。但在下列情況中，治療師初期的信念修正可能不會成功：

- 案主的核心信念相當固著，且過度類化。
- 案主不相信認知只是想法，而非事實。
- 當案主的信念被觸發或遭受質疑時，會出現高度的情緒經驗。
- 案主與治療師還沒建立足夠穩固的同盟關係（如案主對治療師不夠相信；案主不認為治療師瞭解他們真正的樣貌；在評估信念的過程中，案主感受不到治療的益處）。

　　當治療目標是要修正案主的核心信念時，在上述這些情況下，治療師應該先教導案主學會辨識、評估與適應性反應自動化想法及中介信念的方法。

　　在治療的初期，治療師可能就已經開始評估案主的核心信念，因為這些信念可能會以自動化的想法呈現，然而這樣的評估可能效果不大。另一方面，治療師可能還沒針對案主的自動化想法與中介信念介入處理，便已經開始驗證對其核心信念調整的成效。

　　案主間的差異在辨別與調整核心信念的困難度也會有所不同。一般而言，情緒有顯著痛苦的案主，相較於其他人更容易表達其核心信念（因為信念會在會談中被激化）。一般而言，有第一軸診斷的案主，調整其負向核心信念並不容易；另外，同時有人格疾患的案主，其負向核心信念通常更難修正（J. S. Beck, 2005; Beck et al., 2004; Young, 1999）。一方面是因為多數此類案主的正向核心信念數量少又薄弱，再者是因為他們會發展出大量穩固的負向核心信念，這些負向信念彼此間相互連結成一綿密的網絡。

　　為了能夠辨識與修正核心信念，治療師會在治療進程中，進行以下的事項（接著會於本章中描述每一個步驟）：

1. 針對案主已浮現的特定自動化想法所可能相對應的核心信念類別，形成初步的假設（如「無助」、或「不受喜愛」、或「無價值感」）（見圖14.1）。
2. 治療師將運用在案主的中介信念的相同技巧，拿來具體辨識核心信念。
3. 治療師向案主說明對其核心信念的初步假設，並徵詢案主意見。如果案主能提供目前與早年特定情境及反應的相關訊息，將有助於假設的精確度。
4. 教導案主一般核心信念的相關知識，以及與自己有關的特定核心信念，帶領案主監控自己當下核心信念的運作。

5.協助案主具體界定與強化一個全新的，且更具適應的核心信念。

6.和案主一起評估與修正負向核心信念，推論信念在童年時期的源起
（視情況而定）、信念長期持續的原因，以及對案主目前困擾的影
響，並且持續監控核心信念觸發的狀態，同時使用「理智」與「情
感」或實驗法，以降低固有信念的強度，增加新信念的優勢。

 核心信念的分類

　　如先前所提，案主的核心信念可分為無助、不受喜愛與／或無價值
感。在案主目前描述的資料中（困擾問題、自動化想法、情緒、行為與
過去史），治療師透過「傾聽」判斷案主核心信念的類別。舉例而言，
當莎莉在會談中表示工作太難，無法專心以及對失敗的恐懼時，治療師
假設莎莉此刻「無助」的核心信念正在運作。

　　這是莎莉常提到的自動化想法：「因為她很憂鬱，所以她的朋友不
想花時間和她在一起」。當治療師使用想法挖掘技巧，詢問這對於她的
意義時，莎莉僅聳聳肩淡然地表示：「只是沒人和我一起到處走走。」
在這句話中，莎莉並沒有出現明顯覺得自己不受喜愛的核心信念。

　　另一個案主則是始終認為別人都不關心他，而且害怕自己跟別人
不同，而無法維繫與他人的關係，這是「不受喜愛」的核心信念。第三
個案主覺得沒人傾聽自己而感到挫折。雖然她的痛苦只在人際情境中發
生，她並不覺得自己不受喜愛，她所激發的核心信念是「無助」。最
後，第四個案主覺得自己是沒有價值的人，並非因為他無法達到（無助
信念），也跟他的人際議題沒有關係（可能是不受喜愛的信念）；事實
上，他認為自己是一個不好的人（無價值信念）。

　　**圖14.1**的上方列出無助類型的典型核心信念，主題包含無效能感：

1.完成事物方面：如「我無法勝任」、「我無能」、「我做任何事都

不正確」。

2.保護自己方面：如我是脆弱的、懦弱的、無力的、易掉入陷阱的。

3.成就方面：如我很失敗、我無法達到、我是失敗者。

　　圖14.1的中間列出不受喜愛類型的典型核心信念，主題包括不受喜愛、不被需要、不吸引人的，或有缺陷的（非指成就或道德上的缺陷，而是在特質上的缺陷，以致於無法得到他人持續的愛與照顧）。圖14.1的下方則是無價值感的核心信念。當案主有此類的信念，並不會在意他們的能力感或受喜愛度，他們只是相信他們是不好的、沒有價值的，或甚至會對他人造成危險。

---

〔無助的核心信念〕

| | |
|---|---|
| 我是無能的 | 我是貧困的 |
| 我是無效用的 | 我是陷入困境的 |
| 我無法做對任何事 | 我是失去掌控的 |
| 我是無助的 | 我是失敗者 |
| 我是無力的 | 我是有缺陷的〔我無法達到他人標準〕 |
| 我是懦弱的 | 我不夠好〔在成就方面〕 |
| 我是脆弱的 | 我是輸家 |
| | 我是個受害者 |

〔不受喜愛的核心信念〕

| | |
|---|---|
| 我是不受喜愛 | 我與別人不同的 |
| 我是不可愛的 | 我是不好的〔因此沒有人會愛我〕 |
| 我是不被需要的 | 我是有缺陷的〔因此沒有人會愛我〕 |
| 我是沒有吸引力的 | 我不夠好〔不值得他人愛我〕 |
| 我是沒有人要的 | 我注定會被拒絕 |
| 我是沒有人關心的 | 我注定會被遺棄 |
| | 我注定孤獨 |

〔無價值的核心信念〕

| | |
|---|---|
| 我是無價值的 | 我是品行不好的 |
| 我不被接受 | 我是危險的 |
| 我是不好的 | 我是有毒的 |
| 我是廢物 | 我是不吉利的 |
| | 我不值得活著 |

---

**圖14.1　核心信念的分類**

資料來源：Adapted from *Cognitive Therapy for Challenging Problems: What to do When the Basics don't Work*. Copyright 2005 by Judith S. Beck. New York: Guilford Press.

有時候，特別是案主用「我很無助」或「我不受喜愛」的描述表達時，其核心信念的類別就相當清楚。但在其它時候，治療師不會在會談初期就知道案主的哪一種核心信念被觸發。舉例而言，憂鬱的案主可能會說：「我不夠好。」治療師需要確定這個想法的意義，它可能是：他們（案主）不夠好、無法贏得或得到尊敬（無助類別），或是他們不夠好，不足以讓其他人喜愛自己（不受喜愛的類別）。

總之，每當案主出現自動化想法（與相關連的意義）與反應（情緒與行為）時，治療師便開始在心中形成對案主核心信念的假設。治療師（自己）首先便須初步區分認知屬於無助、不受喜愛與無價值感中的哪一種。

##  辨識核心信念

第十三章中用來找出案主中介信念的技巧，在這邊同樣也可以用來找出案主特定的核心信念。除了使用想法挖掘技巧，治療師也會尋找案主自動化想法的關鍵議題，留意以自動化想法表述的核心信念，以及直接觸發核心信念。

治療師常會在治療初期找出案主的核心信念，以進行個案概念化及建立治療計畫。治療師初期可能會蒐集相關資料，甚至試著幫案主評估他們的核心信念。這樣的初期評估對有些案主無效，但有助於治療師檢測其核心信念的強度、廣度與可調整性。

> 治療師：當妳沒辦法完成統計作業時，有什麼想法出現？
>
> 案　主：我無法做對任何事，我永遠不會成功。
>
> 治療師：〔想法挖掘技巧〕如果妳說的是事實，妳沒辦法做對任何事，妳不會成功，這代表什麼意義？
>
> 案　主：〔核心信念〕我很無望，我這麼無能。

治療師：妳有多相信妳很無能呢？

案　主：喔，100%。

治療師：妳有多無能，一點點還是很多？

案　主：百分之百，我完全無能。

治療師：在每一方面？

案　主：幾乎是。

治療師：有任何證據顯示，妳並不無能？

案　主：不⋯⋯不，我不認為有。

治療師：妳曾經有提過妳在其他課業的表現不錯？

案　主：是，但並沒有達到我應該要有的水準。

治療師：在這個部分妳的確是表現不錯，這可以用來反駁妳覺得自己無能的想法嗎？

案　主：不行，如果我真的有能力，我可以做得更好。

治療師：妳對生活中其他事情的想法如何？管理宿舍、控管收入與自我照顧等等⋯⋯？

案　主：那些事情我也做得不好。

治療師：所以這種妳無能的想法也會擴及到其他事情上面嗎？

案　主：幾乎是每件事。

治療師：好，我可以理解妳非常相信這個想法，我們是不是可以先回到妳無法完成統計作業的那個情境中，當時妳有一個想法：「我沒辦法做對任何事，我永遠無法在這裡獲得成功」。

　　在本例中，治療師使用想法挖掘技巧，以找出概念化架構中有關核心信念的想法。治療師逐步檢測其強度、廣度與可調整性，並在當下決定不再追蹤評估。只是治療師宜將此註記為「想法」（意謂並非等同事實），且標示作為將來的議題之一。

呈現核心信念

　　當治療師相信已收集到充分的資料來推論案主的核心信念，並評估案主可接受這些推論時，治療師可試探性地對案主提出其概念化的架構，如同以下所述：

> 治療師：莎莉，我們過去這幾週談論很多不同的問題──妳的學校功課、如何安排夏天的活動、妳的工作等等。每當我們評估妳的想法，並詢問妳它們對妳的意義時，妳總是說它們代表著妳很無能……是這樣子嗎？
>
> 案　主：是，我仍然認為我是無能的。

　　或是治療師也可以與案主一起回顧許多不同情境中的共同自動化想法，並詢問案主以得到相同的結論（「莎莉，妳有看到在這些自動化想法中的共同議題嗎？」）

　　與這類的案主工作時，治療師於初期可以使用一張手寫的圖表，一個簡版的認知概念表（參見圖13.1，第270頁）。無論是否使用這張圖表，治療師可以簡短地探索案主童年時期可能有的先兆：

> 治療師：妳還記得在妳生命中的其他時刻，也有像這樣感到無能的時候嗎？在孩童時期？
>
> 案　主：是的，我記得有時候會，有些事情我從來就沒辦法做得跟我哥一樣好。
>
> 治療師：可以給我一些例子嗎？

當治療師透過訊息的整理與爬梳，釐清案主如何漸進深信其核心信念後，治療師接著可利用這些回溯性的史料，向案主解釋核心信念何以不是，或大部分只是想法，而非事實。

 ## 教導案主關於核心信念與管控其運作

對案主而言，瞭解核心信念的相關特質是相當重要的：

- 那是一個想法，並非是真實。
- 案主相當強烈地相信它，甚至「覺得」它是真的。然而大部分情況下，它幾乎或完全不是真的。
- 這類的意念，是可以被檢驗的。
- 它可能根植於童年事件。當它們首次出現時，案主採信這些信念，但無法確認其真偽。
- 透過基模的運作，它會持續下去，他們很容易覺察支持核心信念的訊息，忽視相反的資料。
- 治療師與案主共同合作，使用不同的策略來改變這個想法，使案主可以用更務實的方式看自己。

在以下的範例中，治療師教導莎莉與核心信念有關的訊息（她已認同治療師的概念化架構）。

> 治療師：莎莉，這個〔自動化想法——她無法撰寫經濟學報告〕聽起來耳熟嗎？妳認為妳很無能的想法會在這裡出現？
>
> 案　　主：對，我真的覺得無能。
>
> 治療師：好，莎莉，這有兩種可能：一個是妳的確是無能的。

　　那這樣我們就會一起努力讓妳變得更有能力……；另
　　一個可能是妳相信妳是無能的，而且有時妳非常相信
　　自己真的表現出無能的樣子，像是不去圖書館開始妳
　　的報告（停頓）等等，對於這兩種可能，妳覺得呢？

案　主：我不知道。

治療師：為何我們不在紙上寫下這兩種可能性？今天的治療我
　　　　想先從這裡開始。如果可以的話，妳看看哪一種可能
　　　　性比較高：妳真的是很沒用；還是妳相信自己很沒
　　　　用。

接下來，治療師在會談中會花一點時間向莎莉解釋核心信念，確定
她瞭解治療師所做的事情。

治療師：這個想法：「我很無能」，我們稱之為核心信念。讓
　　　　我來告訴妳一些關於核心信念的事情，這會讓妳更清
　　　　楚為什麼它們比較難評估與回應，好嗎？

案　主：好。

治療師：首先，核心信念是一種想法，平常當妳不憂鬱時，妳
　　　　可能不太相信它的內容。但是一旦當妳感到憂鬱時，
　　　　就算身邊的事實和妳心中的信念相反，但妳仍會很快
　　　　就相信這些想法（停頓）。說到這邊還清楚嗎？

案　主：清楚。

治療師：當妳憂鬱時，這個想法就會被大量地活化。當它活化
　　　　時，妳就會很容易看到任何支持這個想法的訊息，然
　　　　後忽略任何與它相反的證據。這就好像大腦中有一個
　　　　過濾器，任何跟「妳無能」有關的東西，都可以穿過

過濾器，直接進入大腦。而跟這個想法相反的訊息，反而會被過濾掉，因此妳可能不會注意到它，或妳會以某些方式改變它，使它得以通過大腦過濾器，妳認為妳可能會像這樣過濾訊息嗎？

案　主：我不確定。

治療師：好，讓我們來看看。回顧過去這幾週，有何證據顯示妳可能是有能力的？

案　主：嗯⋯⋯我在統計考試上得到A。

治療師：很好，這證據有通過妳的過濾器嗎？妳有告訴自己，「我得到A，這表示我是聰明、有能力，或是一個好學生」，或任何其他像這樣的事？

案　主：沒有，我反而是說：「嗯，是因為考試很容易，我之前就學過一部分。」

治療師：喔，所以看起來這個過濾器是有在運作的，妳有看到任何與「我無能」這個核心信念相反的證據嗎？

案　主：嗯嗯。

治療師：這週妳可以想到任何其他例子嗎？有沒有哪種情況是有人認為妳的表現很好，即便在那個當下妳覺得自己不是這樣？

案　主：（思索一陣子）嗯，我幫我室友想方法來解決她與父親間的問題。但這不算什麼，別人也做得到。

治療師：這個例子很好，聽起來妳似乎沒有注意到這個跟妳「很無能」不一致的訊息。我們來看看妳這個想法：「任何人都可以做得跟妳一樣好」是否屬實，也許這是另一個讓妳不相信自己的例子，但是別人可能會覺得這是妳並不無能的證據。

案　主：嗯，我的室友真的認為我幫他很多。

治療師：好，所以「我很無能」似乎是妳的核心信念，它跟著
　　　　妳很久了，而且憂鬱的時候妳會更相信這個說法。妳
　　　　要不要試著說說看，它大概是怎麼影響妳的？

案　主：嗯，你是說當我憂鬱時，我會把與它一致的訊息放進
　　　　來，過濾掉不同意的訊息。

治療師：沒錯，妳這一週的回家作業，就是試著注意這個過濾
　　　　器如何運作，好嗎？記下可能是支持「妳很無能」想
　　　　法的訊息。然後更難的是，妳要真的去尋找並記下任
　　　　何其他人認為與此相反的訊息，好嗎？

在下一次會談，治療師解釋為何莎莉如此強烈相信她的核心信念，
以及這些核心信念不是真實存在的原因。

治療師：好，這一週妳的作業，是去注意那些支持「妳很無
　　　　能」想法的負向訊息，這部分做得很不錯。結果也正
　　　　如我們所預期的，當妳注意這些負向訊息時，會讓妳
　　　　更難去覺察與想法相反的正向訊息。

案　主：嗯，我並沒有做得非常好。

治療師：妳現在感到無能嗎？

案　主：（笑）是，我想是的。

治療師：過濾器現在在運作嗎？妳是不是看到自己功課沒做好
　　　　的部分，忘記妳做得好的部分？

案　主：我想是的。

治療師：妳認為這個過濾器對妳的影響是什麼？

案　主：讓我無法注意正面的事情。

治療師：對，而且當時間拉得愈長，妳覺得關於「我很無能」
　　　　的想法，會有什麼改變？

案　　主：我想，它會變得更加強壯。

治療師：沒錯，就算它不是真的，但是在這個時候也會讓妳「感覺到」非常真實。

案　　主：嗯。

治療師：妳現在知道就算「妳很無能」的想法感覺很真實，但或許可能是假的嗎？

案　　主：嗯，我可以用理性的方式看它，但我還是真的感到自己很無能。

治療師：這是相當正常的反應。在接下來的幾週，我們會持續評估這個想法，我們會一起努力，來幫助妳心中那個理性的聲音，向情緒的部分進行對話，好嗎？

案　　主：好。

　　另外，治療師已畫好基模圖表（參見**圖3.1**，第60頁），並以同一例子的正、反面資料詢問莎莉，確認她是否認同圖表有真實呈現出她處理訊息的方式。治療師接著詢問：「莎莉，妳是不是過度聚焦在負向的資料，而忽略了正向資料，妳可以看到妳的想法『妳很無能』，如何隨著每個小時、每天、每週、每月的時間變化，變得更穩固——儘管這想法可能不是真的？」

　　**閱讀治療**（bibliotherapy）可以強化重要的核心信念運作。《信念的俘虜》（Prisoners of Belief, Mckay & Fanning, 1991）與《重造你的人生》（Reinventing Your Life, Young & Klosko, 1994），對此階段的治療是有助益的。

##  發展新的核心信念

多數憂鬱案主的核心信念在疾病初次發作前與發病後的信念是相當不同的：案主發病前的信念是一個能夠正向看待自己，奠基於事實與功能性的角度。他們可以區辨生病前後信念的差異。

> 治療師：在妳變得憂鬱前一年，妳那時是怎麼看自己的？妳認為妳不討人喜歡？
>
> 案　主：不，我那時是覺得並非每一個人都喜歡我，但基本上我認為我是一個好人，人們喜歡我。
>
> 治療師：因此，妳的信念是「我是受喜歡的」？
>
> 案　主：嗯，是的。

當案主無法表達他們先前的想法時，治療師可以在心中設定一個全新、務實且具功能性的信念，並且帶著案主往這個信念前進。對案主來說，通常一個相對正向的信念會比過於極端的信念更容易被採用。

舉例來說：

| 舊有核心信念 | 新的核心信念 |
| --- | --- |
| 我（完全地）不討人喜愛 | 我通常是受人喜歡的人 |
| 我不好 | 我還不錯 |
| 我沒有能力 | 我可以控制很多事情 |
| 我是有缺陷的 | 我是正常人，擁有優點與缺點 |

> 治療師：莎莉，我們先前已經談論過核心信念「我很無能」的種
> 　　　　種，在理智上，妳認為一個更務實的信念會是什麼？
> 案　主：我是有能力的？
> 治療師：這個不錯，或是我們可以設定一個更容易讓妳採用的
> 　　　　新信念，像是「我大多數時候是有能力的，但我也只
> 　　　　是個平凡人」，哪個聽起來比較好呢？
> 案　主：第二個。

　　找出負向核心信念，設計正向新信念，治療師將能夠減弱案主的舊
有信念，同時強化接下來的新信念。

## 強化新的核心信念

　　治療師主要透過兩種方式強化案主的核心新信念。一個是從治療的
初期開始，如同第二章所述（見第50-51頁），治療師謹慎地透過提問，
觸發案主自身的正向訊息，並且帶著案主正視這些正向訊息——特別是
訊息與舊有負向核心信念相反，但和新信念一致時更是如此。第二個強
化案主核心新信念的方法是，治療師請案主用新的角度來檢驗他們的經
驗，以便增進他們覺察正向訊息的能力。

　　治療師與莎莉用許多方式進行作業，目的在引發並找出正向訊息。
舉例而言：

1. 治療師在評估期詢問莎莉，她的優點為何。
2. 一有機會，治療師便在相關經驗中引導莎莉看到她的優點（「妳做
   了不少事情，像是建立這週所有的作業清單、規劃做這些事情的時
   間，以及你需要的資源等等，這種組織規劃的能力是否算是你的優
   點？」）

3. 在會談的初期，治療師詢問莎莉的正向經驗（「當我們上次會談完後，有什麼正向的事情發生？」）。像是完成報告、考試成績理想、與室友相處融洽、自動規劃課程、參加防身訓練課程等等，所有案主當時所提供的資料，之後都可以用來支持她的核心新信念。

4. 治療師建議莎莉持續進行**自我陳述列表**（credit list，參見**圖15.6**，見第363頁）。

5. 治療師持續詢問莎莉（正向）證據，以證明她原先的認知（想法）並非為真，或並非完全為真。

6. 治療師澄清莎莉對自己正向行為的歸因。（「對妳而言，妳是發起環保計畫的人，這代表著什麼？」）

7. 治療師針對莎莉的表現以及正向特質提供回饋（「聽起來妳為寢室所做的規劃做得很不錯。」）

　　第二個策略包括協助案主採用不同觀點看他們的經驗。個案透過觀察自己做的事或發生的事件，作為支持新核心信念的證據（「莎莉，妳可以持續觀察下週有沒有任何事，是可以證明妳是有能力的？」）。當案主對此項作業有困難時，方式可以予以調整（「莎莉，妳這一週試著假裝我就在妳身邊，然後在某些時刻，當妳覺得我可能會對妳說：「這代表妳是有能力的」那個當下，請妳記下當時發生的事件，或妳的行為及反應。另外，妳也可以留意室友做的事是否顯示她是有能力的，然後試著觀察自己，看看妳是不是也在做相同的事情？」）。

　　多數案主需要一個視覺或聽覺的線索，來提醒自己留意身邊的正向訊息。舉例而言，他們可能在手腕上戴著橡皮筋、用便利貼記錄、在電腦或智慧型手機設定提醒，或是用手機定時出聲提示。治療師可以鼓勵案主用一些方式把資料記錄下來，如果案主只記在心裡，他們很容易就忘記了。善加利用核心信念工作表（如**圖14.3**），可有助於他們整理取得的紀錄。

　　最後，隨著治療時間的邁進，治療師應從案主的理智面與情感面，隨時追蹤他們對核心新信念的相信程度。治療師可以引用案主親身的例

子，來說明信念的確有提升的事實，並強化他們的解釋；當信念減弱時，協助他們再建構經驗的意義。

 調整負向核心信念

為了協助案主改變他們的負向核心信念，治療師會使用許多上一章介紹的技巧，如**圖14.2**所述。當治療師運用理智類型的技巧時，核心信念通常會在理智層次先改變。而在核心信念的情感層次，案主則需要情感類型的技巧來協助他們改變。

| 〔已描述的技巧〕 | 〔增加的技巧〕 |
| --- | --- |
| 蘇格拉底式提問 | 核心信念工作表 |
| 檢查優缺點 | 極端對照法 |
| 理情角色扮演 | 故事與隱喻 |
| 以「猶如、好像」表現 | 歷史檢測 |
| 行為實驗 | 重建早期記憶 |
| 認知連續性 | 因應卡 |
| 自我揭露 | |

**圖14.2　調整核心信念的技巧**

 核心信念工作表

治療師可以把核心信念工作表介紹給案主（CBW，見**圖14.3**），或是畫出類似的圖表，幫助案主找出原本的核心信念，並且發展出新的信念。

案主於會談中應先填寫**核心信念工作表**（Core Belief Worksheet, CBW），會談後則是把監控自己信念的運作情形，以及重新架構支持固有核心信念的證據，作為案主當週的回家作業。

| 〔支持核心新信念的證據〕 | 〔支持舊核心信念的證據〕 |
|---|---|
| 「我有能力，但我只是一般人」 | 「重新建構『我無能』的信念」 |
| 1.在文學課的報告表現不錯。 | 1.課堂上不瞭解經濟學概念，但是我還 |
| 2.在統計課上發問。 | 沒唸過，而且我可能待會讀完就懂 |
| 3.瞭解這份工作表。 | 了。最糟的是，這是我無能的證據， |
| 4.安排明年的年度計畫。 | 但它可能真的是老師的問題，因為她 |
| 5.更換電話、銀行帳戶、保險等等。 | 教得不好。 |
| 6.蒐集經濟學報告所需的參考文獻。 | 2.沒有找助教幫忙，但是並不代表我無 |
| 7.瞭解統計學課本第六章的主要內容。 | 能。我對找助教感到緊張，因為我認 |
| 8.向宿舍樓下的同學解釋統計學概念。 | 為應該要自己去想答案，我想他會認 |
| | 為我沒有準備好。 |
| | 3.文學報告得到B，但是這成績還算不 |
| | 錯，若我真的無能，我應該是完全無 |
| | 法待在這裡的。 |

## 圖14.3　莎莉的核心信念工作表

資料來源：From *Cognitive Behavior Therapy Worksheet Packet*. Copyright 2011 by Judith S. Beck. Bala Cynwyd, PA: Beck Institute for Cognitive Behavior Therapy.

> 治療師：莎莉，我給妳一份核心信念工作表。它是以一種有組織的系統來處理妳的信念，在會談期間，我們會一起來看看是否討論的議題與能力感有關。
>
> 案　主：好。
>
> 治療師：學會怎麼完成這份工作表需要時間跟練習，就像妳之前花了不少時間在思考紀錄表上，可以嗎？
>
> 案　主：好。
>
> 治療師：好的，我們先從右邊這個欄位；有關妳無能的證據開始，好嗎？
>
> 案　主：好的。
>
> 治療師：好，想一想妳今天做的事，有哪些證據支持妳無能的想法？

案　主：嗯，我不懂老師今天在經濟學講的內容。

治療師：好，先把它寫在右邊的欄位裡，然後接著寫一個「但是……」。現在，讓我們想想；妳不瞭解今天上課的內容，除了無能這個解釋以外，是否還有其他解釋。

案　主：嗯，這是老師第一次討論到這個主題，而且課本裡面沒有。

治療師：好，所以在老師講解完，或是妳做了相關的延伸閱讀、詢問後，妳是否有可能更瞭解今天上課的主題呢？

案　主：可能吧！

治療師：好，現在在「但是……」的旁邊，妳可以寫下我們稱之為「再建構」的內容：也就是用其他更有幫助的角度來看證據。妳可能會在這裡寫什麼？

案　主：我想我可以說：「但是我還沒有讀到這個部分，而且晚點我可能就懂了。」

治療師：很好，先把它寫下來……現在我們看看有沒有辦法把「再建構」變得更穩固一點。你同不同意以下的說法：「在最糟糕的情況下，當一個人不瞭解一個概念時，這只是代表他沒有這方面的能力，而不是他整個人都無能？」

案　主：是，這是真的。

治療師：是不是很多有能力的人，有可能也沒有辦法在第一時間就抓住重點？

案　主：真的。

治療師：我在想是否有可能真的是教授的問題，因為如果她解釋得夠清楚，你可能就懂了？

案　主：這有可能。

治療師：妳要不要再想想，還有哪些是妳想要寫下來的？……
　　　　好，我們現在試試看左邊的欄位；妳今天有看到任何
　　　　足以證明妳在很多事情上有能力的證據嗎？但是我要
　　　　提醒妳，如果妳啟動過濾器的話，可能就看不到這些
　　　　證據了。

案　主：嗯，我的文學報告。

治療師：好，寫下它，還有其他嗎？

案　主：我在統計課上的發問。

治療師：你做到了！很好，還有其他嗎？

案　主：（沒有回應）。

治療師：還有就是妳抓到填寫這個紀錄表的訣竅，這算不算是
　　　　一個證據？

案　主：我想是。

治療師：好，要不要試試看把每天填寫工作表當作妳的回家作
　　　　業？妳可能會發現填寫右邊第一個區塊是最容易的，
　　　　不過第二個區塊與左邊的欄位可能就有點難了。

案　主：嗯。

治療師：就盡力試試看吧。「再建構」以及找出正向證據可能
　　　　需要我們一起進行。如果妳在填寫這兩個區塊資料遇
　　　　到問題，妳可以先假裝是其他人；像是妳的室友要做
　　　　這些事情，然後問妳自己會怎麼看待她的行動，如
　　　　何？

案　主：好。

治療師：妳有想到本週會有任何阻礙妳進行這份作業的事嗎？

案　主：不，我會試試。

治療師：很好。

　　如果會談時，治療師發現莎莉對找出正向訊息有困難，治療師可以先暫緩這份家庭作業，並且在會談中嘗試使用不同的技巧，引導案主填寫工作表左邊的項目。下面的例子中，治療師使用**對立技巧**（contrasting technique）：

> 治療師：妳決定馬上來學生健康中心尋求協助這件事，聽起來可以寫在左邊嗎？
>
> 案　主：我不知道，這沒什麼，我只是快瘋了。
>
> 治療師：等一下，換句話說，如果妳之前沒有試著肯定自己的表現，妳就會把這件事寫在右邊代表無能的那一個欄位嗎？
>
> 案　主：有可能。
>
> 治療師：如果是這樣的話，妳想想看唷，有很多妳拿來批評自己，或是妳認為應該要寫在右邊欄位的事情，而假設這些事情妳並沒有做過，那它們實際上很可能是屬於左邊的項目才是，對吧？

　　還有一些方法可以用來協助案主，覺察屬於工作表左邊項目的正向資料，它包括了邀請案主：

1. 試著想想看，如果同樣的狀況發生在另外一個人身上時，有可能會被視為是正向證據的訊息：「莎莉，妳想像的到在實際生活中總是表現優異的某個人嗎？妳有想到誰嗎？妳今天完成的事情中，有哪一件事情是妳認為當〔這個人〕也完成同樣的這件事時，能夠證明他／她是有能力的？

2. 找出一個妳認為這些訊息是支持案主有能力的人：「莎莉，妳認為有誰知道妳不錯的，妳相信誰的判斷？〔這個人〕會不會覺得

妳做的那些事代表妳很有能力？」，或「莎莉，妳覺得有哪些妳今天完成的事，是我會認為妳很有能力的？」

3. 當案主完成一件特定的事件時，請他們與自己原本假設的負向想法相互比較：「莎莉，妳不相信能夠完成一份精簡的報告代表這個人有能力，但一個貨真價實的無能者，有可能完成它嗎？一個真正的無能者，能做到妳現在做的這些嗎？」

4. 在每次會談開始、設立流程前，以理智與情感的層次來評定他們信念的優點，爾後治療師可以問：「當妳比較不那麼強烈地認為自己很無能，或更相信妳有能力的話，事情會有什麼不一樣？妳覺得這個議題值得放進議程來討論嗎？」討論這些（更為正向）情境，可以讓案主有機會看到或強化左邊欄位的證據。

　　治療師也可以利用會談時，詢問案主使用核心信念工作表的適用性，以掌握議題。

治療師：莎莉，妳可以總結一下我們談論過的事情嗎？

案　主：嗯。這個夏天我因為沒有得到想要的工作感到低落，而且任何人可能都會因此失望。我會憂鬱是因為這對我是一種無能的證據。

治療師：好，妳覺得這跟核心信念工作表的關係是什麼？

案　主：是，這是相同的想法。

治療師：妳會怎麼記錄在工作表上？

案　主：我想這是要放在右邊的項目……我沒有得到研究計畫的工作……但這並不表示我是完全沒有能力的。因為有很多人去應徵，有些人甚至比我還更有經驗。

## 使用極端對立法調整核心信念

有時候讓案主自己和某個對象相互比較也會有幫助。無論是真人還是想像出來的人，我們讓這個對象以一種極端對立的負向形式出現在案主的信念中。治療師會引導案主去想像在他們的參考框架中的某個人（本技巧與在第十三章描述的**認知連續性**相似）。

---

治療師：妳知道學校裡有哪個人是真的很沒用，或是至少在表現上是很沒用的？

案　主：嗯……有個跟我同寢室的同學，他老是在翹課，也不認真唸書，他看起來很混，我認為他就很失敗。

治療師：好，如果妳跟他比較，妳有多無能？

案　主：（停頓）沒有非常。

治療師：如果妳真的是一個徹頭徹尾的失敗者，妳會有哪些不同的行為嗎？

案　主：……我想我會退學，每天渾渾噩噩像行屍走肉……無法養活自己……一個朋友都沒有……

治療師：妳現在與妳說的處境有多接近？

案　主：我覺得完全不像。

治療師：所以妳說妳自己真的很無能，這件事有多正確？

案　主：我想這個說法並不正確。

---

## 使用故事、電影與隱喻

治療師可以協助案主藉由其它擁有相同負向核心信念的個體觀點，來讓案主反思自己的狀態，並且協助案主發展關於自己的不同想法。當案主經歷過他人真實強烈的穩固核心信念的無效例子後，他們開始瞭解自己可能也有一個強烈，但並不正確的核心信念。

有個案主相信她是不好的，因為當她還是孩子時，她的母親對她有生理與情緒的虐待，時常告訴案主她有多麼糟糕。對案主而言，治療師會用灰姑娘的故事（一個邪惡繼母，無論孩子是否犯錯，對待孩子都相當壞的故事）作為反應的素材時，對於治療也會有幫助。

## 核心信念的歷史檢驗

當案主的核心信念是來自於早期經驗時，治療師可以請案主檢查自己的信念如何開始，在這些年怎麼持續，這對治療會有幫助（Young, 1999）。治療師引導案主重新建構那些支持負向核心信念的早期證據，同時也發掘與之相反的證據（治療師可使用核心信念工作表來收集資料）。通常當案主可以監控他當下核心信念的運作，並且開始調整核心信念時，便可以開始這項工作。首先，治療師提供案主一個原則：

> 治療師：莎莉，我想知道妳對「我很無能」的想法，是從哪裡開始的。
>
> 案　主：好的。
>
> 治療師：讓我們把核心信念工作表拿出來看一下，妳還記得任何妳小時候，讓妳相信自己很無能的事件或經驗嗎？譬如，國小之前？
>
> 案　主：我記得幼稚園時期。我正在玩拼圖，我的老師對我咆哮著，我在哭……
>
> 治療師：妳很慢才完成它？
>
> 案　主：是，應該是。
>
> 治療師：而且妳感到自己很無能？
>
> 案　主：嗯嗯。
>
> 治療師：好，把它寫在右邊欄位，我們待會把這些經驗再重新建構一次，還有其他的嗎？

> 案　主：我記得當時我和家人去一個州立公園，每個人都可以
> 　　　　騎腳踏車到處晃，只有我沒有辦法，而且我被遠遠地
> 　　　　丟在後面。

　　不管在會談中或是家庭作業，案主都要先持續記錄任何可能形成或維持核心信念的相關記憶。它們可能是任何時期的回憶，從幼稚園、小學、中學、大學、出社會後，以及接下來的十年間。回顧的第二個步驟，是去搜尋與記錄每個階段支持正向新信念的證據。當有更多正向記憶被喚起後，案主就準備進入第三步驟：負向證據的再建構。最後，案主總結每一個階段。舉例而言：

> 高中時，我有能力做很多事，從運動到處理家中的大小事務。而且在學校的表現不錯。雖然課業上我沒有全部拿到A，而且也不是每件事情都擅長，有時候會有無能感，但基本上我算是有能力的。

## 重新建構早期記憶

　　對多數有第一軸診斷的案主來說，當他們可以用「理智」的技巧來表達情緒時（例如核心信念被誘發，且案主經驗到了負向情緒），治療師便能開始著手核心信念的調整。至於其他特別的「情緒」或經驗技巧，在案主的情緒被激發時亦會提到。這樣的技巧包括**角色扮演**（roleplaying），呈現該事件協助案主重新解釋早期的創傷經驗。以下的範例，是治療師協助案主重新建構與當下痛苦情境相關的早期事件之意義。

> 治療師：安妮，妳今天看起來很低落。
>
> 案　主：對（哭泣）……我老闆今天下午找我，他說我寄給他
> 　　　　的電子郵件排版有很多錯誤。我必須要更小心校正我
> 　　　　的郵件。
>
> 治療師：當他這麼說的時候，妳想到了什麼？
>
> 案　主：我是個很糟糕的秘書，我什麼事都做不好。
>
> 治療師：妳的感覺如何？
>
> 案　主：〔表達情緒〕悲傷，真的很悲傷，〔表達核心信念〕
> 　　　　而且你知道的，還有無能的感覺。
>
> 治療師：無能是指校正這些電子郵件的部分，還是全部？
>
> 案　主：全部，我徹底感到無能。
>
> 治療師：〔增強她的情緒以觸發提取記憶〕你身體有沒有哪個
> 　　　　地方感覺到這樣的悲傷與無能？
>
> 案　主：我的心，而且我的肩膀感到很沉重。

　　除了關注當下的情境，治療師也引導案主回溯過去相同的經驗。治療師與案主首次以理智層次談論這個議題。

> 治療師：當妳還是個孩子時，妳第一次有這種感覺是什麼時
> 　　　　候？
>
> 案　主：（停頓）我六歲時，那時候我一年級。我記得我把成
> 　　　　績單拿回家，當時有些害怕，因為我考得不是很好，
> 　　　　我爸說沒關係，但我媽相當生氣。
>
> 治療師：她說了什麼？
>
> 案　主：她對我大吼：「安妮，我該拿妳怎麼辦？妳看看妳的
> 　　　　成績單！」
>
> 治療師：妳怎麼回她？

案　主：我似乎沒說什麼。我媽就一直念：「妳知不知道考不好的下場是什麼？妳哥成績一直都很好，為什麼妳就不行？我真為妳感到羞恥，妳這樣以後要怎麼辦？」

治療師：〔同理〕妳一定很難受。

案　主：我是很難受。

治療師：妳認為對她而言，這行為合理嗎？

案　主：（思考）不……我想不是。

治療師：嗯，這些話妳有可能對妳的孩子說嗎？

案　主：我才不會。

治療師：如果妳有一個六歲的女兒，有一天她拿了像這張一樣的成績單回家，妳會跟她說什麼？

案　主：嗯……我想我會說我爸說過的話：「沒關係，不用太難過，我以前讀書的成績也不好，但這並不會怎麼樣。」

治療師：這樣的回應很好，妳覺得為什麼妳母親沒有這樣說？

案　主：我不確定。

治療師：從妳之前描述的經驗裡，我想這可能是因為如果她的孩子表現不好，她或許覺得其他人會看輕她，

案　主：有可能，她總是拿我哥向她朋友誇耀。我認為她一直不讓自己被別人比下去。

接著，治療師改變討論的焦點，讓案主可以投入**經驗學習**（experiential learning）：

治療師：好，我們來試試看角色扮演如何？我會扮演六歲的妳，妳扮演妳的母親，妳試著完全從她的觀點看事情，我先開始……「媽，這是我的成績單。」

案　主：安妮，我真以妳為恥，看看這些分數，我該拿妳怎麼辦？

治療師：媽，我才六歲，我的成績並不像羅伯特那麼好，但這分數是還可以的。

案　主：妳不知道若妳沒有得到好成績，會發生什麼事嗎？妳永遠也無法做好任何事。

治療師：這太誇張了吧，媽，我才六歲耶。

案　主：但妳明年就七歲了，再過一年就八歲了……

治療師：媽，我沒那麼糟糕好不好，妳幹嘛什麼事情都小題大作？妳讓我覺得自己很沒用耶，妳是故意的嗎？

案　主：當然不是呀，我沒有那個意思。我只是希望妳可以更好。

接著，治療師協助案主對經驗做出不同的推論：

治療師：好，現在離開這個角色，妳想到什麼？

案　主：我不是真的很沒用，我還算不錯，媽媽她可能是因為不想被別人說三道四，所以才對我這麼嚴厲。

治療師：妳有多相信這個想法？

案　主：我想我是真的滿相信的。

治療師：我們再試一次角色扮演好嗎？但這次我們互換一下，看看六歲的安妮可以跟媽媽怎麼對話。

在第二次角色扮演後，治療師詢問安妮在這個過程中學到了什麼，以及可以怎麼應用在本週讓她心煩的狀況（被老闆批評）。

當個案處在情緒下，另一個技巧是使用**心像**（imagery）來重建早期記憶（J. S. Beck, 2005; Edwards, 1989; Layden, Newman, Freeman, &

Morse, 1993; Smucker & Dancu, 1999; Young, Klosko & Weishaar, 2006）。
這個**完形技巧**（Gestalt type technique）過去多用來改變核心信念，以及
應用在人格疾患的個案身上。在以下的案例中，治療師協助案主再經驗
一次早期的痛苦事件，該事件似乎對案主核心信念的起源或維持有密切
的關係，治療師步驟如下：

1. 找出一個對案主來說是相當痛苦，且似乎與重要的核心信念相連的特定情境。
2. 藉由聚焦與該情境相關的自動化想法、情緒與身體感覺，強化案主的情緒狀態。
3. 協助案主找出並再體驗一次相關的早期經驗。
4. 與案主「年幼」的自己對話，找出自動化想法、情緒與信念。
5. 透過引導式意象、蘇格拉底式提問、對話或角色扮演，協助案主對經驗發展出新一層的理解。

在以下的範例中，安妮描述一件前些日子她覺得被教會裡一群共同
募款的同伴所批評的不舒服經驗。

> 治療師：你可以再想像一次當時的畫面，就好像它現在正在發生嗎？畫面中你們全部都圍著桌子而坐……（治療師引導安妮詳細的描述，並用現在式表達該事件）。
>
> 案　主：佩琪說：「安妮，妳必須再回去剛剛那些店，然後找負責人跟他們討論捐獻的事，一般的職員根本就沒有權力做決定。」我覺得很低落、很難過。〔我現在在想〕「我讓每個人難過，我不夠好，我無法做好任何事。」
>
> 治療師：妳現在感到悲傷嗎？
>
> 案　主：（點頭）。

治療師：〔詢問她的生理狀態，以強化她的情緒反應〕妳覺得
　　　　身體有哪些部位有悲傷的感覺？

案　主：心頭。

治療師：還有其他嗎？還有哪邊感到難過？

案　主：胸口、胃，有一種沉重感。

治療師：好，現在把注意力放在這個沉重感上，妳可以感覺到
　　　　它嗎，這種難過的沉重感，此刻就在妳的胃裡，妳的
　　　　胸口？在妳的心中？

案　主：（點頭）。

治療師：好，現在把注意力放在妳的雙眼、妳的胃、妳的胸
　　　　口……（等待約十秒鐘）。安妮，當你還很小時，有
　　　　沒有曾經有過同樣這種沉重的感覺？第一次是在什麼
　　　　時候？

　　在下一個會談中，治療師引導安妮去回想某個記憶，該回憶的主題
與目前痛苦經驗相同。安妮談到（用過去式）當她二年級時，有一次熬
夜寫回家功課，母親嚴厲的態度讓她覺得自己很沒用。引發該回憶後，
治療師要求安妮與此經驗再次連結，但這次換年幼的安妮做主角，治療
師與「年幼」的安妮會談，並且用現在式表述，強化此立即的情緒性經
驗。

治療師：七歲安妮，妳在哪？

案　主：我在家、在廚房、我在寫功課。

治療師：功課很難？

案　主：對，我不知道該怎麼寫？

治療師：〔提出問題以深入經驗、情緒與認知〕妳有看到媽媽

正走向廚房嗎？她看起來怎樣？

案　主：她看起來很生氣，真的很生氣。

治療師：怎麼說？

案　主：（淚眼盈眶）她漲紅的臉揪成一團。

治療師：她跟妳說什麼？

案　主：「安妮，快去睡覺。」

治療師：然後呢？

案　主：「不行啦，我必須要寫完功課。」

治療師：媽媽說什麼？

案　主：「去睡覺！你現在是怎樣？這麼簡單的東西還搞到現在，妳是笨蛋嗎？」（啜泣）

治療師：（溫柔地）七歲安妮，妳感覺如何？

案　主：悲傷（有一點啜泣）。

治療師：真的很悲傷？

案　主：（點頭）。

治療師：（柔和地）七歲安妮，現在有什麼想法進入妳的心中？

案　主：我是笨蛋，我無法做好任何事。

治療師：妳有多相信它？（以手勢表達）一點點？一半一半？百分之百？

案　主：百分之百。

治療師：妳還想到什麼？

案　主：我永遠也無法做好這件事。

　　治療師留意到安妮情緒的強度，顯示這應該是一個核心議題。在下一次會談，治療師協助安妮重新解釋這個經驗。

治療師：七歲安妮，我想要幫妳用不同的觀點來看這件事，我
們讓較長大後的妳回來和妳說說話，好嗎？

案　主：（點頭）。

治療師：好，七歲安妮，妳想像媽媽現在已經離開廚房，然後
四十五歲的妳走了進來？妳希望她待在哪裡？

案　主：在我旁邊。

治療師：很靠近嗎？

案　主：（點頭）。

治療師：妳會希望她輕輕抱著妳嗎？

案　主：（點頭）。

治療師：好，讓長大後的安妮與七歲安妮對話，讓她問七歲安
妮發生什麼事了。

案　主：發生什麼事？

治療師：七歲安妮說什麼？

案　主：我覺得自己好笨，我無法做好任何事。

治療師：長大的妳會怎麼回應呢？

案　主：並不是的。這家庭作業太難了，這不是妳的錯，妳並
不笨。

治療師：七歲安妮說什麼？

案　主：但我應該要會做的。

治療師：讓長大的妳繼續跟她對話。

案　主：那不是真的，妳不是一定都要會做。妳當時什麼都不
懂，學校也沒教，說真的，這是老師的問題，他給妳
的東西太難。

治療師：七歲安妮，妳相信她嗎？

案　主：一點點。

治療師：七歲安妮，妳想要問長大的安妮什麼問題呢？

案　主：為什麼每一件事都這麼困難？為什麼我就是沒辦法把

> 　　　　每件事情做好？
>
> 治療師：年長的安妮說什麼？
>
> 案　主：妳有很多事都做得很好，像是輕鬆地完成數學報告，獨自打扮自己、玩足球等等……
>
> 治療師：七歲安妮，妳在想什麼？
>
> 案　主：但我足球很糟，羅伯特做得比較好。
>
> 治療師：長大的安妮，幫她重新整理一下這些經驗。
>
> 案　主：聽我說，他只是足球比你好，但他年紀本來就比妳大。當他在妳這個年紀時，會的也沒妳多。如果妳耐心等待，妳也會變得很厲害。
>
> 治療師：七歲安妮，妳現在感覺如何？

　　當安妮說她的年幼自我已經感覺不再那麼悲傷後，治療師把這個練習做了一個整理（像是：「七歲安妮，妳有想要問長大後的安妮任何其它問題嗎？」），接著治療師要求安妮寫下記憶中被激發的舊有信念與新信念，並評估她現在在理智層次與情感層次對每一個信念的相信程度。

　　會談的最後，治療師與安妮討論目前令她痛苦的事件，包括她的朋友佩琪與教友，並幫助安妮做出更務實的合理推論。在會談結束時，安妮只有20% 相信她是無能的，同時有70% 相信她是有能力的，她相當相信另一個解釋：她的付出可能無法達到佩琪的期望，但並不表示她是無能的，畢竟這是她第一次募款，而且其他經驗豐富的成員也沒有提供她足夠的資訊。即使團體中有某個人做得不錯，也並不代表安妮這個人很沒用。

　　總而言之，核心信念需要一致地系統性處理。重建自動化想法與中介信念的許多技巧，也可以同時搭配某些特殊技巧，來應用在與核心信念直接相關的議題上。調整核心信念的其他策略，可在J. S. Beck（2005），Beck 與其同事（2004）及Young（1999）的相關研究中找到。其他類精神疾患的典型核心信念則可參考Riso, du Toit, Stein 與Young（2007）的資料。

# Chapter

# 15 其它的認知與行為技巧

羅悟悟

- 問題解決與技巧訓練

- 做決定

- 再聚焦

- 使用活動計畫單來測量情緒與行為

- 放鬆與正念

- 階段性作業

- 暴露法

- 角色扮演

- 使用「餡餅」技巧

- 自我功能性比較與自我陳述列表

前面已介紹過許多認知與行為技巧，其中包含蘇格拉底式提問、行為實驗、理情角色扮演（intellectual-emotional role-playing）、核心信念工作表（Core Belief Worksheet）、心像與信念優缺點列表等。本章則會介紹其它重要的技巧，其中許多在本質上是同時兼具認知與行為技巧。如同第十九章治療計畫中所做的更完整的描繪，治療師根據整體的概念化架構與治療目標，為特定的會談選擇使用何種技巧。當你成為一個更專業、熟練的認知行為治療師時，將可以創造自己專屬的認知行為技巧。

本章所介紹的技巧，與其它認知行為治療技巧一樣，旨在影響案主的想法、行為、情緒與生理反應。這些技術包括問題解決、做決定、再聚焦、放鬆與正念、因應卡、階段性作業（graded task assignment）、暴露法、角色扮演、餡餅技巧（the "pie" technique）、自我功能性比較（self-comparison）與自我陳述列表。這些技巧已在許多不同著作中被陳述（Beck et al., 1979; Beck & Emery, 1985; Leahy, 2003; McMullin, 1986）。

##  問題解決與技巧訓練

除了與心理疾患有關之外，案主也有真實生活中的問題需要面對。在每一次的會談中，治療師會鼓勵案主，將上週困擾他們的問題以及預期在未來幾週內可能會發生的狀況，放入會談的討論流程。治療師會鼓勵案主試著去解決自己的問題，詢問他們過去遇到類似情況時會採取哪些方案，或是假設案主的親朋好友遇到這類問題時，案主會給予親友哪些解決問題的建議。之後如果有必要的話，治療師會提供可能的解決方案。為了激發思考，治療師也許會問自己，將如何解決這個類似的問題情境。

有些案主缺乏問題解決的技巧，他們通常會從被直接教導如何進行問題解決中獲得許多幫助。他們學得如何將問題具體化、設計解決

方案、選擇解決之道並予以執行，以及評估它的效果（如D'Zurilla & Nezu, 2006）。也有些缺乏問題解決技巧的案主，需要的是治療師或其他外部資源的介入，提供親職教養、工作面試、計畫生活預算以及人際關係技巧等協助。自我協助書籍也是很有幫助的，像是McKay、Davis 和 Fanning（2009）所提供的，如何改善與客戶溝通的指南。

然而有許多案主已經具備良好的問題解決能力與其他技巧，他們需要幫助的是檢測阻礙問題解決的失功能信念。問題解決工作表（J. S. Beck, 2011）可協助案主將問題聚焦，並在討論可能的解決方案之前，協助辨別與應對那些會阻礙問題解決的想法。

舉例來說，莎莉有讀書無法專心的問題，她與治療師一起進行腦力激盪，想出一些解決方法。首先，她可以從最簡單的科目開始進行，在閱讀教科書之前先複習上課的筆記，遇到不太瞭解的部分或問題時先寫下來，以及每幾分鐘就暫停並在心中覆誦剛剛讀過的內容。雙方並達成協議，她會試驗這些策略，看看是否能夠協助她促進專注與理解書本內容。

幾次會談之後，莎莉將另一項問題放入會談流程中。她開始在鄰近的小學擔任義工家教。雖然這個孩子很合作，莎莉卻仍覺得不確定自己在做什麼。理智上她知道該如何來解決這個問題，她瞭解自己必須與負責安排義工的中心和／或孩子的老師聯絡，然而她「不應該開口要求幫助」的信念抑制了她。在評估過她對此情況的自動化想法與信念後，莎莉執行了自己原先構想的解決方法。

當莎莉帶來另一項關於拖延的問題時，治療師使用了自我揭露技巧來幫助她。她逃避一項必須完成的研究報告，治療師告訴她，自己經常在開始一項作業之前的幾分鐘，會想要逃避這種不愉悅的感覺。然而一旦真的開始進行作業後，總是會感覺到好多了。莎莉承認她時常有同樣的經驗，所以雙方設定了一個行為實驗，去試試看在那天下午，當莎莉在網路上開始進行她的研究報告之後，會發生什麼事。

有些問題解決會涉及重要的人生變化。在小心評估情況之後，治療師可能會鼓勵一個受虐的配偶尋求庇護或採取法律行動。一個長期對工作不滿的案主，則可能會引導他去分析留在目前工作，或是找尋新工作

這兩者各別的優缺點來進行問題解決。當然，不是所有的問題都可以得到改善。然而，在這種情況下，案主還是可以經由修正認知思考來改變他們對於問題的反應。他們可能需要接受現狀，並努力讓他們生活的其他層面變得更令人滿意。

　　有些案主則長期擔憂一些不太可能會發生的問題，對於這些案主，治療師則需要協助他們區分高機率與低機率的問題，以及分辨何謂合理和不合理的預防措施。也需要幫助他們去接受不確定性，確認並建立個人與外界資源，提高自我效能感，如此一來，他們才能在問題發生時有足夠的信心去處理（無論是靠自己的力量或透過他人的協助）。

##  做決定

　　做決定（making decision）對許多案主而言（特別是憂鬱症案主）是很困難的。當案主向治療師求助有關做決定的問題時，需要請他們列出每個選項的優缺點，並協助設計一個權衡選項的系統，以利做出最佳選擇的結論（見**圖15.1**）。

> 治療師：妳曾提到妳不知道要如何決定是否去上暑期學校或找份工作，而妳希望有人可以協助妳？
>
> 案　主：對！
>
> 治療師：好的。（拿出一張紙）讓我來示範如何權衡優缺點，妳之前有做過嗎？
>
> 案　主：沒有，至少沒有寫下來過。我曾經在腦中想過一些正負面的比較。
>
> 治療師：很好，這會幫助我們開始進行。我想妳會發現把它們寫下來，將會讓決定變得更加清楚。妳想從哪一個開始呢？學校或工作？

| 工作的優點 | 工作的缺點 |
|---|---|
| 1.賺錢<br>2.可以學得技術<br>3.暫時離開目前做的事情<br>4.認識不同的人<br>5.覺得自己有生產力<br>6.對未來的資歷有幫助 | 1.要去找一個<br>2.空閒的時間會減少<br>3.也許會不喜歡那個工作 |
| 暑期學校的優點 | 暑期學校的缺點 |
| 1.有兩個朋友也有去<br>2.在秋季時可以少修一門課<br>3.有許多空閒的時間<br>4.是我所熟悉的事<br>5.可以認識新朋友<br>6.報名學校比找工作簡單 | 1.無法賺錢而且還要花錢<br>2.沒有增加技能<br>3.大部分都像我一直在做的事<br>4.不會讓我覺得有生產力<br>5.對未來的資歷沒有幫助 |

**圖15.1 莎莉做決定的優缺點分析**

案　主：我想是找工作吧！

治療師：好的，在紙張左上角寫下「工作的優點」，右上角寫上「工作的缺點」，並將「暑期學校的優點」、「暑期學校的缺點」寫在底下。

案　主：（照著做）好。

治療師：妳想過些什麼嗎？妳能寫下找工作的一些優點或缺點在上面嗎？（莎莉寫下她目前有的想法，治療師詢問一些問題以引導她）如果說工作讓妳可以去做一些不同的事情，以便從學校的課業中抽離一下，這會是個優點嗎？

案　主：是的。（寫下）

治療師：工作會打斷妳的假期嗎？

案　主：不，我只會找在八月份能讓我有兩週時間陪家人的工作。

　　莎莉與治療師持續這個過程，直到她覺得對左右兩邊已做到完整且公平的紀錄，並對第二個選項重複此歷程。檢查去上暑期學校的優缺點，能提醒莎莉在工作選項中增加一些附加的項目，同時可檢查工作所對應的項目是否與學校有關。

　　接著，治療師協助莎莉評估這些項目：

> 治療師：好，這看起來相當完整了。現在妳需要用某種方法來
> 　　　　替這些優缺點做加權衡量。妳想要把最重要的項目圈
> 　　　　選起來，還是要用1至10來評估每一個選項的重要性？
> 案　主：用圈選的好了。
> 治療師：好的，讓我們來看看「工作」這一列。哪些對妳來說
> 　　　　是最重要的呢？（莎莉圈選圖15.1中的項目）再看看妳
> 　　　　已經圈選的，妳有什麼想法？
> 案　主：我會想要去工作。因為如果有了工作，我就可以賺
> 　　　　錢，會覺得比較有生產力，而且暫時離開學校也不
> 　　　　錯。但我覺得好像很難找到一份工作。
> 治療師：我們現在是不是該花幾分鐘來談談妳要如何找工作？
> 　　　　然後再回來談談這張表單，看看妳是不是仍然傾向於
> 　　　　這個選擇。

　　在討論結束時，治療師試著強化案主再使用這個技巧的可能性：

> 治療師：妳有沒有發現，列出優缺點並做權衡的過程蠻有用
> 　　　　的？妳能不能想想其它需要做決定的事情，拿來用這
> 　　　　種方法分析也是很好的？妳會記住這個方法嗎？

## 再聚焦

　　如第十一章所述，讓案主立刻評估自己的自動化想法並修正它們，或是閱讀治療紀錄通常是最有幫助的。然而在一些情況下，這種策略並不可行，此時注意力的再聚焦有其必要性。在手邊有工作需要專心的狀況下，**再聚焦**（refocusing）的技巧特別有用，例如完成一項工作任務、繼續一段對話或開車。當案主有強迫性思考且其理性評估無效時，這個方法也會有幫助。治療師教導案主接受他們的經驗並給予標籤：「我只是具有自動化想法。我可以接受擁有它並因此感覺不舒服的事實，然後再重新專注於我原先正在做的事。」然後案主再有意識地將他們的注意力轉回正在寫的報告、與同伴正在說的對話，或是前面的道路。治療師與案主演練這個策略，試著引發他們過去是如何重新調整注意力，或是他們相信未來可以如何做到。

> 治療師：所以當妳在課堂上覺得焦慮時，有一個辦法是去回應這些想法。但有時候將焦點轉移到課堂上所進行的事情會更好。妳以前有這樣做過嗎？做些努力讓自己專心於課堂中？
>
> 案　主：嗯……我想有吧！
>
> 治療師：妳是怎麼做的？
>
> 案　主：唔，如果我開始認真做很多筆記就會有幫助。
>
> 治療師：很好！妳要不要試著在這一週不要讓自己被負面想法、焦慮與悲傷所淹沒，而是去回應自己的想法，或再聚焦在做筆記上來面對？
>
> 案　主：好。
>
> 治療師：妳會記得去執行它嗎？

在有些時刻，案主可能太過痛苦以致於無法再專注聚焦於手邊的工作，或者沒有立即要做的事情可以關注。此時，分散注意力的活動會對這個情況有所幫助。然而分散注意力並非最終的解決辦法，它是一個有效的短期技巧。再次提醒，治療師需觸發、喚起案主過去有用的方式，如果有必要時再提供其它建議。

治療師：所以妳對於要完成的報告真的感到很生氣？

案　主：對！我完全無法專心，我變得愈來愈焦慮。

治療師：妳做了什麼事？

案　主：我開始在房間裡來回踱步。

治療師：那有幫助嗎？

案　主：沒有。

治療師：妳有試著回應妳的想法嗎？

案　主：我閱讀了我的治療筆記，但它們並沒有幫助。我想我當時無法相信這些筆記吧！

治療師：（快速記錄）讓我們花幾分鐘來找它們沒有幫助的原因，但在那之前，先告訴我，妳當時焦慮了多久？

案　主：很長一段時間。我不太確定，也許一、二個小時。我試著回到書桌前來閱讀報告，但是做不到。

治療師：妳有試著分散自己的注意力嗎？

案　主：沒有，我最後決定先去吃晚餐，不再試了。

治療師：妳曾經有做過分散注意力的方法嗎？妳都怎麼做？

案　主：通常我會打開電視。

治療師：那通常多有用呢？

案　主：有時候我可以忘掉自己並覺得比較好過，有時候則沒有用。

治療師：好的，如果當它沒有幫助時，妳還會嘗試哪些方法？

案　主：有時我會拿報紙來看或是玩填字遊戲，但這也不是一

定有用。

治療師：妳還有想到其它的嗎？

案　主：……不，沒有了。

治療師：我可以提示一些別人發覺會有用的辦法嗎？妳可以在
　　　　這一星期嘗試其中幾種方法當作行為實驗：散步、跑
　　　　步、打電話或寫 e-mail 給親友、清理衣櫥或書桌、收
　　　　支結算、去雜貨店、拜訪鄰居、玩電動、瀏覽妳喜歡
　　　　的網頁…… 妳覺得怎麼樣？妳會想在這星期去試試這
　　　　些方法中的任何一項嗎？

案　主：好，我可以做做看。

治療師：有些人發現舒緩一點的活動會比較好，像是慢慢地洗
　　　　個澡、聽振奮人心的音樂、閱讀祈禱文。這些妳覺得
　　　　如何呢？妳想要把一些可能適合妳的活動寫下來嗎？

案　主：好。

治療師：一旦妳感覺比較不苦惱或痛苦了，妳也許就可以更好
　　　　地回應妳的想法，或者只是回到妳原先正在做的事情
　　　　上面。最終我們並不希望妳只有讓自己分心，但是分
　　　　心以目前來說也許是有用的。

從另一方面來看，治療師也許會發現案主會太過於讓自己分散注意
力。如果他們並不害怕負面情緒，底下的對話討論會有幫助。

治療師：所以妳的意思是，當妳感覺難過時，妳會傾向把妳的
　　　　想法從心中排除，對嗎？

案　主：是。

治療師：然後這些想法，例如妳「不能做某件事」會從妳心中
　　　　完全消失嗎？

> 案　　主：不會，它們通常會回來。
> 治療師：所以妳並不是真的將它們自妳的心中排除，只是放到心裡的某個角落，而它們在等待機會蹦出來令妳感到悲哀與不幸？
> 案　　主：我想是的。
> 治療師：我在想，這一週妳是否願意至少花些時間停止分散注意力，而真正地針對這些想法進行評估，像在會談中所學的一樣。
> 案　　主：好。
> 治療師：即使無法在當下立刻做思考紀錄表，妳也可以在有空時盡快地完成它。

案主也許會有使用分散注意力的方式來迴避負面情緒的經驗。當務之急是讓他們充分認識到並不需要分散自己的注意力，因為難過而感覺到痛苦的經驗是無害的。如果案主只是一直將注意力轉移，他們已經無法從中學得這個重要的教訓，治療師便需要設定行為實驗，來檢測案主經歷這種強烈情緒的恐懼程度有多深。可教導他們使用第十二章的AWARE 技巧（見第265頁）是有幫助的（Beck & Emery, 1985），案主被指導去接受自己的焦慮，看著它、帶著焦慮一起行動，並重複這些步驟，然後期待最好的結果發生。

##  使用活動計畫單來測量情緒與行為

對於一些案主而言，使用活動計畫單（activity chart）除了安排活動之外，用來監控與調查特定心情出現的模式是很有幫助的。例如一個焦慮症的案主可以填寫與列出活動，並將這些活動以焦慮程度0至10的量尺做評分。長期煩躁或憤怒的案主則可以用同樣的方式填寫憤怒量尺。對

於忽略微小或中等情緒改變的案主，或是長期高估、低估情緒強度的案主來說，會發現使用這種量尺特別有用。

有著某些問題行為，如暴食、抽菸、揮霍金錢、賭博、物質濫用（substance use）或容易暴怒的案主，可以讓他們把所有的活動記錄下來，並調查行為發生的模式，或是僅記錄下他們的不良行為即可。

 ## 放鬆與正念

很多案主會自學習**放鬆技巧**（relaxation technique）中獲益，關於放鬆的詳細描述在許多文獻中都有提到（Benson, 1975; Davis, Eshelman, & McKay, 2008; Jacobson, 1974）。有好幾種放鬆練習技巧，包含漸進式肌肉放鬆、意象冥想以及控制呼吸放鬆等。案主可以去購買市面上販售的放鬆CD，或是治療師可以依照一些放鬆腳本，於會談中幫案主錄製一份。治療師有必要在會談時教導放鬆技巧，如此一來可以處理問題並評估療效。治療師也必須能夠察覺有些案主會自放鬆練習中經歷一種似是而非的喚起作用，他們會變得更緊張與焦慮（Barlow, 2002; Clark, 1989）。如同其它技巧，治療師建議案主以實驗的方式來嘗試放鬆法；它也許有助於降低焦慮，或是導致焦慮想法時，進而加以評估。

**正念技巧**（mindfulness technique）則是以一種不加評斷的方法，單純地去觀察和接納發生在個人內在的所有經驗，無須評估它們的好壞，也不用試圖去改變它。在Leahy（2010）的著作中，提供了人們不斷去反覆思索針對情緒或困擾的簡短正念技巧。正念近年來整合了認知行為治療，可協助解決許多不同的問題，包含精神疾病（如憂鬱、焦慮症等）、生理疾病（如慢性疼痛），以及壓力（Chiesa & Serretti, 2010a, 2010b）。對於正念討論與技巧的更多研究或資訊，可以參考以下著作：Hayes 與其同僚在2004 年的文獻；McCown、Reibel及Micozzi（2010）；Williams、Teasdale、Segal，與Kabat-Zinn（2007）；以及Kabat-Zinn（1990）。

## 階段性作業

　　為了達成目標，通常必須依序完成許多步驟。當案主把焦點放在他們離目標還有多遠而非著重眼前可達成的步驟時，往往會容易感到不知所措。此時通常會以一種描繪各層級步驟的圖形來鼓勵案主（見圖15.2）。

治療師：莎莉，聽起來好像只要一想到要在課堂上主動發言，妳就會很緊張，雖然妳希望自己有能力可以做到這件事。

案　主：對！

治療師：我在想我們可以將它分成一些小步驟；舉例來說，妳可以從「在下課後問一個問題」開始嗎？問老師或同學都可以。

案　主：可以，我想我做得到。

治療師：那下一步會是什麼呢？（治療師引導莎莉明確定義出圖15.2呈現的步驟）

治療師：想到要在課堂上發言還是會感到害怕嗎？

案　主：嗯，有一點。

治療師：（繪製階層）好，妳要記住，妳要從下面這邊開始，做只有一點點難度的事，在嘗試下一個步驟前妳會感到很輕鬆。要記得，在妳執行最後的步驟之前，妳都會在前一個步驟感覺很好。可以嗎？

案　主：嗯。

治療師：所以，每次妳開始想最後的目標時，提醒自己這個階層圖，尤其注意妳現在所處的階段，以及妳打算如何前進到更上一個層級。妳覺得這有助於妳降低焦慮嗎？

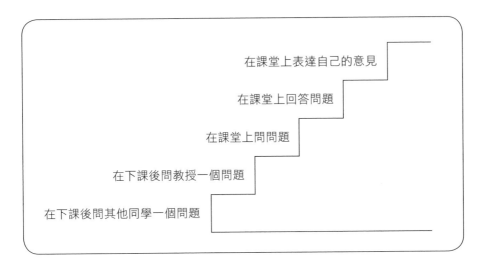

在課堂上表達自己的意見

在課堂上回答問題

在課堂上問問題

在下課後問教授一個問題

在下課後問其他同學一個問題

**圖15.2　將目標分成不同步驟**

 暴露法

　　憂鬱和焦慮的案主時常會使用逃避作為其因應策略。他們會對於參與某些活動感到無望或是害怕（「打電話給我的朋友對他們來說沒有好處，他們不會想見到我」、「如果我〔這樣做〕，就會有不好的事情發生」）。這些逃避行為有時會相當明顯，像是把大部分的時間花在床上的案主，會逃避做照顧自己的活動、家務事、社交活動或是工作任務。還有，這些逃避行為也可以十分隱晦，像是社交焦慮（socially anxious）的案主會迴避與他人眼神接觸、微笑，與他人閒聊以及不願表達自己的意見。這些隱晦的逃避行為被稱作**安全行為**（Salkovskis, 1996），案主認為可以此來對抗焦慮。雖然逃避可以帶來立即的舒緩效果（也因此增強案主的逃避行為），但先前的問題卻因此延續下去而無法獲得解決。案主失去了測試自動化想法的機會，以及無法接收確切的證據和資訊。

　　當案主很焦慮而且有顯著的逃避行為時，治療師可以提供一個強而有力的理由，說服他們讓自己暴露在原先害怕的情境。幫助他們界定出

一個會造成輕微至中等程度不適的活動，並要求案主每天執行它（如果可行的話，甚至一天做好幾次），直到焦慮顯著降低為止。然後再找出一個稍加困難的新情境，鼓勵案主頻繁接觸，直到他們做起來相對感到比較容易，並且以此重複執行**暴露法**（exposure）。

治療師可以在暴露法之前、執行中，以及每次任務結束之後，結合討論多種因應技巧，像是**思考紀錄表**（Thought Records）、**因應卡**（coping cards），或是**放鬆練習**。針對特別逃避的案主，使用情境預演（covert rehearsal）（見第十七章，第401-403頁）對於確認煩躁不安的自動化想法，以及找出不願意執行活動的藉口是有用的技巧。此外，若是要求案主填寫每日監控表（daily monitor），會發現他們也許更願意每天執行階層式暴露（graded exposure hierarchy）中的活動。監控表可以很簡單地記錄日期、活動以及焦慮程度，或是可以設計得更詳盡（見**圖15.3**）。

| 日期 | 活動 | 預測焦慮程度（0-100） | 實際焦慮程度（0-100） | 預言 |
|---|---|---|---|---|
| 4/4 | 在課堂上發問 | 80 | 50 | 1.我無法做到。<br>2.從我的嘴裡會說不出任何話來。<br>3.我會讓自己看起來像個傻瓜。 |

**圖15.3　量身訂製的監控表**

在較精緻詳盡的監控表中，治療師可以請案主將其預測記錄下來，並且用線劃掉那些沒有成真的預言。這可以讓案主進一步地去思考並提醒自己，他們有許多的想法其實並不精確。此外，針對懼曠症（agoraphobia）案主所展開的詳細進程描述，可在許多文獻中找到（如Goldstein & Stainback, 1987）。Dobson 與Dobson（2009）描述了有效的暴露法會談計畫、可能的目標，以及會降低暴露法效用的因子有哪些。

# 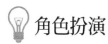 角色扮演

角色扮演（role-playing）是一種可以廣泛應用的技巧。角色扮演的描述可在本書中找到：包括以角色扮演的方式去發現自動化想法、發展出一個適應性反應與修正中介及核心信念。角色扮演在學習與練習社交技巧時也是很有用的。

有些案主的社交技巧整體來說很薄弱，或是僅精通於某種溝通模式，但在需要時卻缺乏彈性的調適技巧。例如像莎莉，她很擅長在必要時於社交對話和情境中表達出關愛與同理立場。但在需要維護自己權益的情況下卻十分技窮。治療師和她針對拿出自信與魄力的部分練習了許多次角色扮演。

---

案　　主：我甚至不知道該如何開始跟教授說話。

治療師：嗯，妳希望他幫助妳更瞭解這個概念對不對？妳會怎麼說？

案　　主：……我不知道。

治療師：好，我們來作個角色扮演如何？我來當妳，妳假裝是妳的教授。妳可以盡量地把他演得很過分。

案　　主：好！

治療師：我要開始了。嗯，某某教授，你可以解釋這個概念嗎？

案　　主：（板著臉）我上禮拜在課堂上已經講解過了，妳難道沒有來上課嗎？

治療師：我有上課，但我理解得不是很清楚。

案　　主：嗯，那妳應該回去看看課本。

治療師：我已經讀了，不過也沒什麼幫助，所以我才來問你。

案　　主：好吧，妳有什麼不懂的？

---

> 治療師：我在來之前有試著去想一個特定的問題，但我不太能
> 　　　　夠很快地想出該如何表達它。你可以花幾分鐘描述這
> 　　　　個概念嗎？然後我看看是否能用自己的話講出來。
>
> 案　主：妳也知道，我現在不太有時間。妳為什麼不去找班上
> 　　　　其他人問問？
>
> 治療師：我寧可直接向你請教，這是為什麼我在你辦公室時間
> 　　　　前來的原因。但如果你希望的話，我可以在下星期四
> 　　　　你的辦公室時間再來。
>
> 案　主：這真的是一個很簡單的概念，妳實在應該問其他同學
> 　　　　的。
>
> 治療師：我會先試著這麼做。但如果我需要進一步的協助，我會
> 　　　　在星期四回來請教你……好，從角色中出來。我們來回
> 　　　　顧一下我剛剛做了什麼，然後我們可以交換角色。

　　在教導社交技巧之前，治療師需要先評斷案主已經具備的技巧程度為何。許多案主明確地知道要做什麼、說什麼，但因為失功能的假設而困難於使用這些知識（例如「如果我表達意見，我會被攻擊」、「如果我堅持自己的權益，其他人會受傷害／生氣／認為我很過分」）。一種評斷技巧的方式是讓案主假定一個正向的結果：「如果妳知道助教很樂意與妳談話，妳會怎麼說？」、「如果妳堅信獲得協助是妳的權益，妳會怎麼說？」、「如果妳知道教授會讓步並瞭解他自己不講理，妳會怎麼說？」。

　　問題在於失功能信念而非技巧不足的另一個徵兆是，案主可在其它情境脈絡下使用這些技巧。例如案主可能在工作場合上能夠堅持自己的立場與權益，但與朋友相處時就無法。在這種情況下，治療師就不需要使用角色扮演來教導自我肯定技巧（雖然可以使用角色扮演來讓案主確認她在維護自己權益時的自動化想法，或是在角色轉換時預測他人的想法與感覺）。

# 使用「餡餅」技巧

　　讓案主用圖形的方式來瞭解自己的想法常常會有幫助。餡餅圖（a pie chart）可以用於許多方面，例如協助案主設定目標，或對一個結果釐清相關的責任。兩者都會在接下來的敘述中舉例說明（見**圖15.4**）。

## 設定目標

　　當案主很難去明確指出自己的問題與人生要做何改變，或者不甚瞭解該如何平衡自己的生活時，也許可以由理想的、與實際上所付出的時間差異所描繪出來的圖形中獲益。

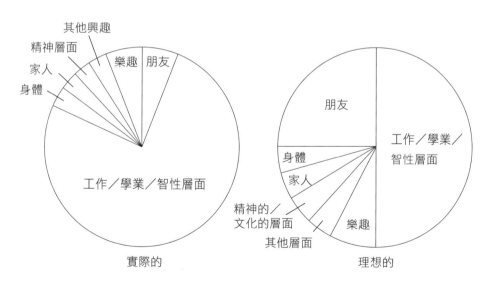

**圖15.4　使用餡餅圖設定目標**

治療師：聽起來妳似乎知道自己的生活不是在很平衡的狀態，
　　　　但妳不知道要改變什麼，對嗎？

案　主：對，我想是這樣。

治療師：我們不如來畫個餡餅圖幫忙釐清這件事好嗎？

案　主：好。

治療師：首先，我們要建立一個妳目前生活的圖表，然後再畫
　　　　出一個理想狀態的圖。想一想妳在這些事情上面實際
　　　　上花了多少時間：

| | |
|---|---|
| 工作 | 照顧身體 |
| 朋友 | 照顧家人 |
| 樂趣 | 照顧精神／文化／智性層面 |
| 家庭 | |
| 其他興趣 | |

治療師：妳可以畫一個餡餅，並且將它分成不同部分，好讓我
　　　　對於妳的時間運用有個大略的瞭解好嗎？

案　主：（照著做）

治療師：好，接下來，在一個最理想的狀況下妳會做什麼改變？

案　主：嗯……我想我的工作時間可能會減少一點，也許會試
　　　　著得到更多的樂趣……多花些時間跟朋友在一起、多
　　　　運動、多閱讀，諸如此類的。

治療師：很好，這個理想上的餡餅圖看起來會是什麼樣的呢？

案　主：（填寫「理想」的餡餅圖）〔表達一個自動化想法〕
　　　　但我害怕若花較少的時間在工作上，那我只能完成比
　　　　現在還要少的工作。

治療師：好，把這個預測寫下。現在，妳可能是對的，那麼妳
　　　　可以回到妳現在花在工作上的時間份量。或者妳的預
　　　　測可能是錯的，如果妳工作得少一些並且多做一些愉

快的事情，妳的心情就會變好。如果妳心情變好，是不是有可能更能專注，且工作得更有效率呢？妳覺得如何？

案　　主：我不確定。

治療師：無論如何，我們可以測試妳的預測並看看會發生什麼事。

案　　主：我知道一個事實，就是我現在工作得不是很有效率。

治療師：那很有可能，一旦我們讓妳的生活回復平衡，妳可以從喜歡的事情中獲得正向的收穫，那麼妳將能夠工作得更少但表現得更好。

延續著類似這樣的會談，治療師與案主一同設定特定目標，將案主所花費的時間更趨近於理想狀況。

## 確定責任歸屬

另一個技巧則是讓案主以圖形的方式去檢視後果的可能成因（見圖15.5）。

治療師：莎莉，妳相信這次考試得C 是因為妳基本上毫無能力的程度有多少？

案　　主：喔，接近百分之百。

治療師：我在想是否還有其他原因呢？

案　　主：……嗯，有些東西是課堂上從來沒教的。

治療師：好，還有呢？

案　　主：我錯過了兩堂課，所以我必須跟別人借筆記，而麗莎的筆記並不是那麼好。

治療師：還有嗎？

案　主：我不知道。我讀某些東西讀很久，結果都沒有考出來。

治療師：聽起來在這一方面妳的運氣不太好。

案　主：對，而且考出來的東西我幾乎都沒有讀到，我讀錯方向了。

治療師：還有其他的理由可以解釋為什麼妳沒有達到理想的成績嗎？

案　主：嗯……我想不出來了。

治療師：其他人都考得很好嗎？

案　主：我不知道。

治療師：妳認為這是一個很難的測驗嗎？

案　主：是的，太難了。

治療師：妳會認為教授在講授這些教材時教得很好嗎？

案　主：不，我不覺得他講得很好。我幾乎都要靠自己讀。有幾次我還聽到別人說他們跟不上他所教的。

治療師：我在想是否妳也因為焦慮跟沮喪而無法專心？

案　主：絕對是。

治療師：好，讓我們來看看這些畫成圖形會是什麼樣子。這裡是個餡餅圖，妳來把它劃分開來解釋考試得C的原因。包括：(1)教授教得不好；(2)測驗太難；(3)妳沒有猜對該研讀的教材；(4)妳借的筆記不夠好；(5)有些內容上課沒有講到；(6)妳的沮喪跟焦慮影響了妳的專注力；(7)實際上，妳是一個沒有能力的人。

案　主：（填寫餡餅圖〔**圖15.5**〕）

治療師：看起來妳把餡餅圖劃分得很均勻。妳現在有多相信考試得C是因為妳是個無能的人？

案　主：比較少，可能是50% 吧。

治療師：很好，下降了許多。

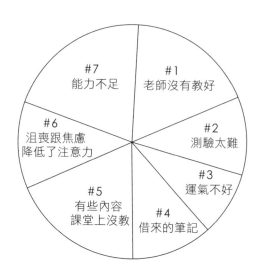

**圖15.5　問題成因餡餅圖**

　　治療師先透過調查導致問題的其它解釋成因，最後再詢問案主對其失功能歸因相信的程度（在此案例中為「我是無能的」），這樣他們可以更全盤考量所有可能的解釋原因。

##  自我功能性比較與自我陳述列表

　　精神疾病案主在訊息處理時有一種負向的偏誤，尤其當評估自己的時候，他們傾向去注意那些負面的訊息，並且忽略、降低，或甚至遺忘那些正向訊息。此外，他們經常做出失功能的比較：拿現在的自己與發病之前相比，或是與他們想成為的樣子相比，以及與那些沒有精神疾病的人相比。這種負向的注意力偏差使他們保持或陷入更煩躁與不安的狀態。

## 改變自我功能性比較

接下來的腳本裡，治療師幫助莎莉看到她的負面選擇性注意與比較是失功能的，然後教導她做較有功能性的比較（與自己最糟的時候比較），以及將自我陳述列表記錄下來。

> 治療師：莎莉，聽起來妳好像對自己很失望。妳想這個星期以來，有沒有做了什麼值得讚賞自己的事情呢？
>
> 案　主：嗯，我做完了文學報告。
>
> 治療師：還有其它的嗎？
>
> 案　主：唔……我想不出來了。
>
> 治療師：我想妳是不是沒有注意到一些事情。
>
> 案　主：我不知道。
>
> 治療師：比方說，妳上了多少堂課？
>
> 案　主：全部。
>
> 治療師：有多少課妳做了筆記？
>
> 案　主：也是全部。
>
> 治療師：這很容易嗎？還是妳得強迫自己去上課並且專心做筆記？
>
> 案　主：這很難，但是我應該要能夠很輕易做到這一點。其他人可能都不需要這麼督促自己。
>
> 治療師：喔……聽起來好像妳又拿自己跟別人做比較了。妳經常這麼做嗎？
>
> 案　主：對，我想是的。
>
> 治療師：這種比較對妳來說公平嗎？妳會不會對自己太嚴苛了？比方說，如果妳得了肺炎，還會勉強自己去上課並專心嗎？
>
> 案　主：不會，那樣我會有一個疲累的正當理由。

治療師：沒錯。我想妳現在是不是也有一個疲累的正當理由？
　　　　也許在督促自己這件事上面妳真的值得讚賞。妳還記
　　　　得第一次會談時我們討論過憂鬱症的症狀：疲累、能
　　　　量低、不易專心、睡眠及食慾上的困擾等等？

案　主：嗯嗯。

治療師：所以，也許妳在憂鬱的情況中還能督促自己向前已經
　　　　是值得讚賞的事情了？

案　主：我以前沒有這樣想過。

治療師：好，我們現在來做兩件事。首先，當妳拿自己跟別人
　　　　比較時可以怎麼辦，以及如何讓自己持續追蹤妳值得
　　　　讚賞自己的事。好，當妳跟別人比較時妳的心情會如
　　　　何，比方說，當妳想著「別人不需要督促自己去上課
　　　　以及抄筆記」的時候？

案　主：我覺得很難過。

治療師：如果妳對自己說：「等一下，這不是一個合理的比
　　　　較。讓我跟自己最糟的時候相比，那時我大多待在房
　　　　間裡而且上課無法專心。」這會怎麼樣？

案　主：嗯，我會瞭解現在自己做得好多了。

治療師：妳的心情會變得更糟嗎？

案　主：不，可能會比較好。

治療師：妳要不要練習嘗試做這樣的比較來當做作業呢？

案　主：好。

治療師：好的，把它寫在妳的作業單上吧，「抓住自己拿自己
　　　　跟沒有憂鬱症的人相比較的時刻，然後提醒自己這並
　　　　不合理，並改為與自己最糟的時候比較」。

案主也可能會有拿現在的自己與自己想成為的樣子做比較，或是與過去尚未憂鬱前的自己做比較的自動化想法（例如「我應該能夠輕鬆地讀懂這個章節」、「過去這對我而言是很簡單的」）；在這種情況下，需要幫助案主聚焦在他們比最糟時進步了多少，而非著重案主與他們最好時相差多少或他們必須進展多少才夠。

當案主正處於最糟糕的狀況時，治療師需要修改作法：

> 治療師：聽起來當妳把自己與其他人做比較，或是與自己期望中的樣子做比較時，妳會感到很難過。我想，如果這個時候妳可以用一個目標清單來提醒自己，且我們可以共同合作發展出計畫來幫助妳做些改變，這會不會有幫助呢？如果妳提醒自己，妳和我就像一個團隊一樣共同努力來使妳成為妳想要的樣子，妳的心情會如何？

## 自我陳述列表

自我陳述列表（credit lists）是案主每日所做的簡易清單（記在心裡或是寫下來），記錄他們所做的正面事件或值得讚賞的事項（見**圖** **15.6**）。與其它作業一樣，治療師會先闡述原理：

> 治療師：莎莉，我想介紹一個我覺得有幫助的家庭作業。妳知道的，我們過去討論了妳有如此多關於自我批判的想法。每當妳有類似「我應該要做得更好」，或是「我在這件事上做得很糟」的想法時，妳的心情如何？
>
> 案　主：我覺得更糟。

（我所做的正面事情，或即使有一點難但無論如何我仍做到的事）

1.試著跟上統計學的課程內容。
2.完成報告並以e-mail 寄出〔給教授〕。
3.在午餐時與茱麗談話。
4.打電話給傑里米確認化學作業。
5.去跑步而沒有打盹。
6.讀經濟學第五章。

**圖15.6　莎莉的自我陳述列表**

> 治療師：沒錯。如果妳開始注意更多自己做得很好的事情，妳
> 　　　　想會發生什麼事呢？
> 案　主：我可能會覺得比較好吧！
> 治療師：好。如果我現在因為肺炎或憂鬱症而感到疲累，但我
> 　　　　仍然督促自己起床並工作、看案主與寫e-mail 等等，
> 　　　　妳會認為我給自己讚賞是合理的嗎？
> 案　主：那當然。
> 治療師：即使我做這些事情做得不像平常那麼好也是嗎？
> 案　主：嗯，當然。
> 治療師：因為我本來大可以待在床上，並用棉被蒙著頭來度過
> 　　　　一天。
> 案　主：對。
> 治療師：現在，一樣的事情可以應用在妳身上嗎？妳值得為督
> 　　　　促自己而得到讚賞嗎？
> 案　主：我想可以。
> 治療師：妳也知道，對妳來說在會談之外記得給自己讚賞可能
> 　　　　很困難。所以我建議妳把值得讚賞的事情記在一張單
> 　　　　子上，妳覺得如何？

案　主：我會試試看。

治療師：（在會談中開始指派這項作業）如果可以的話現在就開始吧！妳想要怎麼稱呼它？「自我陳述列表」？或用其它的名稱？

案　主：「自我陳述列表」很好。

治療師：很好！現在在這張表上，妳可以寫下妳所做的正向事件，或是可以這麼想：「我今天做了什麼有點困難，但我無論如何還是做到的事情？」

案　主：好的。（將上述指導寫下）

治療師：從今天開始吧，妳今天做了什麼？

案　主：（邊說邊寫）我想想……我去上了統計學……它有點難跟上進度，但我還是試了……我完成了我的報告，並且e-mail 給教授……我跟室友的朋友談話，她和我們一起吃午餐……

治療師：這是很好的開始。妳可以每天都做這個作業嗎？

案　主：好的。

治療師：我想如果妳馬上把事情寫下會比較記得。但是如果妳無法立即記錄，至少可以試著在中餐、晚餐與睡前把它完成。妳認為妳可以做到嗎？

案　主：可以。

治療師：妳覺得需要寫下為什麼需要做這份作業嗎？

案　主：不用，我會記得。它讓我把焦點放在好的事情上，而且會讓我好過些。

在治療的早期完成自我陳述列表，可以幫助案主之後在核心信念工作表（第十一章）的正向資料做準備。

總之，有許多的認知與行為技巧，本書中只描述了最常見的部分。讀者可以閱讀更多的書籍來增加自己的技巧。

# Chapter

# 16 心像

羅愔愔

許多案主經歷自動化想法時，不僅浮現那些心裡未說出的話，還包括心中的畫面或心像（Beck & Emery, 1985）。莎莉有一個想法：「如果我〔向同學借筆記來影印〕，他會覺得我在利用他。」在詢問之後，治療師判定當莎莉經驗到這個自動化想法的同時，她也想像同學臉上出現了惱怒的表情。這樣的心像就是影像化的自動化想法。

本章示範了如何教導案主確認他們的**自發性心像**（spontaneous images），以及如何治療性介入自發性與**誘發性心像**（induced images）。雖然許多案主都有視覺上的心像，但極少人會表達出來。僅是單純詢問案主的心像，即便反覆追問，有時都不足以引發出案主真正的心像。**心像**（images）通常十分短暫而且讓人心煩意亂，所以很多案主會馬上將它們從腦海中消除。然而若是無法辨認和回應那些煩人的心像，會導致案主持續地感到痛苦。

##  確認心像

治療師需要對案主以圖像形式表現其想法的可能性有所警覺，因為極少案主會主動報告其心像，有些人即使在提示下也很難能確認出它們。在下面的對話中，治療師嘗試去探索莎莉在口語型自動化想法的同時，是否也有一個自發性心像。

> 治療師：妳有「我無法勝任這個兼職工作」這個想法，並為此
>     感到難過，是嗎？
> 案　主：是的。
> 治療師：我很好奇，當妳有那樣的想法時，腦中是否有浮現什
>     麼畫面？
> 案　主：我不太懂你的意思。
> 治療師：「無法勝任」一項工作，「看起來」像什麼？

案　主：我想是，我想像自己在深夜時獨自一人走回宿舍，感覺壓力很大、很沉重。

治療師：還有其他的嗎？

案　主：我走得非常緩慢，揹著一個非常重的背包而且十分疲憊。

治療師：好，那個畫面或者想像圖，就是我們所謂的「心像」。

　　有時，治療師只使用心像這個字眼，案主並不能瞭解這個概念。其同意詞包括心裡的畫面、白日夢、幻想、想像以及回憶。假如莎莉無法說出心像，治療師也許可以試著用上述這些不同的字眼；或者治療師可以選擇去引發一個心像（假如那一次會談的治療目的，是幫助她確認心像）。治療師可以引發一個中性或正面的心像（「形容一下妳家的外觀，看起來如何」，或是「想像妳正走進這棟大樓，妳看到了什麼？」）。治療師也可以像下面的例子一樣，去引出一個與痛苦狀況有關的心像：

治療師：妳能想像當妳請妳的教授幫忙時，他看起來可能是什麼樣子？他看起來開心嗎？

案　主：我不認為我可以想像得出來。

治療師：〔幫助莎莉用非常具體的方式去想〕妳現在可以嘗試想想看，妳能想像妳正走向他嗎？妳通常都什麼時候會去找他？

案　主：哦，大概是星期二，那是他的辦公室時間。

治療師：所以他會在他的辦公室囉？

案　主：是的。

治療師：那是在哪一棟大樓？

案　主：班納特大樓。

治療師：好，現在請妳想像一下，現在是星期二，妳正前往班納特大樓……妳正走向他的辦公室……妳能夠在腦海中看到這些圖像嗎？門是開的還是關的？

案　主：關著的。

治療師：好的，妳看到自己在敲門嗎？當他聽到敲門聲，他會說什麼？

案　主：他說：「進來。」（模仿教授不甚友善的聲音）

治療師：好，妳可以看到自己走進去嗎？他是什麼表情？

案　主：他皺著眉頭。

治療師：接下來發生什麼事？（莎莉和治療師順著這個心像走，並試圖找出最痛苦的部分）好的，妳剛剛所想像的這個場景，就是我們所謂的心像。當妳考慮這星期去找他時，妳是不是有一個類似這樣的心像？

案　主：也許吧……我不確定。

治療師：把它作為家庭作業如何？當妳發現自己感到沮喪時，去尋找有什麼自動化想法，以及有什麼樣的心像在其中運作。

案　主：好的。

##  教導案主心像

　　有些案主可以確認心像但並不會說出來，因為他們的心像是栩栩如生的，而且令他們感到痛苦。案主可能不願意再次經歷這種痛苦，或者害怕治療師會認為他們心理不正常。如果治療師察覺到這其中之一的狀況，可以將這樣的心像經驗正常化。

> 治療師：莎莉，我不知道妳是否有過一些心像的經驗。很多人
> 都會有，但通常人們對於伴隨的情緒，會比對心像本
> 身更能覺察。有時候，心像看起來很奇怪，但實際
> 上，有各種類型的心像是很正常的，包括難過的、害
> 怕的，甚至暴力的都是。唯一的問題是，妳會不會覺
> 得自己有心像很怪。妳能夠回想出最近發生的任何心
> 像嗎？
>
> 案　主：不，我想沒有。
>
> 治療師：嗯，我們曾約定了在這個星期，當妳注意到自己的心
> 情變化時，會去尋找心像。如果妳有痛苦的心像，我
> 會教導妳如何處理它們。

　　教導案主心像並將其視為正常，會幫助他們降低焦慮，而且讓他們
更有可能去確認那些心像。在上面的對話中，治療師指出莎莉將會學習
到如何回應心像，這暗示著她可以控制她的痛苦。

　　治療師必須不斷努力教導案主去確認心像，直到他們能理解為止。
大部分的案主在一開始就很難覺察到心像，而使許多治療師在失敗幾次
之後，就放棄嘗試。但假如治療師在案主描述一個情況時，自己也有視
覺化的影像，他就可以用自己所產生的心像來作為提示，引導案主對自
己的心像經驗作進一步的探索。

> 治療師：莎莉，當妳剛剛形容妳有多害怕室友可能有的反應
> 時，我腦中出現了一個關於她的畫面，雖然我並不認
> 識她。妳曾想像過當妳向她提出噪音的問題時，她看
> 起來會是什麼樣子嗎？

 回應自發性心像

　　當案主確實有著讓人痛苦的心像時,有幾個技巧可以教導給他們。後文提及的技巧中,前七個技巧是以轉換看事情的角度來幫助案主減輕痛苦;最後一個則是讓病人轉換注意力到別的事物上,好讓他們能得到暫時的紓解。重要的是,治療師必須建議案主不管是不是在會談期間,他們都必須要多練習這些技巧以便能真正發揮效用。

## 完成整個心像過程

　　這個技巧通常是最有幫助的,它可以幫助治療師跟案主將他們的問題概念化得更好,以引領出這個心像的認知並重新架構,以及提供釋放紓解的感覺。治療師可以鼓勵案主持續想像自發性的心像,直到出現以下兩者情形之一:案主在想像中渡過危機,並且感覺變好;或是想像一個大災難,如死亡(如果是後者,治療師便可以探討這可怕的結局,以及這個大災難的意義,然後做更進一步的介入)。以下對話呈現第一種情形:案主想像經歷一個特定的困境。

> 治療師:好的,莎莉,妳能再回想一下那個心像嗎?當妳想像時大聲地告訴我,並盡可能地愈生動愈好。
>
> 案　主:我正坐在教室裡。我的教授正在發考卷,我看著考卷腦海中一片空白。我看了第一道題目,完全不知所云。我發現其他每一個人都在振筆疾書,我就在想「我完了,我會被當掉。」
>
> 治療師:那時妳的感覺是……?
>
> 案　主:非常、非常的不安。
>
> 治療師:還有發生其他什麼事情嗎?

案　主：沒有了。

治療師：好的。〔提供心理衛教〕這是非常典型的情況，妳在
　　　　整個心像中最糟糕的地方停住了，在那邊妳感覺一片
　　　　空白，像是癱瘓無法動彈。現在，我要妳去想像接下
　　　　來所發生的事。

案　主：唔……我不太確定。

治療師：嗯，整個小時妳都會持續這樣嗎？

案　主：不，我想不會。

治療師：妳能描繪接下來的情形嗎？……如果妳環顧四周看看
　　　　其他同學，妳還是一直動彈不得嗎？

案　主：不，不是。

治療師：那麼接下來妳看到了什麼？

案　主：我再度回到我的考卷上，但是無法專心。

治療師：再來發生了什麼事？

案　主：我眨了眨眼睛，第一道題目對我而言根本不知所云。

治療師：好的，然後呢？

案　主：我跳到下一題，我不太確定答案是什麼。

治療師：接著呢？

案　主：我繼續看下去，直到找到一題我比較有把握的。

治療師：然後呢？

案　主：我想我寫下了答案。

治療師：妳可以看到自己正在作答嗎？

案　主：可以。

治療師：很好！接下來呢？

案　主：我繼續尋找其它會答的題目。

治療師：然後呢？

案　主：我回到第一題，試著寫出一些東西。

治療師：很好。接著呢？

案　主：嗯，終於完成了所有我能回答的。

治療師：然後？

案　主：我交卷了。

治療師：然後呢？

案　主：我就去了下一堂課的教室。

治療師：然後呢？

案　主：我坐下來，拿出那堂課的筆記本。

治療師：現在在這個心像裡，妳感覺怎麼樣？

案　主：還是有一點顫抖，我不知道我考得怎麼樣。

治療師：有比一開始妳感到腦海中一片空白，以及癱瘓無法動彈來得好一點嗎？

案　主：是的，好多了。

治療師：很好！讓我們來回顧妳做了什麼。首先，妳確認出一個讓你感到痛苦的心像，妳在感覺最糟糕的部分停住了。然後妳繼續想像下去，直到妳覺得心情好過些。這就是所謂的「完成整個心像過程」。（停頓）妳認為練習這個技巧有幫助嗎？

　　在上述的例子中，案主可以輕易地找出一個合理的結果。但在有些案例中，治療師必須提供建議來修改劇本。

治療師：妳能描繪接下來的情形嗎？……如果妳環顧四周看看其他同學，妳還是一直動彈不得嗎？

案　主：我不知道，我感覺整個人都癱在那裡了

治療師：接下來妳看到發生了什麼？

案　主：我完全不曉得，我持續呆坐著，感覺一動也不能動。

治療師：妳可以想像一下自己在椅子上稍微移動一下身體，吸一口氣，然後看向窗外嗎？

案　主：嗯。

治療師：妳要不要揉一揉背部和肩頸，伸展一下來讓自己不要這麼僵硬？

案　主：好的。

治療師：好，在這樣的心像裡，妳準備好去看看考卷，直到找出比較熟悉的題目嗎？

案　主：好的。

治療師：妳看到了嗎？妳接下來想要去想像發生了什麼事？

案　主：我找到一個比較簡單的題目。

治療師：妳希望事情可以怎樣接著想像下去？

　　這裡治療師把一個新的元素加進了莎莉的心像中，幫助她從「卡住」中脫困，並且持續詢問她想要去想像哪些事情會發生。治療師繼續這樣的脈絡，直到她可以自己持續下去。

　　如上所述，有時候案主想像中會有一個更糟的場景，它通常是很災難性的。此時治療師會詢問關於這個災難的意義，並藉此介入。這種情況以另一位案主瑪麗作為例子。

治療師：好的，瑪麗，妳看到自己在車裡，車子正朝向橋的護欄方向。現在，盡可能在心中形成一個清晰的影像，告訴我發生了什麼事？

案　主：它愈來愈靠近，整台車衝撞過去。（低聲哭泣）

治療師：（輕聲地）接著呢？

> 案　　主：（哭泣）整台車全毀。
>
> 治療師：（溫和地）那妳呢？
>
> 案　　主：（哭泣）我死了。
>
> 治療師：然後發生什麼？
>
> 案　　主：我不知道，我看不到之後的事情。（仍然哭泣著）
>
> 治療師：瑪麗，我想如果我們試著再走遠一點會有幫助。在這場車禍中死亡最糟的部分會是什麼？
>
> 案　　主：我的孩子。他們就沒有母親了，他們會活不下去。（哭得更激動）
>
> 治療師：（停了一下）妳有關於他們的心像嗎？

　　在這個例子中，完成整個想像過程引導出一個災難性結局。治療師保持溫和態度去提問，來確認這個災難所代表的特殊意義。這一章稍後會有一個案例，想像隔一段時間後的情景，可以解決這類型的問題。在這個例子中，案主揭露出一個新的心像，在她的喪禮上，她的孩子感覺無依無靠；再一次地，案主的想像又停留在最糟糕的部分。（請見第386-387頁的案例，治療師如何使案主想像她的孩子在多年以後可以〔做得更好〕的心像）。

　　總而言之，完成整個心像過程可能會有兩種結果。第一個例子中，問題最終獲得了解決，而且案主感到釋放。第二個例子中，問題變得更糟並導致一個災難，在這個部分，治療師去詢問案主所代表的意義，或是這個心像中最壞的情形為何，可以幫助治療師發現一個新的問題。治療師可以幫助案主引發一個因應問題的心像，本章後面還會提到這個部分。

## 跳到未來

　　有時候，完成整個心像過程並沒有效果，因為案主會一直想像出更

多的阻礙和痛苦的事件，沒完沒了。此時，治療師可以建議案主想像自己在某個不久的將來的情境。

> 治療師：〔做總結〕好的，莎莉，當妳想像要開始寫報告時，妳一直在看這到底有多難，要花多少功夫，以及會面臨多少困難。講實際一點，妳想妳最後會完成這份報告嗎？
>
> 案　　主：嗯，大概會吧。只是我可能得日以繼夜地工作好一段時間。
>
> 治療師：那麼，如果妳跳到未來，想像妳已經完成它了，妳能夠描繪那個樣子嗎？情況看起來如何？
>
> 案　　主：嗯，我想我看到自己在做最後的校正，然後我把它 e-mail 給教授。
>
> 治療師：等一下，能不能慢一點？把細節想像得真實一點。
>
> 案　　主：好，我正坐在宿舍的書桌前，現在大概是凌晨兩點鐘。我的眼睛已經快睜不開了，但是我從報告的第一頁開始校正。我發現了幾個錯誤並且修正它們，然後存檔。我打開我的電子郵件，並且將報告寄給教授。
>
> 治療師：現在在這個心像裡，妳感覺如何？
>
> 案　　主：解脫了……就像胸口的一塊大石終於落地，感覺很輕鬆。
>
> 治療師：很好！我們來回顧一下，妳有一個準備開始寫報告的心像，但妳愈想，就看到愈多的問題，然後變得更焦慮。後來妳跳到未來，看到妳自己完成了報告，這讓妳感到好過些。如果請妳寫下關於「跳到未來」技巧的一些重點，妳覺得如何？這樣妳在家也可以練習它。

## 在心像中因應

　　另外一個技巧是去教導案主，讓他們可以在自發性想像的困境中去因應問題。

---

治療師：〔做總結〕妳有一個這樣的心像，妳正和妳義務教導的學生走進小學的圖書館，而妳感到一股強烈的失落感？然後這個孩子開始調皮並發出噪音，妳覺得他好像失控了？

案　主：是的。

治療師：所以在心像裡，妳又一次把自己留在最糟的那個部分？

案　主：沒錯，我想我是。

治療師：我們可以再走一遍這個心像嗎？這一次，看看妳是否能在每一個問題發生時想像出因應的方法。

案　主：嗯，一開始這個孩子砰一聲打開圖書館的門時，我想我會告訴他：「噓，安靜！這裡還有別的班級在。」

治療師：然後呢？

案　主：他就開始轉移去弄書本。

治療師：所以妳……

案　主：我想我會牽著他的手，帶他去桌子那裡。

---

　　這個對話依照這種方法持續下去，直到案主能成功地在心像中因應問題。如果有需要的話，治療師可以以提問引導案主，幫助他們想出解決方案（如「妳可以想像……嗎？」）。治療師也可以引導案主去想像自己使用在治療過程中學會的工具和技巧，像是讀因應卡、控制呼吸及大聲說出自我指導。

## 改變心像

這一項技巧涉及到教導案主重新想像一個自發性心像，改變結局來減輕痛苦。第一個例子是比較實際的改變，第二個例子則是較「戲劇化」的改變。

---

案　主：今天早上我在想有關春假的事情，我不能回家，我必須留在這裡。這真的讓我的心情十分低落。

治療師：妳有關於這件事的心像嗎？

案　主：我想像自己坐在書桌前，一個人待在房間裡，有點萎靡不振，情緒非常消沉。

治療師：還有其它的嗎？

案　主：沒有了，就這樣非常安靜，整個宿舍像是被遺棄一樣。

治療師：這個心像讓妳覺得……

案　主：難過，非常的難過。

治療師：莎莉，妳不必因為這個心像而認為自己很可憐。只要妳願意，妳是可以改變它的。就像彷彿妳是一個電影導演：妳可以決定想要如何替換它。妳可以把這個心像的結局變得很神奇……不太可能真的會發生的那種。或是妳可以把它改變成一個比較符合現實的想像。

案　主：我不太確定是否知道該怎麼做。

治療師：嗯，好的，妳正坐在書桌前，妳希望接下來發生什麼事？

案　主：我最好的朋友打電話給我……或者還有其他的人也待在宿舍，有人來敲我的門，然後我們一起去吃晚餐。

治療師：還有其它情節嗎？

---

案　主：我記得學校有一些活動，像是壘球賽，也許我會去看或是去參加比賽。

治療師：這些結局好多了。如果妳想像這些事情發生，妳的感覺會如何？

案　主：感覺會好很多。但我怎麼知道它們會不會成真？

治療師：唔，第一，我們沒有人真的知道妳坐在書桌前哭泣這件事是否會發生，我們唯一確定的是，現在那個想像讓妳非常的沮喪；第二，也許我們現在可以來討論如何讓更好的結局更有可能實現。如果要讓朋友打電話來、或是讓宿舍同伴來敲妳的門、或讓自己去參加學校的活動，妳可以做些什麼？

在這個改變心像的實例當中，這個方法引導出了問題解決的多樣化討論。

有些心像本身適合去做比較「戲劇化」的改變。用這種方式改變心像，通常能降低案主的痛苦感受，並使案主以一個更有效能的方式來行動。舉例如下：

治療師：〔使用莎莉的話做總結〕所以妳有一個心像，教授擺出一副高姿態、皺著眉頭、說話很嚴厲、頻頻跺腳，很傲慢的模樣。這個心像讓妳很焦慮？

案　主：沒錯。

治療師：妳想不想改變這個心像？換一個方式來想像他？

案　主：怎麼做？

治療師：我不知道……他讓我聯想到一個三歲小孩在發脾氣的樣子。妳能不能把它想像成縮小的模樣，但還是在皺眉、跺腳？

案　主：（微笑）可以。

治療師：形容一下給我聽，包括細節的部分。（案主照做）妳
　　　　現在感覺如何？一樣焦慮嗎？

案　主：不，沒那麼嚴重了。

治療師：這樣去想像有足以讓妳冷靜，並去跟他約時間見面了
　　　　嗎？

案　主：是的，我想可以。

治療師：好的，我們來回顧一下剛剛所做的。我們由妳對老師
　　　　的心像開始，聽起來似乎這個心像太令人痛苦，而讓
　　　　妳對於需要做的事情（和教授約時間）裹足不前。後
　　　　來妳藉由改變這個心像來獲得掌控，而且妳的焦慮降
　　　　低了，低到足夠讓妳去找他、見他。我們稱這樣的技
　　　　巧為「改變心像」。

## 心像的真實性檢視

治療師教導案主將心像視為口語化的自動化想法，並使用蘇格拉底
式的問話。

治療師：所以，當妳要告訴我妳有一些家庭作業沒做時，妳會
　　　　有一個我皺眉頭、用不認同的眼神看著妳的心像？

案　主：（點頭）

治療師：讓妳認為我會皺眉、不認同的證據是什麼？……妳有
　　　　任何相反的證據嗎？

在另一種情況中，治療師教導莎莉將自發性心像與實際發生的狀況
做比較。

案　主：昨天我在圖書館待到很晚，我出現一個整個圖書館都空蕩蕩很冷清的意象，接著我看到自己突然很不舒服並昏了過去，而現場沒有人幫助我。

治療師：圖書館裡完全沒有人是真的嗎？

案　主：不，雖然已經很晚了，接近閉館的時間，但當時還是有一些人在附近。

治療師：好的，以這樣的心像來說，當妳不由自主地想像當時發生了某些事，妳可以做一個真實性的檢視嗎？妳可以問問自己：「圖書館裡都沒有人嗎？我現在真的覺得不舒服嗎？」如果妳昨晚知道可以這麼做，妳覺得妳的心情會如何？

案　主：我就不會這麼緊張了。

一般來說，處理心像時，最好是使用心像形式的技巧而非上述這段例子所建議的口語性技巧。然而，案主有很多鮮明且痛苦的心像時，給予各種不同的技巧將使其受益，而且有時候，這個口語性技巧的真實性檢視是非常有幫助的。

## 重複心像

當案主清晰地想像一個誇張結局的心像時，這個重複技巧常能奏效。治療師會建議案主一遍又一遍地去想像原來的心像，並且注意其心像與痛苦程度是否有所改變。有些案主似乎會自動地去做真實性檢視，並隨著每一次想像將其設想得愈來愈接近真實狀況，焦躁不安的情況也會減少。

治療師：好的，莎莉，妳有這樣的心像：妳向教授要求延期，
　　　　而他很明顯地非常不高興，對妳吼叫，俯身靠近妳，
　　　　瘋狂地揮舞雙手說：「妳好大的膽子！妳明明知道約
　　　　定的時間，給我滾出去！」

案　主：沒錯。

治療師：我在想，妳能不能再想像一次？用相同的方式開始，
　　　　看看會發生什麼事。

案　主：（閉上雙眼）

治療師：好了嗎？結果呢？

案　主：他非常不高興，仍然對我大吼大叫，叫我出去。

治療師：這一次他有揮舞他的雙手嗎？或是俯身靠近妳？

案　主：沒有，他只是站在那兒，把手撐在桌子上。

治療師：好的，同樣地再做一次。

　　治療師讓莎莉重複這樣的場景三或四次。在最後一次時，她的心像
改變了許多：教授向後靠在椅子上，不悅地看著莎莉，用一種不和善但
也不具威脅性的語氣拒絕她的請求。顯然地，莎莉的不安減輕了不少。

## 替換心像

　　替換（substituting）一個較愉快的心像的技巧，在許多其他地方都被
廣泛地介紹過（例如Beck & Emery, 1985）。同樣地，為了讓案主能從痛
苦的自發性心像中解脫，這個技巧也需要被定期練習。

治療師：莎莉，另一種處理痛苦心像的方法，是用一個不同的
　　　　心像來替代它。有些人喜歡將痛苦心像看成是電視裡

的其中一個畫面，然後他們可以想像選擇其他的頻道
來觀看不同的場景，像是躺在沙灘上、漫步樹林間，
或是回想過去美好的回憶。妳想要嘗試這個技巧嗎？
首先，妳要盡可能詳細地形容一幕快樂的景象，使用
愈多的感官知覺愈好；然後我會讓妳練習將痛苦的心
像轉換到快樂的心像。現在，妳想要想像什麼愉快的
景象。

# 引發心像作為一種治療工具

有時，治療師會刻意引發心像而非協助案主去回應自發性心像。進
行家庭作業時可能會出現的障礙，利用情境預演的技巧去排除就是其中
一個引發心像的例子（見第十七章「情境預演」，第401-403頁）。其他
三個引發性的心像化技巧如下：

### 因應技巧的演練

治療師可以使用這個技巧來幫助案主在想像中練習因應策略。這個
技巧與「在心像中因應」（coping in the image）不同，因為此時治療師
是主動引發心像，並非讓案主去想像如何在其自發性的心像中做應對。

治療師：好的，妳預期在課堂上做口頭報告會是個很難熬的場
　　　　面。
案　主：對。
治療師：當妳第一次注意到焦慮感浮現時是在什麼時候？

案　主：當我起床時。

治療師：然後妳的腦海中會出現什麼？

案　主：我會搞砸，我想像自己口吃、結結巴巴，最後無法說
　　　　話。

治療師：妳是說在班上嗎？

案　主：對。

治療師：好的，那妳會怎麼做？

案　主：我會告訴自己放輕鬆，提醒自己我已經練習過很多遍
　　　　了。

治療師：非常好！接下來呢？

案　主：我能做一些調整並控制呼吸的動作，那會使我放鬆一
　　　　些。

治療師：很好，妳能夠看見自己正這麼做嗎？

案　主：可以。

治療師：然後呢？

案　主：我覺得好了一點，但仍然太緊張而吃不下早餐。我剛
　　　　洗完澡出來，穿上衣服，準備出門。

治療師：妳的心裡有什麼想法嗎？

案　主：如果我繼續這樣，愈來愈緊張怎麼辦？

治療師：想像自己在去教室的路上看我們之前做的因應卡〔幾
　　　　分鐘前治療師與案主已做好〕，怎麼樣？妳能想像自
　　　　己把它抽出來看嗎？

案　主：嗯……我想這樣有點幫助。

治療師：當妳快到教室時，試著想一下跳到未來的時間點如
　　　　何？妳剛結束了妳的口頭報告，妳正坐在那兒聽別人
　　　　報告……妳現在覺得怎麼樣？

案　主：有點放鬆了，可是還是會擔心，但沒有那麼糟。

治療師：好，現在妳正走進教室，接下來會發生什麼事，以及
　　　　妳做了什麼？

案主持續想像自己回應這個情況的實際上細節。然後寫下她預測會有幫助的那些技巧。

## 距離化

距離化（distancing）是另一個引發心像技巧，用來減輕痛苦以及幫助案主從一個更大的觀點來看問題。在接下來的例子中，治療師幫助案主看到她的困難可能有個時間期限。

> 治療師：莎莉，我知道妳現在可能感到很絕望，而且妳預料這些問題會一直持續下去。如果妳能預想自己渡過這段艱困時期，妳覺得會不會有幫助？
>
> 案　主：我想會，但是這很難去想像。
>
> 治療師：嗯，讓我們來看看。妳試著想像過了一年後自己的樣子如何？
>
> 案　主：好的。
>
> 治療師：妳的生活會是什麼樣子？
>
> 案　主：我不知道。對我來說要想到這麼遙遠的事很困難。
>
> 治療師：好吧，讓我們具體一點。妳會幾點起床？妳會在哪裡？
>
> 案　主：我大概會在八點或八點半的時候起床。我猜我會在校外的公寓宿舍裡。
>
> 治療師：自己一個人住嗎？
>
> 案　主：也許跟其他學生分租吧，和今年與我住同一層的一些人。我們有討論過這件事。
>
> 治療師：好的，妳起床了，然後接下來發生什麼事？
>
> 案　主：我可能會急忙趕去教室。如果沒有住在學校宿舍，我將會花比較多的時間在交通上。

治療師：妳在出門前會看到妳的室友嗎？妳是獨自去學校還是
　　　　跟他們其中某一個人一起？

案　主：我不知道。

治療師：唔，這是屬於妳的心像，由妳決定。

案　主：好吧，我想我會和其中一人一塊走。

治療師：妳在路上會談些什麼──或者妳都不說話？

案　主：喔，不，我們會談論學校的事，或是我們認識的人，
　　　　大概是像那樣的話題。

治療師：然後呢？

案　主：我會去教室。

治療師：那是一個很大的講堂，像妳今年這樣嗎？

案　主：不，可能不是。明年班級會變小。

治療師：妳想要去想像在教室中會發生什麼嗎？妳會跟別人互
　　　　動還是保持安靜？

案　主：嗯，希望到那個時候我會認識更多的人，覺得更自
　　　　在。我可能還是滿安靜的，但我會參與更多一些事
　　　　物。

治療師：妳在想像這個景象時感覺如何？

案　主：很好！

治療師：妳覺得把這個心像想像完，並當作妳的家庭作業怎麼
　　　　樣？然後每次妳有這個「我永遠沒有辦法擺脫」的想
　　　　法時，妳可以試著轉換成這個場景，然後看看對妳的
　　　　心情是否有影響。

案　主：我會試試。

治療師：現在，想像這個情境只是一種正向思考的力量而已
　　　　嗎？還是說妳可以真的去做一些努力來讓它發生？事
　　　　實上，妳不就已經在做一些事情來讓它成真了嗎？

案　主：的確是。

　　另一個距離化的技巧，幫助案主處理想像出的災難後果。先前提過的瑪麗，害怕自己萬一死了，她的孩子將會永遠一蹶不振。她的治療師讓她想像在不同的時間點，孩子們實際的痛苦程度為何，而不僅只是在意外剛發生的當下（這個技巧與跳到未來相似，但涉及數年的流逝，而非指幾分鐘、幾小時或幾天後的時刻）。

治療師：瑪麗，在妳的想像中，會是由誰把妳的死訊告訴孩子們。

案　主：我丈夫。

治療師：他會怎麼做？

案　主：（啜泣）他會抱著他們。他說：「發生了一場意外，媽咪走了。」

治療師：然後呢？

案　主：他們不會相信，一開始無法接受。他們哭了起來然後說：「這不是真的，我要媽咪。」

治療師：他們感覺很難過？

案　主：是的，非常糟。

治療師：（停頓一會兒）妳能往後跳一些時間嗎？現在是六個月後，目前怎麼樣了？妳能看見他們嗎？

案　主：他們在學校裡，看起來真的很悲傷，充滿疑惑及空虛。

治療師：他們感覺有多糟糕？

案　主：仍然非常糟。

治療師：我們能跳到兩年後嗎？他們幾歲了？

案　主：梅麗莎八歲，琳達六歲。

治療師：他們在做什麼？

案　主：在外面玩耍。這是我們的房子，我不認為我丈夫會搬家。

> 治療師：他們在玩什麼？
>
> 案　主：他們和鄰居的小孩在玩跳繩。
>
> 治療師：他們現在感覺起來如何？
>
> 案　主：當他們沒有想到我的時候，感覺還好。
>
> 治療師：當他們想起妳的時候呢？
>
> 案　主：（流淚）他們有時候會哭。這真令人混淆。
>
> 治療師：就像當初知道時那麼糟嗎？
>
> 案　主：不，沒那麼糟了。

　　治療師溫和地帶領瑪麗，接續著想像她心像中死後的五年、十年和二十年。藉由這個練習，瑪麗可以看到，女兒們由最初的痛不欲生，慢慢減緩成較短暫的難過與能夠因應的悲傷。透過鉅細靡遺地想像女兒長大後，並組織自己的新家庭的過程，可以顯著減少瑪麗對於在意外中死亡的恐懼。

## 降低意識到的威脅

　　第三種引發心像的技巧，是用來讓案主以更實際的方式評估真實威脅的情況。舉例來說，治療師鼓勵莎莉去修改她在課堂中演講的心像，想像她的朋友們在教室中對她流露鼓舞的神情；又如潘，一個害怕剖腹產的案主，治療師可以讓她預想產房中所有救生的儀器設備，以及醫生與護士們在口罩下的關懷臉龐。

　　總結上述所言，許多案主會經驗到自發性心像的自動化想法，通常需要以持續性地提問（而非咄咄逼人地追問），來幫助案主認清他們的心像。經常出現痛苦心像的案主，會因為定期演練幾種心像技巧而受益。此外，主動引發心像也可用於多種治療目的。

# Chapter

# 17 家庭作業

蔡佳縈

- 設定家庭作業
- 增加家庭作業堅持度
- 將困難概念化
- 回顧家庭作業

家庭作業（homework）是認知行為治療中不可或缺的一部分（Beck et al., 1979）。一些研究者發現，接受認知行為治療的案主若有持續進行家庭作業，其進步的程度會較之沒有做家庭作業的案主來得好（如 Kazantzis, Whittington, & Datillio, 2010; Neimeyer & Feixas, 1990; Persons, Burns & Perloff, 1988）。治療師試圖讓認知行為的改變擴展到案主的日常生活中。治療師在第一次會談時就教案主如何準備家庭作業：

> 治療師：莎莉，我想每天閱讀〔治療師陳述是為了治療憂鬱，而不是因為懶惰〕對妳來說是重要的。妳認為自己做得到嗎？
>
> 案　主：是的，我想可以。
>
> 治療師：事實上，提醒自己在會談中所討論的重點，這是一種克服憂鬱的方法。其他有些方法則是去改變一些妳做的事情。我們發現對人們來說，只是談話是不夠的，而是需要每天在想法和行為上做一點小改變。
>
> 案　主：我瞭解了。
>
> 治療師：但我們還是會經常確認改變對妳是不是個好方法，以及妳能否做到。現在，妳覺得我們該如何稱呼這些改變？家庭作業？妳的行動計畫？或是其他？
>
> 案　主：我想就是家庭作業吧。
>
> 治療師：好的，但我想要妳記住，這不像學校的家庭作業。這是妳覺得能夠幫助妳解決困擾的家庭作業，我們會一起設計，這完全是專屬於妳的作業。

好的家庭作業會提供案主機會進一步教育自己（如閱讀治療法）、蒐集資訊（例如透過監控自己的想法、感覺和行為）來檢測他們的想法和信念、修正他們的思考、練習認知和行為方法，以及實驗新的行為。家庭作業可以讓案主在治療室中所學的達到最大值，並增加案主的自我

效能感。

很多案主非常願意做家庭作業,並對此感到容易,但有些則否。即使是最有經驗的治療師,偶爾也會遇到不太配合家庭作業的案主,這類案主儘管已經做了徹底的準備,但仍會感到困難。因此治療師一開始必須假設,如果家庭作業設計得當,任何案主都會執行(除非他或她失功能的情形相當嚴重)。為了提高案主依從的可能性,治療師必須注意,例如:

- 修改家庭作業以符合個別化需求;
- 提供完善的原理原則;
- 發現潛在的阻礙;以及
- 修正(與阻礙)相關的信念。

本章分為四個部分:

1. 設定家庭作業。
2. 增加成功完成家庭作業的可能性。
3. 將問題概念化。
4. 回顧完成的家庭作業。

##  設定家庭作業

設定家庭作業並沒有明確的標準。更確切的說,治療師會針對每一位案主修訂不同的家庭作業。至於治療師如何決定要提出什麼作業呢?這得視會談中討論的議題與內容而定,而這部分又會受治療師整體治療計畫以及案主的目標所影響。治療師會考慮案主個別化的特性:他們的讀寫能力、對於完成家庭作業的動機與意願、目前痛苦的程度及功能的水準(認知、情緒,以及行為)、練習的限制(如時間上的限制)。

在治療一開始，治療師需要主導家庭作業的討論，但會盡快開始要求案主設計自己的家庭作業（例如：「現在我們已經討論完與室友的問題，妳覺得這禮拜記住什麼、做些什麼，對妳會有幫助？」）。在治療期間能穩定持續為自己設定家庭作業的案主，在治療結束後也較有可能持續這麼做。

在第一個部分呈現典型的家庭作業分派；接著以莎莉的家庭作業分派作為例子；本章最後的部分則提供一些能夠增加案主對家庭作業堅持度的指導方針。

## 持續進行的家庭作業

一般會持續進行的家庭作業如下：

1. 行為活化（behavioral activation）。讓了無生氣、憂鬱的案主離開床和沙發，並幫助他們恢復正常的活動（以及參加新的活動）是必要的。此類的活動安排也對其他案主有益。

2. 監控自動化想法（monitoring automatic thoughts）。從第一次會談開始，治療師會鼓勵案主注意到情緒改變時就問自己：「現在有什麼閃過我的腦海？」，並提醒自己這個想法可能不是真實的。一開始他們會寫下想法（在他們的智慧型手機、電腦、紙、筆記型電腦或索引卡）。如果案主還沒有評估或判斷自動化想法，那麼讓他們監控自動化想法，反而可能會讓他們感覺變糟，而且這類想法的內容如果是真的，那麼治療師的首要任務是進行問題解決。

3. 評估及回應自動化想法（evaluating and responding to automatic thoughts）。實際上在每次會談中，治療師會幫忙案主修正他們不正確且失功能的想法，並寫下他們的新想法。讓他們固定閱讀這些治療筆記是必要的家庭作業之一。案主也會學習評估他們的想法並在日常生活中練習。

4. 問題解決（problem solving）。實際上每次會談，治療師會幫助案

主想出問題解決的方法，讓案主在兩次會談週間有能力應付問題。

5.行為技巧（behavioral skills）。為了有效解決問題，案主可能需要學習新技巧，並可作為家庭作業練習。例如：對焦慮的案主，治療師可能會教導放鬆技巧；對社交焦慮的案主則會教導自我肯定技巧；或教導有需求的案主相關的組織及時間管理技巧。

6.行為實驗（behavioral experiments）。案主可能需要直接檢驗，像是「若我待在床上會感覺較好」、「若我提起噪音的問題，我室友會生氣」、「在會議上不會有人跟我說話」，這些扭曲的自動化想法的正確性。

7.閱讀治療法（bibliotherapy）。當案主閱讀有關你在會談中討論到的重要概念，會大受增強。讓案主閱讀並記下他們的反應是很有用的：他們同意什麼、不同意什麼，有什麼問題。

8.為下次會談療程作準備（preparing for the next therapy session）。若案主在進入你的辦公室之前想到很重要的事要告訴你，那麼會談一開始的速度便會被打亂。療前工作準備清單（見**圖7.1**，第143頁）可以幫助案主做準備。

## 以莎莉的家庭作業為例

下列有些家庭作業對任何憂鬱的案主幾乎都有幫助；其他則是為有特定需求的案主所特別設計的：

## 第一次會談

閱讀這些清單一天兩次，並設定鬧鐘提醒自己：

1.若我開始想我懶惰而且不好時，提醒自己我確實生病了，這個病叫做憂鬱症，它讓我做什麼事都感覺很困難。當治療開始產生作用，我的憂鬱會減輕，事情也會變得容易。

2.閱讀目標清單，且若我有想到其他的則可加入清單中。

3. 當我注意到我的情緒變糟時，問自己：「現在什麼閃過我的腦海？」並寫下這些想法。提醒自己「我想的未必是真實的」。

4. 擬定與艾莉森及喬的計畫。記得，若他們拒絕，可能是他們會想和我相處，但他們太忙了。

5. 閱讀《處理憂鬱》小冊子（選擇性的）。

## 第二次會談

1. 每日家庭作業：當我注意到我的情緒改變時，問自己：「現在什麼閃過我的腦海？」並寫下我的自動化想法（可能正確或可能不完全正確）。

2. 若我無法找出我的自動化想法，寫下情境。記住，學習辨識我的想法是一項技巧，就像打字一樣，我會做得愈來愈好。

3. 請尚恩協助我經濟學課本的第五章。

4. 每日家庭作業：閱讀治療筆記。

5. 持續跑步／游泳。

6. 計畫二或三項社交活動。

7. 每日家庭作業：增加自我陳述列表（寫下我做的任何事，雖然只有一點難度，但我做了）

8. （禮拜四早上）：回顧療前工作準備清單（Preparing for Therapy Worksheet）兩分鐘。

## 第三次會談

1. 每日家庭作業：閱讀治療筆記。

2. 每日家庭作業：當我的情緒改變，使用問題表單並在心裡回答或寫下來。

3. 每日家庭作業：自我陳述列表。

4. 每日家庭作業：履行活動計畫單。

5. 邀請麗莎和我一起準備化學考試。

6. （星期四早上）：回顧療前工作準備清單。

## 第四次會談

1. 每日家庭作業：閱讀治療筆記。

2. 每日家庭作業：當我的情緒改變，寫下思考紀錄表的前四欄（日期、情境、自動化想法及情緒）。在心裡回答紀錄表下部的蘇格拉底式提問。

3. 每日家庭作業：自我陳述列表。

4. 一週至少走路或跑步三天。

5. 和朋友一起訂定計畫。

6. 做活動計畫單上所安排的活動。

7. 和珍討論深夜的噪音。

8. （星期四早上）：回顧療前工作準備清單。

## 第五次會談

1. 每日家庭作業：閱讀治療筆記。

2. 每日家庭作業：在心中練習思考紀錄或寫下來。

3. 每日家庭作業：自我陳述列表

4. 每日家庭作業：履行活動計畫單。

5. 請化學教授幫忙。

## 第六次會談

1. 每日家庭作業：閱讀治療筆記。

2. 有需要的話：思考紀錄表。

3. 每日家庭作業：自我陳述列表。

4. 安排活動。

5. 打電話給媽媽討論夏日計畫。

## 第七次會談

1. 每日家庭作業：閱讀治療筆記。

2. 有需要的話：思考紀錄表。

3.每日家庭作業：自我陳述列表。

4.安排活動。

5.在課堂中提出一個意見或問一個問題。

## 第九次會談

1.每日家庭作業：治療筆記。

2.有需要的話：思考紀錄表。

3.每日家庭作業：自我陳述列表。

4.安排活動。

5.填寫CBW（核心信念工作表）。

6.向珍提出吵鬧聲的問題。

7.在史密斯博士的辦公班時間去找他。

## 第十二次會談（倒數第二次會談）

1.在思考紀錄表上練習有關結案的議題。

2.組織從一開始的治療筆記。

3.回顧自我治療會談的筆記。

##  增加家庭作業堅持度

雖然有些案主可以輕易地提出建議的家庭作業，但對其他人卻是個問題。履行以下的指導方針可以增加案主成功執行家庭作業的可能性，並親身體驗到心情的提升：

1.依個別需求修改家庭作業（要讓案主有90%至100%的信心可以完成該作業），太簡單或太難的作業都應該避免。

2.提供家庭作業如何與為什麼能幫助的原理。

3.一同設定家庭作業；尋求案主的投入及同意。

4.設計不會失敗的家庭作業。

5.在會談中開始著手練習家庭作業（若可能的話）。

6.設定一個系統，幫助案主記得做家庭作業。

7.預期可能的問題，並先做演練。

8.對於可能的負向後果先做準備（適合的時候）。

## 針對個人狀況修訂家庭作業

成功完成家庭作業可加快治療速度，並增加掌握感，心情也能獲得改善。治療師應該考量案主的特性（如本章一開始介紹所提到的）及其需求來設計家庭作業，而非僅根據固定形式進行設計。

例如麥特在第一次會談中沒有抓到認知治療模式的重點，甚至當他的（新手）治療師鼓勵他分辨自己的自動化想法時，麥特顯得有點不高興。他告訴治療師：「你不懂，我根本不知道有什麼閃過我的腦海，我只知道我現在很生氣。」在這個會談中，要麥特寫下自動化想法的家庭作業就不太合適。另一方面，第二個案主，凱特琳，已經讀過認知治療的書籍，且很快就能抓到自動化想法的重點。她一開始的家庭作業是當她覺得生氣時就完成思考紀錄表的前四欄（情境、自動化想法、情緒、回憶等四欄）。

家庭作業的型態以及數量都是重要的。莎莉是個對家庭作業很積極的案主，能和家庭作業「同步」，因為她還是個學生，她比麥特更容易完成家庭作業，而麥特有重度憂鬱，且已離開學校許多年了。

針對個人狀況修訂家庭作業的第三步驟，包含了將作業分成較容易達成的小步驟。例如閱讀認知行為入門書籍的其中一個章節、練習思考紀錄表的前四欄、花十至十五分鐘繳帳單、只洗一籃衣服，以及只花五分鐘逛超市。

在指派家庭作業之前，治療師事先預期案主會遭遇到的潛在困難是相當重要的。案主的診斷及性格可作為治療師預測的參考。例如嚴重

憂鬱的案主，一開始可能較能從行為作業中獲益（相較於認知作業而言）。逃避型的案主則會躲開行為作業，因為那對他們而言太具挑戰性了，也可能引發高度不安的症狀。若治療師安排太多家庭作業，感到焦慮及沒有控制感的案主可能會覺得無法勝任任何作業，因此提供較簡單的家庭作業是比較好的。無法完成或正確完成家庭作業，會讓傾向自我批評的案主感到無望。

## 提供原理原則

若案主理解做家庭作業的原因，會更有可能按約定做家庭作業。我向莎莉這樣介紹家庭作業：

> 治療師：莎莉，研究顯示運動通常可以幫助人變得較不憂鬱。妳覺得這禮拜去散步或跑步幾次怎麼樣？

一開始治療師會提供簡短的原理，在之後的治療中，則可鼓勵案主思考家庭作業的目的，例如「莎莉，妳覺得和妳的室友一起檢查她的週末計畫的重點是什麼？」或「為什麼持續記錄自我陳述列表很重要？」。強調家庭作業在治療中的必要性很重要。

> 治療師：獲得改善的方式是，每天在想法和行為上做一點小改變。

## 一起設定家庭作業

理想的狀況是案主要自己設定家庭作業，但在會談治療初始階段，

他們不會知道哪個作業是有幫助的；相反的，治療師應給予他們建議並確認他們同意：「你覺得向老闆提出休假怎麼樣？」、「你覺得在離開家前先閱讀因應卡會有幫助嗎？」、「這個禮拜你想嘗試一個〔特別的技巧〕嗎？」、「我覺得當你起床時做個淋浴，可以向自己展現你是可以掌控一切的，你覺得如何？你會想嘗試看看嗎？」若案主顯得猶豫或懷疑，你需要為他們做更進一步的準備。你可以引發和協助案主回應他們的自動化想法，和／或將家庭作業設定得較為簡單。

隨著治療有所進展，治療師會鼓勵案主自己設定家庭作業。「有關〔這個問題〕，你這禮拜想做什麼作業？」、「這禮拜如果你開始感到焦慮時，可以怎麼做？」、「如果〔這個問題〕發生，你會怎麼處理？」。

## 設定不會失敗的家庭作業

即使案主一開始無法完成家庭作業，治療師也可以強調能從當中獲得有助於治療的資訊。如此，不做家庭作業的案主較不會視自己為失敗者或因此感到不安：

> 治療師：莎莉，如果妳能完成家庭作業，那很好，但如果有困難也沒有關係——看妳是否能找出阻礙妳做家庭作業的想法，我們會在下次討論那些想法，好嗎？

有時候案主會連續兩週沒有做家庭作業重要的部分，或是在治療前才急忙完成，而不是每天練習，在這樣的情況下，治療師必須找出心理上和／或實際上的阻礙，並強調家庭作業的必要性，而非持續著重在設定不會失敗的家庭作業上。

## 開始在會談中練習家庭作業

若可以的話，讓案主在會談中先練習家庭作業，這樣他們更可能在家中完成作業。持續一項家庭作業會比開始新的作業來得容易。這是很重要的，因為案主通常會表示家庭作業最困難的部分就是在動手開始之前——那就要強化他們開始的動機。若治療師發現自己偶爾也有類似的經驗（例如：做報告、繳稅或開始運動），但在幾分鐘後會變得較為容易，則可自我揭露，並正常化此經驗，且當案主拖延時也可作為他們參考的範例。

## 記得做家庭作業

從第一次會談開始，讓案主寫下他們每週的家庭作業是很重要的。詢問案主會將家庭作業清單（或筆記本）存放在哪裡，以及他們覺得有多少可能會一、兩天忘記看清單。即使只有一點可能性，治療師可以提出幾個策略，要求案主：

1. 將家庭作業和其他日常活動聯結在一起（例如：「你覺得在吃飯時間和睡覺前看活動計畫單如何？」）
2. 在冰箱上、浴室的鏡子，或汽車儀表板上張貼紙條。
3. 用記事本、智慧型手機或電腦作為提示。
4. 請他人提示。

治療師也可以詢問案主記得做其他定期活動的程度，像是吃藥。

## 預期可能會面臨的問題

為了將案主做家庭作業的可能性增至最大，可以考慮以下幾點：

- 對案主來說,家庭作業的份量和困難程度合理嗎?會覺得受不了嗎?
- 家庭作業與案主的目標有關聯嗎?
- 案主完成的可能性多大?
- 有什麼實際的問題可能成為阻礙(時間、精力、機會?)
- 可能會有什麼阻礙了做家庭作業的想法?

詢問案主一個最重要的問題,以評估案主做作業的可能性:

你會做家庭作業的機率有多高,0至100%?

若案主做作業的信心低於90%至100%,可使用一或多個以下策略:

1.情境預演。
2.更改家庭作業。
3.理情角色扮演(intellectual-emotional role play)。

以下是這些策略的描述。

## 情境預演

**情境預演**(covert rehearsal),運用引發想像以發現並解決與家庭作業有關的潛在問題,說明如下。

> 治療師:莎莉,對於妳即將去找助教尋求協助,妳覺得會有什麼阻礙嗎?
>
> 案　主:我不確定。
>
> 治療師:〔協助案主具體化並承諾一個時間〕什麼時間適合去?

案　主：我想是星期五早上。那是他的辦公室時間。

治療師：妳能想像現在就是星期五早上嗎？妳能想像正在對自
　　　　己說：「我真的應該去助教的辦公室了？」

案　主：可以。

治療師：〔詢問細節，如此莎莉可以更容易將這些事件視覺
　　　　化，並正確辨識出她的想法和情緒〕妳在哪裡？

案　主：在我房間。

治療師：在做什麼？

案　主：嗯，我剛換好衣服。

治療師：妳有什麼感覺？

案　主：我想，有一點緊張。

治療師：有什麼想法閃過妳的腦海？

案　主：我不想去，或許我可以自己再讀一次這個章節。

治療師：妳要如何回應這些想法？

案　主：我不知道。

治療師：妳要不要提醒自己這只是一個實驗，而我們不知道會
　　　　發生什麼事，除非妳去了？若這個方法沒有幫助，我
　　　　們再一起找出方案二好嗎？

案　主：嗯，我想可以。

治療師：將它放到因應卡中，妳可以在星期五之前閱讀幾遍，
　　　　這樣會有幫助嗎？

案　主：可能會。

治療師：好。現在可以請妳想像妳已經換好衣服，且正在想
　　　　「我自己再讀一次這個章節，不要去找助教」？現在
　　　　發生了什麼事？

案　主：我想，「等一下。這應該是個行為實驗。因應卡在哪
　　　　裡？」

治療師：喔，它在哪裡？

案　主：我想我必須找一下。

治療師：妳今天回去後把它放在哪裡？

案　主：我不想讓我的室友看到它……或許放在我書桌最下層的抽屜。

治療師：好的。假設妳已經在星期三和星期四讀過它了，妳應該會記得放在哪了。能請妳想像拿出卡片並開始閱讀嗎？

案　主：好的。

治療師：現在，發生什麼事？

案　主：或許我記得我必須去的原因，但我還是不想去。所以我決定先打掃我的房間。

治療師：在這個時候妳能提醒自己什麼？

案　主：我可能還是去了且克服它。或許它真的有效。如果我停下來打掃房間，最後可能一點進展都沒有。

治療師：很好。接著發生什麼事？

案　主：我去了。

治療師：然後呢？

案　主：我到那兒了。我問他一個我完全不懂的問題。我告訴他我困惑的原因，他給了我一些幫助。

治療師：現在妳的感覺如何？

案　主：好多了。

這樣的情境預演會幫助你發掘實質上的阻礙以及會阻礙作業完成的失功能認知。

## 更改家庭作業

如果你判斷家庭作業是不適當的，或情境預演不夠有效，治療師可以建議更改家庭作業。可以換一個較簡單的家庭作業，不要讓案主養成

習慣不去做他們答應過要做的事。

> 治療師：莎莉，我不確定妳是否準備好要做這個了〔或「我不
>      確定這個家庭作業是適合妳的」〕，妳覺得呢？妳想
>      要繼續嘗試還是等到下次呢？

治療師也可以與案主一同決定設定某些非必須的家庭作業，或減少作業的頻率或是持續期間。讓案主做少一點作業遠比案主都不做要來得好。

## 理情角色扮演

當治療師判斷所指派的家庭作業對案主非常重要，那麼理情角色扮演則可激勵非自願的案主完成家庭作業。這個技巧不在治療的初期使用，因為它較有挑戰性。

> 治療師：我仍不確定妳會確實拿出因應卡，激勵自己去找助
>      教。
>
> 案　主：或許不會。
>
> 治療師：好的，我們來試試理情角色扮演妳覺得如何？我們之
>      前曾經做過。我來扮演理智的妳，妳扮演感情的妳。
>      妳盡可能地與我爭辯，讓我看到所有妳不想閱讀因應
>      卡及開始讀書的理由。妳先開始。
>
> 案　主：好的。我不太想做。
>
> 治療師：我真的不想做！但這是不相關的。這無關我想不想
>      做，而是我必須去做。
>
> 案　主：但我可以之後再做。
>
> 治療師：事實是我通常之後就不會去做了。我不想藉由拖延而

增強一個壞習慣。現在我有個機會可以強化一個新
的、更好的習慣。

案　　主：但只有一次又沒有關係。

治療師：沒錯！不是每一次都是那麼重要的。但另一方面，以
長遠來看，若我盡我所能來強化這個好習慣會比較
好。

案　　主：我不知道，我就是不想做。

治療師：我不需要專注在我現在想做什麼或不想做什麼。以長
遠來看，我想做我需要做的事，所以我能畢業、找到
好工作、對自己感到滿意，而且我不想要不斷地逃避
我不想做的事。

案　　主：……我想不到其他理由了。

治療師：好的。讓我們交換角色。然後我們將對話寫下來。

　　角色轉換之後，治療師就能理解案主不同觀點之間的想法與狀態。
你們可以一起重新設定原本的家庭作業（例如：「對於嘗試〔這個家庭
作業〕妳感覺如何？」）。如果案主決定維持原本的家庭作業，治療師與
案主可以一起將上述角色扮演的重點寫成因應卡。如果治療師相信案主
不可能會做家庭作業，治療師必須建議更改家庭作業，或讓家庭作業成
為可選擇的而非必要做的。

## 對可能的負向後果做準備

　　當設計一個行為實驗或檢視一個假設時，設計可以成功的方案是
重要的。例如：莎莉和治療師討論哪一位教授最能接受課後發問、當她
和室友協調深夜噪音問題時該使用什麼字眼，以及向朋友要求多少幫助
是合理的。若實驗的結果不好，可以讓案主預想可能的自動化想法或信
念。

治療師：現在我假設羅斯說他不能幫妳。若這個情況發生了，
　　　　妳腦海中閃過什麼？

案　主：我不該問的。他可能覺得我問這個問題很笨。

治療師：〔詢問其他種解釋〕他還可能有什麼其他原因拒絕
　　　　妳？

案　主：他太忙了。

治療師：或者，有可能他自己對內容也不是非常理解，所以無
　　　　法對妳解釋？或者，他只是不喜歡指導別人？或是，
　　　　他的心思正被其他事情所占據？

案　主：我想有可能吧！

治療師：目前妳有任何證據顯示他覺得妳很笨嗎？

案　主：沒有，但我們對政治的想法不同。

治療師：妳覺得他認為妳很笨，還是只是有不同的觀點？

案　主：我們只是有不同的感受。

治療師：就妳所知，他不認為妳是笨蛋？

案　主：不，我不這麼認為。

治療師：所以即使他拒絕妳，也不必然表示他因為妳尋求協助
　　　　就改變對妳的想法？

案　主：是的，我不這麼認為。

治療師：好的，我們都同意妳今天晚點會找他並尋求他的幫
　　　　忙。他可能會幫妳，那很好，或他會拒絕，若是這樣
　　　　的話，妳會怎麼提醒自己？

案　主：那不表示他覺得我很笨。他可能只是很忙，或對這些
　　　　內容不確定，或不喜歡教別人。

治療師：很好，讓我們將它寫下來，以防萬一。

　　當治療師與案主在事前討論可能會遇到的各種的問題，這可以防止
案主在嘗試了而結果不好的情況下，煩躁不安的程度。

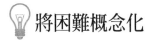 將困難概念化

當案主做家庭作業有困難時，將困難發生的原因概念化。以瞭解困難度的問題，如：

- 實質上的問題？
- 心理上的問題？
- 看似實質問題的心理問題？
- 與治療師認知有關的問題？

## 實質上的問題

如果治療師小心地設計家庭作業，並幫案主做好準備，那麼多數實質上的問題是可以避免的。情境預演（之前所提到的）也可以找出潛在的困難。四個常見的實質問題及其處理方式敘述如下：

### 在最後一刻才做家庭作業

理想上，案主在一週的日常生活中持續著會談中所進行的事。例如，對案主來說，一旦注意到情緒轉變時，能抓住並記錄下自動化想法，而且記錄下對這些想法的回應，是最有用的。有些案主會逃避在日常生活中思考這些問題，通常這樣的逃避是個大問題，而治療師首先必須先幫助案主辨識及修正引發逃避的相關信念（例如：「如果我專注在這個問題上，而沒有讓自己轉移注意力的話，我只會感覺更糟」，或「我不可能改變，那為什麼要嘗試？」）。其他案主僅需要一點提醒便可每天看家庭作業清單。

### 忘記做家庭作業的理由

有時候案主會忘了做家庭作業，因為他們不記得為什麼治療師要求

他做。讓案主（明顯有這個困難的案主）記下做作業的理由可以避免這個問題。

> 案　　主：我沒有做放鬆訓練〔或閱讀因應卡、或練習呼吸控制、或記錄我的活動〕，因為我這個禮拜感覺還不錯。
>
> 治療師：妳還記得我們幾週前說的嗎——不論妳的感覺如何，每天練習為什麼會有幫助？
>
> 案　　主：我不太確定。
>
> 治療師：嗯，讓我們假設妳已經幾個禮拜沒有做放鬆訓練了。接著妳即將面臨壓力很大的一週，妳覺得妳的技巧會有多好？
>
> 案　　主：應該不會很好。
>
> 治療師：這個禮拜我們可以將放鬆訓練再寫進家庭作業中，提醒自己在需要用到它之前，妳會想要練習得很精熟嗎？（停頓）對於練習它還有其他問題嗎？

## 缺乏組織能力及責任感

在每日檢核表中標記是否已經填寫家庭作業，可以增加案主做家庭作業的可能性。治療師或案主可以在會談中畫一個簡單的圖表（如圖17.1）。讓案主可以每天確認是否完成每一項家庭作業。此技巧可以幫助案主記得做作業，也可以讓他們面對尚未完成的部分。

或是，案主可以將家庭作業寫在日誌或記事本上。（可在治療室中與治療師共同完成第一天，其他的則在會談後自行完成），之後若完成家庭作業，案主便在記事本中打勾或將它刪掉。

第三個技巧可運用在堅持度低的案主身上，這項技巧建議案主在完成家庭作業後，打電話給治療師並留言。讓案主知道治療師會期待這個

| | 星期三 | 星期四 | 星期五 | 星期六 | 星期日 | 星期一 | 星期二 |
|---|---|---|---|---|---|---|---|
| 1.閱讀治療筆記 | | | | | | | |
| 2.做自我陳述列表 | | | | | | | |
| 3.做思考紀錄表 | | | | | | | |
| 4.在課堂上問一個問題 | | | | | | | |

**圖17.1　家庭作業每日檢核表範例**

訊息，激勵案主做家庭作業。

做任何介入，治療師都必須提出理由並確保案主同意。

## 家庭作業中的困難

若治療師在之後的會談中發現家庭作業太難或不清楚（常見於新手治療師），治療師便要承擔這個責任，否則案主可能會因為沒有成功完成作業而不適當地責難自己：

> 治療師：莎莉，現在我們討論了妳在家庭作業上的問題，我想我沒有解釋得很清楚。〔或「我想這真的是太難了」〕我很抱歉，當妳無法〔或沒有〕完成它時，妳腦海中閃過些什麼？

此時你有機會可以：(1)示範治療師也可能犯錯，並且能承認錯誤；(2)建立關係；(3)展現治療師很關注在為案主量身打造適合的家庭作業；(4)幫助案主對失敗找出其他解釋。

## 心理上的問題

如果家庭作業設定是合適的，且案主有機會可以執行，但卻沒有做家庭作業，他們的困難可能來自於下面所敘述的心理因素。

## 負向的預期

當案主處在心理痛苦之中，特別是當他們很憂鬱的時候，會傾向負向的結果。找出這些妨礙家庭作業的失功能認知，治療師可以請案主回想一個明確的時間，可讓他們回想家庭作業的事，接著引出相關的想法和感覺：

> 治療師：這個禮拜有哪個時間是妳確實有在想閱讀有關憂鬱的小冊子？
>
> 案　主：有的。我斷斷續續會想到。
>
> 治療師：告訴我一個時間。比如說，妳昨天晚上有想到嗎？
>
> 案　主：有。我原本打算晚餐之後就做。
>
> 治療師：發生了什麼事？
>
> 案　主：我不知道。我就是沒辦法去做。
>
> 治療師：妳當時感覺如何？
>
> 案　主：低落、悲傷，有點疲憊。
>
> 治療師：當妳想到閱讀小冊子時，腦海中閃過什麼？
>
> 案　主：這本小冊子很難，我可能無法專心，我會看不懂。
>
> 治療師：聽起來妳感覺很低落，不難想像對妳來說，要開始去閱讀它有點困難。或許我們上週就應該在會談中開始閱讀。（停頓）我在想我們可以怎麼檢驗妳認為自己不可能專心及理解它的這個想法是否為真。
>
> 案　主：我想我可以試試看。

治療師接著可以要求案主在會談中進行一項實驗。成功之後，案主可以寫下結論，像是：「有時我的想法不是真的，而且我可以做到的遠比我所想的要多，下次當我感到無望的時候，我可以做個實驗，就像我做的小冊子的實驗一樣」（註：若實驗沒有成功，治療師可以安排更基

礎的家庭作業）。

案主可以透過行為實驗檢驗其他負向預期（像是：「我的室友不想跟我一起去開會」，或「即使我尋求協助仍無法理解課文內容」，或「做家庭作業只會讓我感覺更糟」）。再次強調，為案主做準備去面對可能的負向結果是很重要的。治療師可以用標準的蘇格拉底式提問幫助案主評估其他的想法，像是：「我什麼都做不對」，或「這門課我可能會被當掉」。

當案主懷疑家庭作業是否有效，且出現矛盾的心理時，你必須承認你也不知道後果會是什麼：「我不確定做這份家庭作業是有幫助的，但若沒效的話你會失去什麼嗎？」另外，治療師與案主可以列出做家庭作業的優缺點。

最後，案主可在做作業的過程中，獲得信念層次的改善。家庭作業有可能會使下列的信念活化：

- 「我是沒有能力的」
- 「必須做家庭作業表示我是有缺陷的」
- 「我不應該做這麼多努力來得到改善」
- 「我的治療師企圖要控制我」
- 「若我思考我的問題，我會覺得愈來愈糟」
- 「若我做家庭作業且獲得改善，我的生活將會變糟」

上述這些信念可以被辨識出，並透過技巧加以修正，詳細的描述請見第十三及十四章。

## 高估家庭作業的要求

有些案主會高估做家庭作業的不便或困難，或不理解家庭作業是有時間限制的。

> 治療師：在這個禮拜，有什麼可能會妨礙妳做思考紀錄表？
>
> 案　主：我不確定是否可以找出時間做紀錄。
>
> 治療師：妳覺得它會花多少時間？
>
> 案　主：可能不會太長，大概十分鐘。但是我這幾天真的很忙，有一大堆事情要做。

　　治療師可以直接進行問題解決，找出可能的時間。另外，治療師可以用類比的方式，強調做作業的不方便性也是有時限的：

> 治療師：沒錯！妳這幾天真的很忙，我在想——我知道這是一個極端的例子——但若妳必須每天花時間做某些事才能拯救妳的生命〔或妳愛的人的生命〕，妳會怎麼做？會發生什麼事？例如：假設妳必須每天輸血？
>
> 案　主：嗯，當然我會找出時間。
>
> 治療師：很顯然的，如果妳沒做家庭作業，不會有生命威脅，但它們的原則是一樣的。我們可以立刻討論妳要如何縮減其他領域的時間，但首先妳要記住，這不會持續一輩子，我們只需要妳重新安排一些時間，直到妳感覺較好為止。

　　高估做作業所需的精力，也可以使用相同的提問。在下一個例子中，案主對填寫家庭作業有失功能（或扭曲）的印象。

> 治療師：這個禮拜有什麼會妨礙妳每天去賣場？
>
> 案　主：（嘆氣）我不知道我是不是有體力去。
>
> 治療師：妳想像到了什麼？

> 案　主：嗯，我能想像自己在商店之間拖著身體緩慢前進。
>
> 治療師：我們討論的只是每天花十分鐘去賣場。十分鐘妳能逛幾家商店？我想妳可能把作業想得太難了。

　　在不同的情境中，案主可以正確回憶家庭作業，但有可能再次高估它所需的精力。首先，治療師使用修正的、短版的情境預演技巧，幫助他將問題具體化。

> 案　主：我不確定我有精力可以帶麥克斯到公園玩十五分鐘。
>
> 治療師：最大的問題會是離開家裡、去公園，或是妳不知道要在公園做些什麼？
>
> 案　主：離開家裡。我必須準備很多東西——孩子的尿布包、嬰兒推車、瓶子、孩子的外套和鞋子……
>
> 　　　　〔接著，治療師和案主進行問題解決；一個解決方法是在案主還有精力、壓力較小的時候，便早點開始準備所需的物品。〕

第三種情況是，治療師將家庭作業設計為行為實驗。

> 案　主：我不確定我有體力可以打這通電話。
>
> 治療師：既然我們今天的時間也快用完了，我們就將家庭作業設定為行為實驗：我們寫下妳的預期：「我沒有足夠的體力打這通電話」——下次會談妳告訴我實際發生的狀況，好嗎？

### 完美主義

治療師如果適當地提醒案主不需要在家庭作業上力求完美,這對許多患者都會有所幫助。

> 治療師:學習辨識自動化想法是一項技巧,就像學電腦一樣。透過練習妳會愈來愈好。所以,若妳這禮拜有任何困難,別擔心,我們下次會談會討論如何能將它做得更好。

其他持有強烈完美主義的案主,可以讓他們練習做有錯誤的家庭作業。

> 治療師:聽起來妳的完美主義信念讓妳在做家庭作業時感到困難。
> 案　主:是的。
> 治療師:這個禮拜如果讓妳故意用不完美的方式做思考紀錄表,妳覺得如何?妳可以用手寫得很亂,或不要做得太完整,或是拼錯幾個字,或只寫十分鐘。

### 看似實質問題的心理問題

有些案主提出實質上的問題,像是沒有時間、精力或機會,讓他們沒有辦法持續做家庭作業。若治療師相信這樣的想法或信念就會造成阻礙,那麼在討論實質問題之前,必須先檢查它的可能性:

> 治療師：好的，所以妳不確定妳是否能做家庭作業〔因為實質問題〕。讓我們假設這個問題神奇的消失了，那麼，現在妳有多大的可能性會做家庭作業？還有其他的阻礙嗎？有任何想法阻礙妳完成家庭作業嗎？

## 和治療師認知有關的問題

最後，治療師要評估自己是否有任何想法或信念，妨礙自己堅定並適當地鼓勵案主做家庭作業。治療師典型的失功能的假設包含：

- 「若我嘗試找出她不做作業的原因，將會傷害到她」
- 「若我〔客氣地〕問她問題，她將會生氣」
- 「若我建議她做家庭作業監控，她會感到羞辱」
- 「她其實不需要做家庭作業來變好」
- 「她現在被其他事情壓得喘不過氣了」
- 「她太過被動攻擊（passive-aggressive）以至於無法做家庭作業」
- 「她太過脆弱，無法讓自己暴露在焦慮的情境中」

當治療師思考分派家庭作業，或是發掘案主沒有完成作業的原因時，問自己腦海中閃過什麼。若治療師有失功能的想法，可以做思考紀錄表、行為實驗，或諮詢督導或同儕。提醒自己，若妳允許他們略過家庭作業（研究指出家庭作業是很重要的），且沒有盡力堅持，那麼你並沒有幫到案主的忙。

 回顧家庭作業

在每次會談之前，治療師需要藉由回顧上一次會談的筆記，以及案主的家庭作業來做準備。討論家庭作業通常是流程中的第一個項目，除非很明顯是不適當的（例如：案主最近經歷重大失落，正處於哀悼階段）。但即使案主處於危機當中，在會談後段花點時間討論家庭作業仍是有幫助的，除非治療師與案主一致同意上週的作業不適合現在討論。

決定花多少時間回顧家庭作業，以及討論案主是否想要持續作業，是一門藝術。治療師會花較多的時間在家庭作業上，當：

1. 作業包含了重要的、正在進行中的問題，需要更進一步討論。
2. 案主沒有完成任何一樣作業。
3. 治療師判斷，討論案主學到什麼或幫助他們對自己的問題有新的領會是重要的。

例如，若嚴重憂鬱的案主沒有按照活動安排，你可能會花較多的時間概念化其原因，並和他們一起計畫未來的一週如何能做得更成功。花太少時間回顧家庭作業可能會剝奪案主學習重要的技巧，花太多時間同樣也會剝奪仔細討論新問題的機會。

回顧家庭作業的時間有很大的變異。在治療初期，你會加強治療筆記中的內容（例如：詢問案主對於在之前會談及家中所寫下的適應性反應有多相信？）。你需要回顧並允許案主練習他們還不熟練的技巧。治療師也會與案主一起決定哪些作業要持續，或在之後幾週要做修正。

總而言之，治療師與案主必須視家庭作業為治療的必要部分。適當地分派並完成家庭作業，可以加速進展，並允許案主練習治療中所學習的技巧，而這些技巧在治療結束後仍是需要的。（可參考Kazantzis, Deane, Ronan, and Lampropoulos, 2005; Tompkins, 2004.）

# Chapter

# 18 結束治療與預防復發

羅惀惀

- 初期的準備活動
- 治療過程中的活動
- 接近結案的準備活動
- 援助會談

　　認知行為治療的目的是協助案主緩解他們的狀況，並且教導案主技巧，讓他們可以使用在往後的生活中。治療師的目標並不是協助案主解決所有的問題。事實上，如果一個治療師認為自己有責任要幫助案主解決「每一個」問題，那麼將會引發或增強案主依賴的風險，也剝奪了案主嘗試與強化所學得的技巧的機會。

　　療程通常一週安排一次，除非有其他實際上的限制。症狀嚴重的案主可能需要安排較為頻繁的會談。一旦案主的症狀有明顯減輕，以及學會了基本的認知行為技巧，可以在雙方同意下將會談次數減少為兩週一次，甚至三至四週一次。此外，可鼓勵案主在治療結束後約第三、六、或十二個月時安排額外輔助的會談。本章會介紹與案主結束會談前的準備步驟，以及預防復發的方法。

##  初期的準備活動

　　治療師在初期的會談就要開始為案主做結案和預防復發的準備，必須告知案主，治療師的目標是在有限的時間內，盡可能幫助他們成為自己的治療師。當案主開始感覺狀況好轉之後，與他們討論復原的歷程就會變得很重要。案主可以由視覺描繪（見**圖18.1**）中獲得對於復原歷程的瞭解。從圖中可以看到改善往往會突然中斷，並有一些波動及挫折產生。（在下列的對話中，治療師將強調在治療結束後的生活中，案主仍會偶爾遇到一些挫折或困難，但案主會有更好的能力靠自己來處理它們。）

> 治療師：我很高興妳感覺好一點了。但是我要告訴妳，之後可能還是會有一些起起伏伏的情形。大部分的人會一點一點地好轉，然後在某個時間點會到達一個停滯期或是遇到挫折。然後他們會再發現自己一點點的進展，

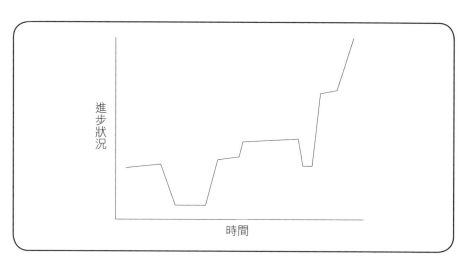

**圖18.1　治療進展**

註：這個圖表若是很有技巧地去描繪，可以畫出類似美國的南部疆界，德州與佛羅里達州則代表著挫折的地方。這樣的描述可以為治療師與案主帶來一些幽默感，並能幫助案主容易回想到有時退步是正常的。

　　　　然後又停頓或又變糟了，所以這樣的起伏是正常的。
　　　　妳能夠理解為什麼記得這樣的狀況對於之後來說會是
　　　　很重要的嗎？

案　主：我想如果我之後遇到自己停頓的時候，我可以不用這
　　　　麼擔心。

治療師：沒錯！妳可以記住我們討論過預期會出現的低潮點；
　　　　事實上，妳可以用這個圖作為參考（見**圖18.1**）。這
　　　　是我們在治療中大致上會遇到的情形，妳看得出來這
　　　　些停頓與挫折會隨著時間變得愈來愈短暫，以及愈來
　　　　愈不嚴重嗎？

案　主：嗯嗯。

治療師：把這樣的圖形記起來很重要喔！否則，當妳遇到一個

挫敗時，妳可能會認為這個治療失敗了，認為自己永
遠不會變好。

案　主：好。

治療師：甚至在治療結束之後妳還是可能會感到有些起伏的狀
況，每個人都會這樣。當然，到時候妳已經有足夠的
工具來幫助自己了，或者妳也可以選擇再回到治療中
談個一兩次。我們在會談將要結束時，再回頭來討論
這些。

 ## 治療過程中的活動

在整個治療過程中應使用某些技巧來預防症狀復發。

### 將治療進展歸功於案主

治療師在每次會談時都需留意，找出機會來增強案主進步的行為。
當他們的心情變好時，找出可能的原因，並強化任何使他們的心情、想
法與行為改善的因素。

治療師：聽起來好像在這個星期裡，妳憂鬱的情況減輕許多。
妳認為這是怎麼發生的？

案　主：我不太確定。

治療師：這個星期妳有做任何不一樣的事情嗎？還是妳有做哪
些我們排定的功課？或者妳處理了妳的負向思考？

案　主：對，我確實每天都有運動，而且我跟朋友出去了兩

次。我還是有自我批評了幾次，但是我有使用因應
卡。

治療師：所以這個星期妳覺得比較好，是因為妳做了幾件有幫
　　　　助的事情嗎？

案　主：我想是吧！

治療師：妳會怎麼形容妳的進步？

案　主：我想我做了一些事情來幫助自己，所以我感覺好些
　　　　了。

有些案主會把所有的進展歸因於治療師的協助，但歸因於案主——
案主才是正向改變的重要因素——可以強化案主的自我效能感。

治療師：妳認為為什麼這星期妳會感覺比較好呢？

案　主：在上次的會談中，你真的幫了我很多！

治療師：嗯，上次我可能教了妳某些東西，但在這個星期，到
　　　　底是誰真正的改變了妳的想法跟妳的行為呢？

案　主：是我自己。

治療師：那妳有多相信真的是妳自己值得這些讚美？

此外，案主可能將所有的改善歸因於環境的改變（例如：「因為
我男友打電話給我，所以讓我感覺好多了。」），或藥物的幫忙。治療
師要瞭解這些外在因子的影響，但更需要幫助案主明白他們的想法與行
為發生了哪些變化，這些改變都是幫助他們進步的原因，或可當作用來
協助他們保持這樣的進展因素。當案主堅信會有進步並非他們自己的功
勞，治療師可以試著去探索他們的潛在信念（「當我試著告訴妳這些都
是妳自己的功勞時，這對妳來說有什麼意義？」）。

## 教導並使用在會談過程中學習到的技巧或工具

當教導案主技巧和一些工具時，治療師強調這些技巧或工具是可以使用一輩子的，不管是現在或未來的情況。也就是說，這些技術並非只針對某一種病症（例如憂鬱症），而是只要案主感到自己在情緒上過度反應，或是有任何不對勁時都可以利用。以下是一些使用在會談期間及會談後常見的技巧與技術：

1. 將大問題分割成可處理的小元素。
2. 運用腦力激盪，找出問題解決方案。
3. 定義、測試及回應自動化想法和信念。
4. 使用思考紀錄表。
5. 監控及記錄每日活動。
6. 做放鬆練習。
7. 使用分心和再聚焦技巧。
8. 建立逃避性作業或情境的階段性作業（從簡單到困難逐步練習）。
9. 書寫自我陳述列表。
10. 列出（某些特定想法、信念行為和做決定的）優點跟缺點。

治療師需幫助案主瞭解他們可以如何在治療期間與治療結束後的其他情境中，使用這些工具。

> 治療師：看來確認出妳憂鬱的想法，進而質疑並對它做出回應，可以減輕妳難過的感受，是嗎？
>
> 案　主：對，的確是。我也很驚訝。
>
> 治療師：妳知道嗎，當妳感覺到有過度反應的情緒時，妳也可以使用相同的技術來處理，比方說過於生氣、焦慮、

難過、尷尬的時候。

案　　主：我從來沒有這樣想過呢。

治療師：我並不是表示妳應該要排除所有的負向情緒，而只有
　　　　當妳過度反應的時候。妳能夠想想看前幾週有沒有什
　　　　麼情況，可以讓妳使用思考紀錄表的？

案　　主：（停頓）好像想不到任何事。

治療師：那之後的幾星期會不會有什麼事，如果使用思考紀錄
　　　　表「可能」會有幫助嗎？

案　　主：（停頓）嗯，我想如果我哥哥決定這個暑假留在學校
　　　　而不回家的話，我會真的很生氣。

治療師：妳覺得當這個情形發生時使用思考紀錄表，把妳的想
　　　　法跟反應寫下來會如何？

案　　主：好的。

## 在治療過程中為案主的退步做準備

當案主開始感覺好轉，治療師可以幫助他們去面對可能會出現的退
步狀況，要求他們想像一下若是又開始感覺變糟時，會有什麼在他們的
腦海中浮現。常見的反應包括：「我不應該有這樣的感覺」、「這表示
我並沒有變好」、「我是沒有希望的」、「我將永遠無法好轉起來」、
「我的治療師會對我很失望」；或是「我的治療師並沒有把他的工作做
好」、「認知行為治療並不適合我」、「我註定要永遠憂鬱下去」、
「原來剛開始的好轉都只是假象」；或者案主會報告他們之後的心像，
像是感覺很害怕、孤單、難過、在床角縮成一團等等。使用因應卡及治
療進展圖（見**圖**18.1）可以協助避免這些負向認知的產生。

治療師：嗯，妳真的一直在進步，憂鬱的情形似乎減輕了許多。

案　主：對，我感覺愈來愈好。

治療師：妳還記得我們幾個星期前，有討論過關於可能會退步的情形嗎？

案　主：有一點印象。

治療師：因為退步是很有可能發生的，我想要更深入來討論這件事，好讓妳做好準備來面對它。

案　主：好的。

治療師：我要妳去想像妳過了很糟糕的一個星期，沒有一件事是順利的。無論哪一方面又再度變得黑暗，妳對自己真的感到很失望、一切都很無望。妳能夠在腦海中想像出這樣的畫面嗎？

案　主：可以，這就像我還沒來治療之前一樣。

治療師：好，告訴我現在妳腦中浮現出什麼？

案　主：（停頓）這不公平，我之前可以做得很好，現在好像沒有用了。

治療師：很好。現在，妳會如何回應這些想法？

案　主：我不確定。

治療師：嗯，妳有一些選擇，如果妳持續保持這些憂鬱的想法，妳預測妳的心情接下來會怎麼樣？

案　主：我可能會感覺更糟。

治療師：或者，妳可以提醒自己，這僅僅是某一次的退步，這樣的退步是很正常且短暫的。然後妳會感覺如何？

案　主：比較好一點，至少不會那麼糟。

治療師：好，要記得提醒自己這些是很正常的。在過去幾週裡，妳學到哪些技術可以幫助妳？

案　主：我可以閱讀我的治療筆記，或是將注意力集中到我要做的事情上，趕走這些負面想法。

治療師：也許兩個都做？

案　主：對，兩個都做。

治療師：妳會認為這些曾經幫助過妳的技巧，將來不再能發揮功用嗎？

案　主：並不會。

治療師：所以，妳可以對於妳的負向想法做反應，並且開始專注在其他的事情上頭。妳認為是否需要把我們剛才討論的事情寫下來，以便日後當妳出現退步時會有個計畫處理它，好嗎？

## 接近結案的準備活動

### 回應漸次減少的會談

在結束會談的前幾週，治療師可以與案主討論漸漸減少會談的可能性，將每週一次的會談，以實驗性方式逐漸減少為每兩週一次，或更少。有些案主會同意這樣的安排，有些人則會開始感到焦慮。對於那些會焦慮的案主來說，可協助他們將減少會談次數的好處條列出來。若是案主無法找出減少會談的好處和優點時，治療師可先與他們討論這樣做會有哪些缺點，並使用以下的指引方針來幫助案主發現優點，然後協助他們針對原先的缺點做出新的詮釋（見圖18.2）。

〔逐漸減少會談的優點〕
1.我會有更多的機會來使用我學到的技術，並將這些技術練得更純熟。
2.我可以比較少依賴〔我的治療師〕。
3.我可以將治療費省下來做別的事。
4.我可以花更多時間〔在做其他的事情〕。

| 〔缺點〕 | 〔重新詮釋〕 |
|---|---|
| 1.我可能會復發。 | 如果我真的復發了，那並沒有關係，因為現在還在治療中，所以我可以學習如何去處理它。 |
| 2.我可能無法獨自處理問題。 | 逐漸減少的會談給我機會，讓我去檢測我需要〔我的治療師〕的想法。長久下來我終究要靠自己解決問題，我不可能會談做一輩子。 |
| 3.我會想念〔我的治療師〕。 | 這很有可能是真的，但我可以接受這個事實，這也可以鼓勵我去建立自己的支持系統。 |

**圖18.2　減少（莎莉）會談次數的優缺點**

以下的對話呈現出減少會談次數的討論大致是這樣進行的：

治療師：在上次的會談中，我們簡單討論了將之後的會談間隔時間，試著拉長一點，妳有想過如果把它改成每兩週一次嗎？

案　主：我有想過，但這讓我感到有點焦慮。

治療師：妳當時想到什麼？

案　主：唔，我想到要是發生什麼我無法應付的事情該怎麼辦？如果我又開始憂鬱，這會讓我無法忍受……

治療師：妳評估過這些想法嗎？

案　主：是的，我知道這是我小題大做，治療並沒有真正的結束。而且你說過如果有需要我可以打電話給你。

治療師：沒錯。妳可以想像一個特別的情境嗎？那可能將會是個很困難的狀況？

案　主：不行，沒辦法。

治療師：也許我們現在來想像一個特殊問題，那或許對妳會有
幫助。

案　主：好的。〔莎莉想像在考試中得到很糟糕的成績，確認
出自動化想法，並對這些想法做回應，也為了預防下
次再發生同樣的事情而做了計畫。〕

治療師：現在，讓我們來討論一下妳對於減少會談次數的第二
個自動化想法。也就是妳擔心會再度變得憂鬱，並且
這會讓妳無法忍受。

案　主：我想也許不完全是這樣。你已經讓我覺得我可以接受
再次的情緒低潮，但我並不喜歡這種事發生。

治療師：好吧。讓我們來假設妳「真的」情緒變得很低落，而
距離我們下次的會談還有一週半的時間，妳會怎麼
做？

案　主：嗯，我可以做一個月前的那個作業。再次閱讀我的治
療筆記，確保自己的活動力，做更多的思考紀錄表。
在我的筆記裡我有列出我可以做的事情有哪些。

治療師：如果現在就把這個紀錄找出來，妳覺得會有幫助嗎？

案　主：會的。

治療師：好！如果這次的作業就是把這個筆記找出來，並且在
思考紀錄表寫下兩個有關於「可能會發生一些我無法
處理的事情」，以及「我無法忍受自己再度變得憂
鬱」的這兩個想法。

案　主：好。

治療師：妳對於我們改成隔週見面還有沒有其他想法？

案　主：只是我會想念每週與你的會談。

治療師：我也會想念妳。有任何人可以聽妳說說話嗎？即使只
有一下子。

> 案　主：唔，我可以打電話給芮貝卡。而且，我想我也可以打
> 　　　　給我哥。
>
> 治療師：那聽起來會是個好主意。妳想要把它寫下來嗎？
>
> 案　主：好的。
>
> 治療師：最後，妳記得我們是將隔週見面當作一項實驗，如果
> 　　　　真的行不通，我會希望妳打給我，讓妳可以盡快回到
> 　　　　每週一次的會談。

## 回應案主對於結案的擔心

當案主在兩週一次的會談當中進行得順利的話，治療師可以建議將會談改成每三週或一個月一次，以便準備結案。再一次提醒，將會談拉長間距是一個實驗。在每次的會談中，治療師與案主可以共同討論要繼續進行，還是要回到更頻繁的會談裡。

當治療快接近尾聲時，與案主討論他們對於結案的自動化想法是很重要的。有些案主會很興奮且充滿希望；相反的，有些人則是會感到害怕，或者甚至是生氣的。大部分的人則會有很複雜的感受，一方面他們很高興自己能進步，另一方面則是會擔心自己會不會復發，以及對於要與治療師結束關係而感到難過。

瞭解案主的感受，同時協助他們面對不實際的想法是很重要的。通常治療師若能揭露自己的感受會很有幫助，治療師真誠地告訴案主自己也對於必須結束彼此的關係感到遺憾，但也為案主的進步感到驕傲，以及相信案主已經準備好要面對自己的人生。也可使用先前在減少會談次數時，採取評估自動化想法及討論優缺點的方式來與案主討論關於結案的想法及感受。（其他關於如何協助案主面對結案擔憂的策略，可參考Ludgate於2009年發表的文獻。）

## 回顧治療期間的學習

治療師鼓勵案主整理並仔細閱讀會談期間的筆記，因此案主在未來可以運用這些學習。舉例來說，治療師可指派一個很好的家庭作業，請案主將先前所學的治療重點及技巧寫成摘要，藉以檢視他們的學習。

## 自我治療會談

雖然許多案主並沒有遵循正式的自我治療方法，但與案主討論並鼓勵他們使用自我治療計畫（見**圖18.3**）仍然是有幫助的。讓案主練習在逐漸拉長的會談間隔期間進行自我治療，這對於他們在結案後使用自我治療會更容易，而且可以發掘案主一些可能的潛在問題：時間不夠、對於要做什麼有所誤解，以及出現一些干擾的想法（如「有太多事情要做了」、「我並不真的需要來做這件事」、「我無法靠自己來完成它」）。此外，為了幫助案主處理這些問題，治療師可以提醒案主關於自我治療的優點，例如：他們可以維持自己的治療歷程，並且是在自己方便的時候，又毋須付費；可以持續練習在治療中學到的新工具，並隨時準備把它們拿出來用；可以在問題變大之前就自行解決；減少復發的可能性；以及能用這些技巧豐富自己在生活中的各種不同層面。

**圖18.3**呈現出一個可廣泛運用的自我治療計畫，治療師可教導案主並針對個人需要進行修改。許多案主可以經由簡短的提醒討論中獲益良多：「剛開始你可以試著一週進行一次自我治療，然後兩星期一次、一個月、三個月一次，甚至之後一年做一次就好。你覺得要如何提醒自己，定期將這個自我治療計畫拿出來複習？」

## 為治療結束後的退步做準備

如同前述，治療師在治療初期就開始協助案主為可能的退步做好準備，當接近快要結案時，治療師鼓勵案主做一張因應卡，以便處理會談結束後可能遇到的阻礙（見**圖18.4**的典型的因應卡）。

1.複習過去的幾個星期
- 有沒有發生哪些正面的事情？有什麼是我值得被讚賞的？
- 發生哪些問題？我做了什麼處理？如果下次又遇到同樣的問題，我會做哪些不同的處理方式？

2.複習家庭作業
- 我做了我計畫的事情了嗎？如果沒有，是什麼阻礙了我（實際上的困難；自動化想法），以及下次我能夠怎麼做？
- 這星期還有哪些事情是我應該繼續去做的？

3.目前的問題或情境
- 我有實際地考量這個問題嗎？還是我只不過是過度反應？對於這個困境有其他的角度能解釋它嗎？
- 我應該怎麼處理它？

4.預估未來可能會發生的問題
- 在接下來的幾天或幾週內有哪些問題可能會發生？以及我應該要如何處理它？

5.設定新的家庭作業
- 哪些家庭作業會有幫助？我應該考慮的有：
(1)做思考紀錄表？
(2)安排愉悅或控制的活動？
(3)閱讀治療筆記？
(4)練習一些技巧，像是放鬆練習？
(5)寫自我陳述列表？

6.安排下次自我治療的時間

### 圖18.3　自我治療指南

資料來源：From *Cognitive Behavior Therapy Worksheet Packet.* Copyright 2011 by Judith S. Beck. Bala Cynwyd, PA: Beck Institute for Cognitive Behavior Therapy.

註：Reprinted by permission in *Cognitive Behavior Therapy: Basics and Beyond, Second Edition,* by Judith S. Beck (Guilford Press, 2011). Permission to photocopy this material is granted to purchasers of this book for personal use only (see copyright page for details). Purchasers may download a larger version of this material from www.guilford.com/p/beck4.

當案主遇到問題時，最好能自己解決問題而不是先找治療師。如果他們真的需要其他的協助，治療師可以幫助案主找出在靠自己獨立處理問題或退步時，從中學到了什麼，然後與案主一同計畫在未來還能做哪些不同的改變。

如果症狀復發，退步的話，我可以怎麼做？
1. 我可以選擇怨天尤人，或者承認自己很難過，去想著所有事情都沒有希望，而且心情可能會變得更糟。或者我可以回去看我的治療筆記，提醒自己這樣的退步不過是復原的一部分，這樣是很正常的，並且看看我可以從這次退步中學到什麼。做這些努力可能會讓我感覺好過許多，而且讓這個問題變得比較不嚴重。
2. 再者，我應該可以做自我治療，並且計畫如何解決我的問題。
3. 當我需要更多協助時，我應該打電話〔給一個特別的朋友或家人〕。
4. 我可以打給〔我的治療師〕，與他簡單地討論我該怎麼做，或是安排另一次的會談。

**圖18.4　莎莉處理退步時的因應卡**

 ## 援助會談

　　治療師鼓勵案主在結案後安排幾個援助會談有以下幾個原因。如果出現任何問題，治療師可以有機會再與案主討論如何處理，並衡鑑他們是否能以更好的方式來處理這些問題。治療師可與案主一起展望未來，討論之後的幾個星期或幾個月有可能會發生的困難，並擬出一個計畫來處理這個狀況。當案主知道在這個援助會談中，治療師會詢問他們關於自我治療的進展，可以激勵案主去做家庭作業，並練習先前所學到的技巧。此外，治療師可以檢核案主先前失功能的想法是否又出現，如果有的話，可以在此次會談中做認知的重新架構，並且安排家庭作業。

　　**援助會談**（booster sessions）也提供給治療師一個機會，檢視案主再度出現的失功能策略有哪些（如逃避）。案主可以表達任何新的或以前尚未達成的目標，並制定出計畫來完成它。治療師與案主可一同評估自我治療的方法，並加以修正。最後，當案主知道在治療結束後有安排援助會談時，可以減輕他們對於要靠自己保持治療進步的焦慮。

　　為了準備援助會談，治療師可以提供案主一張問題清單（見**圖 18.5**）。

---

1.事先預約：安排確切的時間，如果可以的話，打電話來確認。

2.將前來會談當作是預防措施，即使你覺得持續進步當中。

3.來之前先做好準備，決定想要討論的內容，包含：

　(1)有哪些你一直做得很好？

　(2)有沒有什麼問題發生？你是如何處理它們的？還有更好的方法嗎？

　(3)哪些問題可能會在這次與下次的援助會談期間發生？仔細想像一下這個問題。你可能會有哪些自動化想法？哪些信念可能會被激發？你會如何處理這些自動化想法與信念？你要怎麼解決問題？

　(4)你做了哪些認知行為治療的作業？在現在與下次援助會談期間，你打算做哪些作業？有什麼自動化想法會阻礙你去做這些事情？你會如何回應這些想法？

　(5)你有什麼進一步的目標嗎？你會如何達成它們？從認知行為治療中學到的東西可以如何協助你達成目標？

---

### 圖18.5　援助會談指南

資料來源：From *Cognitive Behavior Therapy Worksheet Packet*. Copyright 2011 by Judith S. Beck. Bala Cynwyd, PA: Beck Institute for Cognitive Behavior Therapy.

註：Reprinted by permission in *Cognitive Behavior Therapy: Basics and Beyond, Second Edition,* by Judith S. Beck (Guilford Press, 2011). Permission to photocopy this material is granted to purchasers of this book for personal use only (see copyright page for details). Purchasers may download a larger version of this material from www.guilford.com/p/beck4.

　　下面的對話可以看出，治療師的目標是檢視案主整體的狀況，以及規劃如何維持案主的進步。

> 治療師：我很高興你今天能來。從貝克憂鬱量表看到，你憂鬱的情況似乎比之前最後一次見面時還要嚴重一點，對嗎？
>
> 案　主：對，我女朋友最近跟我分手了。
>
> 治療師：聽到這個消息我也很難過。你覺得這個情況是造成你憂鬱分數增加的原因嗎？
>
> 案　主：我覺得是，因為我一直到上個星期前都還感覺很好。
>
> 治療師：你想要將分手這件事放在今天要討論的流程中嗎？
>
> 案　主：對，我想討論這件事，以及關於我在新工作上毫無進展的情形。
>
> 治療師：好的。我也想要瞭解一下你最近過得如何，除了分手之外，你是否有遇到任何的狀況？以及你是如何處理的。你做了多少認知行為治療的作業？以及你認為在之後的兩至三個月可能會遭遇哪些困難？一併討論這些議題如何？
>
> 案　主：好。
>
> 治療師：你想要先從分手開始說起嗎？告訴我這是怎麼發生的？（簡短地討論了分手這件事，治療師把重點放在案主對於分手的反應是什麼，以及先前的失功能信念是否又被激發）〔做總結〕所以事情開始惡化，她告訴你她想要開始跟其他男生交往？當她這樣說時，你當時想到了什麼？
>
> 案　主：她不是真的愛我。
>
> 治療師：「她不愛你了」這對你的意義是什麼？
>
> 案　主：那表示我一定有什麼問題。

治療師：那你覺得自己有什麼問題嗎？

案　主：我想我不值得被愛。

治療師：當她告訴你她想跟其他人約會時，你有多相信自己是不值得被愛的？

案　主：喔，大概90%。

治療師：那你現在有多相信呢？

案　主：比較少，大概50%或60%。

治療師：為什麼會有不同？

案　主：嗯，有一部分是我知道我們其實並不適合對方。

治療師：所以你修正了「你並不值得被愛」的舊想法？

案　主：多少有一點。

治療師：對。現在你在治療中有學習到哪些東西可以幫助你去除這個「不值得人愛」的想法，進而強化「你是值得人愛」的想法呢？

案　主：思考紀錄表應該會有幫助，我知道在我的治療筆記裡有很多，我應該要重新閱讀它。

治療師：可能會有幫助，你曾經想過這麼做嗎？

案　主：有，但當時我想應該不會有用。

治療師：那你現在怎麼想？

案　主：嗯，我認為它之前曾幫助過我，現在應該也會有效。

治療師：如果接下來的幾天要你回去做這項功課，你覺得可能會有哪些阻礙呢？

案　主：沒有，我會去做，我想它也許會有幫助的。

治療師：如果這個「它不會有幫助」的想法，又在你之後遇到困難時出現了呢？

案　主：這是很有可能的。

治療師：你現在可以怎麼做，測試一下這個想法？

案　　主：我「現在」可以怎麼做？

治療師：對。你可以如何提醒自己，你曾經「現在」有過這樣
　　　　的想法，並明白它其實並不是真的。

案　　主：我應該把它寫下來，也許準備一張紙貼在我的桌前。

治療師：好的，把我們剛剛討論出來的一些事情都寫下來你覺
　　　　得如何？像是做有關於不值得被愛的失功能紀錄表、
　　　　閱讀你的治療筆記、寫下對於「它不會有幫助」的想
　　　　法的回應。

　　在這個援助會談當中，治療師評估案主憂鬱的程度、設定會談流
程、討論某些議題，以及幫助案主設定自己的家庭作業。治療師確認案
主輕微的憂鬱是因為和女友分手導致（如果憂鬱的狀況更嚴重，治療師
可以花更多的時間評估導火線，以及調整案主失功能的信念、想法與行
為，並且與案主討論再增加額外會談的可能性）。

　　這個案主可以輕易地表達他的自動化想法及隱藏的信念。治療師並
沒有花費太多時間來調整他的信念，因為他在之前的治療就已經學過這
些技巧了。案主需要援助會談來提醒並督促自己去使用這些工具。

　　總之，治療師在整體治療過程中都會進行預防復發的準備。關於延
長會談間隔以及結案準備的問題，就如同其他問題一樣，都包含了問題
解決策略，以及針對失功能想法與信念做出回應的內容。

# Chapter

# 19 治療計畫

羅惜惜

　　在治療的各個時刻中，治療師如何決定接下來該怎麼做、該怎麼說？部分答案在本書先前章節已經有提到，但本章會呈現一個更全面的組織架構，提供治療決策與治療計畫。為了保持治療過程聚焦及朝正確的方向前進，治療師會不斷地問自己：「具體的問題是什麼？我想要達成什麼？」治療師要覺知這次會談某部分的目標、整個會談的目標、目前治療階段的目標，以及整個治療計畫的目標為何。本章針對有效的治療計畫進行概述：

- 實現宏觀的治療目標
- 會談間的治療方案設計
- 設計治療計畫
- 規劃個別會談
- 決定會談焦點
- 針對特殊疾患調整標準治療方案

##  實現宏觀的治療目標

　　在宏觀的層次，治療師的目標不僅是要緩解案主的症狀，而且還須能夠預防復發。要做到預防復發，治療師需要在治療初期告訴案主，目標之一就是教導他們成為自己的治療師。為了達到這個目標，治療師可以這樣做：

1. 與案主建立一個健全的治療同盟關係。
2. 讓治療過程及架構透明化，使案主明瞭整個認知行為治療的進行模式。
3. 教導案主認知模式架構，並與其分享治療師概念化的過程。
4. 透過多樣化的技巧，協助案主減輕痛苦與解決問題。

5.教導案主如何使用這些技術；並幫助他們正確判斷與歸納治療技巧，激勵案主善於在未來使用它們。

 ## 會談間的治療方案設計

　　治療師應發展出一個長期的治療方案，並在每次會談設定具體的治療計畫。治療過程可分成三個階段：初期、中期、後期。在**治療初期階段**，需要建立起健全的治療同盟關係；確認案主的治療目標；解決問題；教導案主認知模式；幫助案主激發行為與活動（尤其是案主退縮且憂鬱時）；教育案主認識他們的症狀與疾患；教導案主對自己的自動化想法做確認、評估與回應；督促他們更加融入（做家庭作業、設定會談流程以及給予回饋）；並指導案主學習因應策略。在治療的初期階段，治療師通常必須主導指派家庭作業的工作。

　　在**治療中期階段**，治療師持續進行以上的目標，但同時也強調識別、評估和調整案主的信念。治療師分享對於案主的概念架構，並同時使用「理智」（intellectual）與「情感」（emotional）技巧來促進修正信念。在治療的中期階段，治療師教導案主所需的技術來達成治療目標。

　　在**治療後期階段**，治療重心轉移至準備結案與預防復發。此時，案主應已變得更加主動，可自行主導設定會談流程，建議問題解決方案，使用治療注意事項，並自行決定家庭作業。

 ## 設計治療計畫

　　治療師設計治療計畫，是根據對案主的評估，評估案主在DSM第一軸和第二軸向的症狀與進行疾患診斷，以及評估案主目前特定的問題與

目標。以莎莉為例，在第一次會談時設立了五個目標：增進學業表現、降低她對考試的焦慮、多花時間與朋友相處、參與學校活動，以及發現更多樂趣。根據初談的評估與這些目標，治療師設計了一個一般性的治療方案（見**圖**19.1）。在每一次的會談中，會根據上次的會談內容，或是莎莉做了哪些家庭作業，以及根據她想放在流程中的問題或主題，來選擇治療計畫中的幾個特定範疇作為該次治療工作的要項。治療師也可以將每個單獨的問題或目標，進行批判性的分析，無論是以書寫記錄模式或者僅做思考模式（見**圖**19.2）。

1. 解決她在注意力上的問題，尋找課業上的協助，固定與朋友相處，以及參與活動。
2. 幫助她辨別、評估、回應她的自動化想法。這些自動化想法包含對於自己、學校、其他人以及治療，特別是那些令人痛苦與／或阻礙問題解決的部分。
3. 調查關於「完美主義」及「求助」的失功能信念。
4. 討論她的自我批評，以及增強她的自我陳述列表。
5. 增加有生產力的活動。

**圖19.1　莎莉的治療計畫**

制定出一個一般性的治療計畫，治療師可以遵守它較大或較小的目標範疇，也可以在需要時做修訂與調整。分析特定問題可督促治療師將案主面臨的困難仔細地概念化，以及為他們量身定做一個治療計畫。這樣做也可以幫助治療師聚焦在每次的會談，掌握治療的脈動，並更加理解治療進展。

##  規劃個別會談

在會談前與會談間，治療師會問自己一連串的問題，為的是明確訂出會談計畫引導自己進行會談。一般來說，治療師會問自己：「我企圖

---

問題分析

A. 典型的問題情境

| 情境一 坐在圖書館裡 | | 情境二 晚上在房間裡讀書 |
|---|---|---|
| **自動化想法** 我永遠也做不完 我完全不瞭解 我永遠也無法弄懂 我真愚蠢 我可能會不及格 | | **自動化想法** 沒有希望了 |
| **情緒** 難過 | | **情緒** 難過 |
| **行為** 停止念書 | | **行為** 躺在床上 |
| **生理反應** 不適 | | **生理反應** 哭泣 |

B. 失功能行為
1. 當理解力很差時，仍然反覆閱讀相同的東西，或是完全停止念書。
2. 無法對自動化想法有所回應。
3. 不去尋求其他人的協助。

C. 認知扭曲
1. 將問題歸咎於自己的缺點，而不是歸因於憂鬱。
2. 預設未來是無望的。
3. 預設她是很無助的，而且對於這些問題完全沒有解決辦法。
4. 可能將她的自我價值與成就拿來相提並論？

D. 治療策略
1. 進行問題的解決。當發現閱讀第二遍之後仍然無法理解時，先轉換成其他科目或素材進行學習。發展一個求助計畫，從教授、助教、家教或同學中尋求幫助。從會談中發展出因應卡，並在學習前或學習中閱讀它。
2. 監控情緒與行為。當心情變得更差或是開始逃避時，把自動化想法記錄下來。
3. 使用蘇格拉底式的提問，評估自動化想法。教導使用思考紀錄表。
4. 使用引導式過程揭露自動化想法所隱含的意義；利用有條件式（如果……然後……）的表格及測驗。
5. 如果可適用的話，利用認知續線（cognitive continuum）來說明成就也是連續的，而不是只能用完美或失敗的二分法。

---

**圖19.2　問題分析一：學習困難**

達成什麼目的？怎樣做會比較有效率？」有經驗的治療師會很快做出反應，將重點放在許多具體問題上。下面這一系列的問題可能會讓初學者望而生畏，但對於進階的治療師而言，這是很有用的指南，可以幫助治療師有能力做出更好的會談決策。下列這些問題是被設計作為會談前思考用，因為在會談中沉思這些問題，無疑地會干擾治療的過程。

1. 當你在會談開始前複習上次的會談筆記時，詢問自己：

   (1) 案主的診斷是什麼？標準的認知行為治療要如何做調整，以配合這個診斷以及這名案主的特性？

   (2) 我如何概念化案主的困難與問題？如果無法進行概念化，認知行為治療需要如何為這位特殊的案主做出調整？

   (3) 我們現在是在治療的哪一個階段（初期、中期、後期）？我們還剩下多少會談次數（如果有次數限制的話）？

   (4) 到目前為止，案主的情緒、行為與症狀有多少進展？有朝向案主的目標與主要問題邁進嗎？

   (5) 我們的治療同盟關係有多穩固？（如果有需要的話）我今天要如何來強化它？

   (6) 我們要把工作重點放在哪一個認知層次：自動化想法、中介信念、核心信念或是混合討論？每個層次目前的進展有多少？

   (7) 我們一直在努力達成什麼樣的行為改變？改變了多少？

   (8) 在前幾次的治療中我們做了哪些事？哪些失功能的想法或問題（如果有的話）阻礙了治療過程？我們仍在進行學習的技巧有哪些？哪一個或哪一些技巧是我想要增強案主去做的？又有哪一個新技巧是我想要教導給案主的呢？

   (9) 上次會談的情形如何？案主同意要進行的家庭作業是哪一個？如果有的話，我答應要做的事有哪些？（譬如：打電話給案主的家庭醫師，或推薦相關的書籍）

2. 當你開始治療會談和檢視案主的情緒時，詢問自己：

   (1) 將上次會談與先前會談相較起來，案主的感覺如何？有哪些情

緒站主導地位（譬如：悲傷、無望、焦慮、憤怒、羞愧）？

(2)客觀的情緒分數與案主主觀的描述相符嗎？如果不相符，是為什麼？

(3)有什麼與案主情緒相關的事情需要放在會談流程中做更徹底討論的？

3.當案主報告這一週的生活時，詢問自己？

(1)這一週與先前幾週比較起來，有何不同？

(2)有沒有任何進步的跡象？案主得到哪些正向經驗？

(3)這週發生了什麼問題？

(4)有沒有任何發生在這週的事情（無論正向或負向）是應該放在會談流程裡加以討論的？

4.當你詢問案主是否使用酒、藥物，或接受藥物治療時（如果有的話），詢問自己：

(1)使用酒精或藥物的部分有任何問題嗎？

(2)如果有的話是否要將其放入會談流程中詳細討論？

5.當你跟案主設定會談流程時，詢問自己：

(1)對於案主來說哪個問題是最重要的？

(2)哪一個問題最容易被解決？

(3)哪一個問題有可能在今天的會談，以及接下來的一週使案主紓解症狀？

6.當你跟案主排定會談流程優先順序時，詢問自己？

(1)每個議題要花多少時間討論？今天我們可以討論幾個議題？

(2)有任何問題是案主可以獨自解決的嗎？或是他可以找其他人解決？又或者可以排到下次的會談流程裡？我們能分配給每個項目或問題的時間有多少？

7.當你和案主回顧家庭作業時，詢問自己：

(1)家庭作業與今天的議題有沒有關係？有任何作業是需要延遲討論，直到我們進行到某個特定的項目再說的嗎？

(2)案主做了多少作業？是否有任何因素阻礙家庭作業的進行？

(3)在上週的治療筆記中案主同意的部分有多少？關於前幾週的治療筆記（如果有相關的話）同意的又有多少？這些治療筆記與今天流程要討論的問題是否有關係呢？

(4)家庭作業有用嗎？如果沒有，是為什麼？如果有用，案主從中學到了哪些事？

(5)哪些家庭作業會對於即將到來的一週產生效益？

(6)我們應該如何調整這星期的家庭作業，讓它更有效率？

8.當你跟案主討論第一個議程時，詢問自己下列四個類型的問題：

(1)定義問題：

①具體的問題是什麼？

②在哪個特定情境這個問題會發生？如果發生不只一次，在哪個情境下案主會感覺最難過，或是行為會最失功能？

③為什麼案主會相信自己有這個問題？為什麼我會認為案主有這個問題？

④這個問題如何納入案主的整體認知概念架構？這個問題與整個治療目標有什麼關係？

(2)發展策略：

①為了解決問題，案主已經做了哪些嘗試？

②如果我站在案主的立場並有相同的問題，我會做什麼？

③我們能將問題徹底解決嗎？什麼樣的想法或信念阻礙了問題解決的過程？

(3)選擇技術：

①當我們討論問題時，我特別想去完成什麼？

②先前有哪些技術對於這個案主，或相同類型的案主來說最有效？哪些則並不適合使用？

③我應該先使用哪一個技術？

④我應該如何評估這些技術的效能？

⑤我要使用這個技術，還是使用它並教導給案主？

(4)監控過程：

①我們有像一個團隊一樣合作嗎？

②案主對於自己、治療技術、治療師與未來，是否有一些阻礙性的自動化想法？

③案主的情緒有比較好嗎？這個技巧對於案主來說是否有用？治療師應該嘗試別種方法嗎？

④我們有在時間內完成議題的討論嗎？如果沒有，我們應該共同決定是否繼續討論它，並且縮短或取消其他議題的討論？

⑤哪些後續（意即指派家庭作業）可能會有幫助？

⑥我們應該做哪些紀錄讓案主回家複習？

9.討論完第一個議題之後，詢問自己：

(1)案主現在感覺如何？

(2)我應該要做什麼事來重新建立親和感與關係？

(3)會談還剩下多少時間？我們還有時間討論下一個議題嗎？接下來我們應該要怎麼做？

10.在結束會談之前，詢問自己：

(1)我們有進展嗎？案主是否有感覺好過一點？

(2)案主是否能承諾來執行家庭作業？

(3)我是否需要探問負向回饋？如果有負向回饋，我要怎麼看待它？

11.在會談結束之後，詢問自己：

(1)我應該如何修正我對案主的概念化架構？

(2)有哪些事我要記得在下次會談時解決？又有哪些是在未來會談中要討論的？

(3)我需要更涉入在我們的關係中嗎？

(4)我要如何替自己在認知治療評量表中的各個項目打分數〔見**附錄C**〕？如果這次會談可以重來，我會做哪些改變？

 決定問題的焦點

　　每一次治療會談的關鍵重點就是決定要討論哪一個問題。雖然治療師會與案主共同決定，但是治療師仍舊會引導整個治療的方向，討論的問題包含令人苦惱的、正在進行或復發的狀況，並且判斷朝向哪邊進行可以在治療中獲得進展。治療師會去限制問題討論的範圍，以下是不會在會談中討論的問題：

　　1.案主可自行解決的部分。
　　2.突發事件，且不太可能會再度發生。
　　3.沒有造成太多的痛苦。

　　經過對特定問題進行定義後，治療師可以做下列事情，幫助自己決定要在問題上花費多少時間與精力解決它：

　　1.蒐集更多與問題相關的資訊。
　　2.回顧有哪些選擇。
　　3.仔細考量現實狀況。
　　4.使用治療階段作為指南。
　　5.必要時更改會談焦點。

　　以下詳細說明上述五個步驟。

### 蒐集更多與問題相關的資訊

　　當案主一開始帶著問題前來，或是問題在會談過程當中慢慢浮現時，治療師必須評估問題的性質，並決定它是否值得安排在治療流程中作介入。例如莎莉在會談流程上安排了一個新的問題：「父親生意失敗，讓她感覺很難過。」治療師對她提出詢問，並評估對這個問題投入治療的時間是否會有幫助。

治療師：好，妳說妳想要談談關於妳父親，以及與妳父親生意
　　　　方面相關的事。

案　主：對，前陣子他的生意一直不好，現在好像快要倒閉
　　　　了。

治療師：〔開始蒐集更多資訊〕如果真的倒閉了，對妳會有什
　　　　麼影響？

案　主：唔，沒有直接的影響。我只是為他感到難過，我的意
　　　　思是，他還是有足夠的錢，只是他會工作得很辛苦。

治療師：〔試著去探究莎莉是否有想法扭曲的情形〕如果真的
　　　　倒閉了，妳覺得會發生什麼事情？

案　主：嗯，我爸爸他已經開始找其他新的行業了，他不是那
　　　　種只會坐在那邊等死的人。

治療師：〔繼續評估莎莉是否有失功能的想法〕對妳來說，最
　　　　糟糕的部分是什麼？

案　主：只是他可能會很沮喪。

治療師：當妳想到他可能會很沮喪時，妳會有什麼感覺？

案　主：很不好，感覺很難過。

治療師：有多難過？

案　主：中等程度，我猜。

治療師：〔測試莎莉是否能以更長遠的角度來看待這件事〕妳
　　　　有想過，他可能剛開始會覺得很沮喪，但是不會永遠
　　　　都這樣下去？可能在找到新的行業之後，他的心情就
　　　　會比較好？

案　主：是的，我想這是很有可能的。

治療師：妳覺得對於這件事，妳是感覺很「正常」的難過，還
　　　　是被它影響得很深？

案　主：我想我是正常的反應。

治療師：〔評斷已經不再需要討論這個議題〕關於這個主題，還有其他的嗎？

案　主：不，我想沒有了。

治療師：好的，我很遺憾妳父親發生這種事，如果有後續的話請讓我知道好嗎？

案　主：我會的。

治療師：我們應該開始討論下一個主題了嗎？

下面是在另一種情況下，治療師判斷需要更進一步討論的情形。

治療師：妳之前想要討論關於明年住的問題？

案　主：是的，我非常生氣。我和我室友決定要繼續一起住，她想要住在學校外面，所以我們要在西費城或市中心找一間公寓。但是她春假要回家，現在找房子的工作落在我一個人身上。

治療師：妳最生氣時是在什麼時候？

案　主：昨天，當我答應在她離開後自己去找房子……事實上是昨天晚上，我發現我根本不知道該怎麼辦。

治療師：當時妳的感受是？

案　主：壓力好大無法負荷……焦慮。

治療師：當妳昨天晚上想到這件事時，有什麼想法閃過妳的腦海裡？

案　主：我該怎麼辦？我甚至不知道該從哪裡開始著手。

治療師：〔尋找更完整的概念化架構，決定是否還有其他更重要的自動化想法〕當時妳還想到什麼？

案　主：我感覺不堪負荷，我不知道第一步該怎麼做，我應該

要去找房屋仲介商嗎？或是該上網搜尋？

治療師：〔探測更多的想法〕對於妳的室友有沒有任何想法呢？

案　主：沒有。她說可以等她回來再幫忙找，我不用現在就開始找房子。

治療師：妳有任何預期的結果嗎？

案　主：我不知道。

治療師：〔舉一個反例〕嗯，妳可曾想過如果妳可以找到一個又好又便宜的公寓嗎？

案　主：不……沒有。我想到的是，如果我找到一間很髒亂，或是很不安全、很吵、狀況真的很差的公寓該怎麼辦？

治療師：在妳的腦海中有浮現過這個影像嗎？

案　主：有的，很暗、很臭、又骯髒（顫抖）。

## 回顧有哪些選擇

現在治療師對於案主已經有一個較完整的瞭解，因此可以檢視有哪些選項是治療師可以做的事情，例如下列幾種：

1.幫助莎莉開始進行問題解決，協助她決定採取最合理、也最容易達成的行動。
2.使用這個問題作為例子，教導莎莉問題解決技巧。
3.利用這個情境當做是強化認知模式的機會。
4.利用這個機會，幫助莎莉概念化她「預設」在新情境下的無能為力，以及感受到無法負荷，而不是去測試這個信念是否真實。

5.讓莎莉定義出最讓她痛苦的想法，並幫助她評估想法。

6.利用這個機會，教導莎莉使用思考紀錄表。

7.利用莎莉所描述的意象，教導她學習心像技巧。

8.與莎莉共同決定先討論下一個主題（可能是較迫切的問題），於這個會談後面再回過頭來討論它，或是放到之後的會談再做討論。

## 仔細考量現實狀況

治療師該如何決定討論哪些議題？要考慮的應包含以下幾個因素：

1.哪些可以帶給莎莉真正的紓緩或解脫？

2.有什麼時間是可以用的？在這個會談中還有哪些事是需要完成的？

3.經過問題的浮現，有哪些技巧是值得教給莎莉或是再回顧一遍的？

4.如果可能的話，有哪些事情（例如家庭作業）是莎莉可以自己去做，幫助自己舒緩苦惱？舉例來說，如果莎莉能自己在家裡做思考紀錄表，那我們在會談中就可以把時間放在討論其他事情上，以便加速她的進展。

## 使用治療階段作為指南

案主在不同治療階段的情形常常是治療師設計治療計畫的指標。譬如，治療師也許會避免在會談初期與憂鬱症案主討論複雜但並不緊急的問題，而先聚焦在可解決、或至少部分解決的簡單問題上，帶給案主希望，讓他們在參與治療時有更高的動機。

## 必要時更改會談焦點

　　有時候治療師不容易去判斷問題對於案主的困難程度為何，也不清楚討論某些話題是否會觸碰到案主痛苦的核心信念。在這些情況下，治療師可能一開始要先聚焦在某個問題，但是當你發覺你的治療介入無法成功，或觸碰不到案主更深層的痛苦時，此時就需要轉換討論的主題。以下對話可能會發生在治療初期。

> 治療師：好，下一個議題。妳說妳想要認識更多的人。（更具體地討論這個目標）現在，在這個星期妳要如何去認識更多人？
>
> 案　主：（軟弱的聲調）⋯⋯我可以多多跟我的同事說話。
>
> 治療師：（注意到案主看起來突然變得垂頭喪氣）此時妳腦中閃過什麼？
>
> 案　主：我覺得沒有什麼希望，我永遠也做不到，我以前就試過了。（案主看起來很生氣）我以前的治療師也曾經這樣試過，但是，我告訴你，我就是做不到！不可能的！

　　從案主突然的負面情緒反應，治療師推斷已經觸碰到案主的核心信念。如果繼續討論下去的話可能會適得其反，與其聚焦在這個問題上面，治療師決定不如回過頭來修復治療同盟關係，以引導的方式幫助案主檢視自動化想法（例如：「當我詢問妳要如何去認識更多人時，有什麼想法出現在妳的腦海裡？」），並協助她評估這些想法。接下來，治療師給予案主選擇的機會，讓她決定是否要回到這個主題再進行討論：

> 治療師：我很高興妳知道我不會要妳去做妳還沒準備好的事
> 　　　　情。妳現在希望回來討論有關認識新朋友的話題嗎？
> 　　　　還是我們之後再找時間討論〔在以後的會談〕，還是
> 　　　　現在先談談妳與愛麗絲這星期的問題呢？

　　綜合以上所述，在會談初期，應避免以下幾個討論的方向：不太可能解決或至少部分解決的問題（如果案主同意延後討論的話）、案主可自行解決的問題、案主不想解決的問題，以及困擾性不大的問題。

##  針對特殊疾患調整標準治療方案

　　在治療開始之前，治療師必須要對於案主目前的症狀、功能狀態、所呈現的問題、誘發事件、病史以及診斷有相當的瞭解。當案主的主要疾患並非單純的單極性憂鬱症（unipolar depression）時，治療師需要參考其他書籍，以便針對不同的精神疾患做認知行為治療策略的修正。

　　總之，有效的治療計畫需要強而有力的診斷，認知架構對案主進行概念化，並考量到案主的特點與問題。治療方案必須針對案主量身訂做，治療師想要發展出完整的長期計畫，以及每次會談設定的治療策略時，下面的方案可提供治療師參考：

> 1.案主的診斷。
> 2.對於案主問題的概念化（需與案主確認精確性）。
> 3.案主的治療目標。
> 4.案主最迫切的問題。
> 5.治療師的治療目標。

6.治療的階段。

7.案主的學習特質、他們的人生階段、案主的發展與智力水平、案主的性別與文化背景。

8.案主的動機程度多寡。

9.與案主治療同盟關係的本質與強度。

　　治療師應持續發展且調整大方向的治療計畫，並在每一次的會談前及會談期間，計畫並修正特定的治療策略。

# Chapter

# 20 治療中的問題

陳品皓

- ■ 揭開存在的問題
- ■ 問題概念化
- ■ 當治療卡住時
- ■ 亡羊補牢

　　每個前來接受認知行為療法的案主所面臨的困擾各不相同。就算是經驗老到的資深治療師，有時也會在建立治療同盟、概念化案主的問題，或是朝共同設定的目標邁進等向度上遇到困難。而在這種情況下，治療師合理的目標並不是要去迴避上述這些問題，而應該是要去學著找出這些特定問題，概念化這些問題的起源，並計畫如何協助案主解決這些問題。

　　治療師可以把療程中所遇到的問題或阻礙視為有助於精熟個案概念化架構的機會。此外，療程中遭遇到的問題，通常也能為案主在真實世界中的困擾提供頓悟的機會。最後，每一個案主帶來的問題都是一個機會，讓你能更精熟自己的技巧、提升你的彈性跟創意、增加助人專業的知識與理解，問題的產生不僅是來自案主個人的特質，也可能是因為治療師能力相對薄弱而引起。本章將說明如何發現問題的存在，以及在療程遇到阻礙時，該怎麼概念化問題並提供解決之道。

##  揭開存在的問題

　　你可以運用以下幾種方法找出案主的問題：

> 1.傾聽案主自發性的回饋。
> 2.直接徵詢案主的回饋，蒐集案主語言與非語言的線索。
> 3.回顧會談紀錄，不管是獨自、與同儕或督導一同回顧，並且填寫認知治療評量表〔見**附錄C**〕。
> 4.追蹤案主在客觀測驗上的進步情形，以及在自陳報告中的症狀舒緩情形。

　　當案主給你負向回饋時（例如：「我不覺得你瞭解我在說什麼」，或是「我理智上瞭解你說的內容，但這跟我的狀況無關」），就會是一個明顯的問題；也有許多案主會拐彎抹角的說出問題（像是：「我知道

你說的這些，但是我不知道還有沒有其他的方法可以嘗試」，或是「我會試試看」〔暗示他們相信自己無法達成目標〕）。在這些例子裡，你應該要進一步澄清案主的狀態，以確認問題是否真的存在，並且決定問題的類型。

很多時候，案主在治療中很難直接或間接提出相關的問題，這時候治療師如果依據會談中的標準架構進行，就可以發現案主的問題，包括在會談結束時請案主針對本次治療提供回饋；另外，治療師也可以在療程期間，定期透過澄清來瞭解案主理解的程度，或是在發現案主有情緒的轉變時，探討自動化想法等等。

舉例來說，在某一次的會談中，治療師在莎莉的非語言線索中（眼睛看著遠方，坐立不安）推論她可能對治療師的話有存疑，或是心不在焉。於是治療師詢問莎莉當下心中有什麼閃過。然後治療師在該次會談中透過幾個方法來確保莎莉與治療師都能共處於同一個理解的基準點上。治療師增加會談中自己做摘要或是請莎莉做摘要的方式，治療師也會請莎莉評估自己有多相信摘要的內容（像是：「莎莉，我們剛剛討論到就算妳從家中搬出去，妳也不需要對媽媽的不開心，甚至不高興擔負完全的責任，對於這個想法妳相信的程度是？」）

治療師也會在會談的不同時間確認莎莉理解的狀況（像是：「妳是否瞭解妳的室友之所以這樣回應的原因呢？……妳可以用自己的話說一次看看嗎？」）。治療師也會在會談結束前引導案主回饋（像是：「我今天有沒有任何一句話讓妳覺得困擾呢？……有沒有任何妳覺得我還不夠瞭解的部分？」）。案主也有可能會不好意思提供治療師負面的回饋，治療師也可以針對會談中任何一個他懷疑案主可能會有負面反應的細節，做進一步的詢問：「當我建議妳在母親面前可以更堅持自己的時候，妳的感覺是什麼？妳是怎麼想的？這會不會讓妳覺得困擾？……如果這真的很困擾妳，妳覺得妳能不能如實的讓我知道呢？」

總的來說，治療師應該要在會談中藉由確認案主理解的程度，要求回饋，以及直接把疑似的問題提出來討論等方式，試著去發現或撫平問題。治療師也可以請案主完成會談評估（見第113頁，圖5.2），這樣治

療師就可以在下一次會談時和案主一起回顧。

對於新手治療師來說，有時候可能不會覺察到問題的存在，是／或是很難具體標定出問題。這時候治療師可以在徵求案主的同意下進行錄音，這樣治療師就可以自行或與（更適合的）資深治療師進行會後的回顧。如果治療師用比較正面的方式提出錄音的要求，案主通常不太會拒絕，像是：「我這邊有一個難得的機會，通常我只提供給少數的案主〔或是我只提供給你〕。你完全有權力決定要或不要。我有時候會在會談中錄音，這樣我就可以在時間充裕的時候回顧內容，並且能夠提供案主更多的幫助〔如果適合的話，『我可能會將治療內容提供給同事或督導，以便有更多對治療的回饋，我發現有多方專業的意見能夠提供更多有效的幫助』〕，而在回顧完之後，我會立刻把這些檔案刪除（停頓）。對你來說，如果我們這次會談就開始錄音可以嗎？如果等一下你覺得錄音會有困擾，我們隨時可以停止，或是在會談結束時刪除檔案。」

另外一個找出問題的方法，就是透過病人功能和／或情緒進步，或退化的指標（經由自陳報告或客觀評估的工具，如貝克憂鬱量表〔見**附錄B**〕）。若案主的狀況沒有減輕或改善，治療師也可以將這個作為會談的議題，並且可以用來與案主共同計畫出更有效的治療方向。

最後，治療師應該要盡可能同理案主的狀態，去理解案主如何看到他們的世界，從案主的角度理解是什麼阻礙了他們的能力。（例如：「如果我是莎莉，我在會談中的感受會是什麼？當治療師對我說：＿＿＿＿＿＿＿＿＿＿＿或＿＿＿＿＿＿＿＿＿＿時，我會怎麼想？」）

##  問題概念化

當治療師已經找出問題的存在，須對於自己歸咎於案主的自動化想法有所警覺（像是：「他是抗拒的／操控的／無動機的」）。這些標記能夠讓治療師在問題解決遇到阻礙時，減緩自己的責任感；除此之外，治療師也要捫心自問：

> 「案主在會談中曾經說過的（或沒說的）、或曾做過的（或沒做
> 的），哪個部分是問題的所在？」

　　理想上，在督導聽完會談的錄音後，治療師可以和督導進行討論。對治療師來說，很需要督導的協助來確定問題是導因於案主的病程、自己的錯誤、其他治療因素，像是照護的層級、治療的形式、會談的頻率等等；是／或是治療以外的因素，像是器質性病變、損害性的家庭或工作環境、無效的藥物治療、藥物的副作用，或是缺乏有效的輔助性治療等等（參見J. S. Beck, 2005）。

　　當治療師已經找出問題並且試著要做出改變時，治療師將要進一步去把這些阻礙的問題程度予以概念化：

1. 這只是一個技術上的問題嗎？比如說，治療師是否使用了一個不恰當或不正確的技術？
2. 這是一個與整體會談有關的複雜問題嗎？比如說治療師是否可能正確指出案主的失功能認知，但卻沒有進行有效的介入？
3. 會談期間是否出現其他的問題呢？比如說治療的合作關係是否破裂了？

　　原則上，問題可以歸類於以下幾類：

1. 診斷、概念化與治療方案設計。
2. 同盟關係。
3. 會談結構與速度。
4. 熟悉認知行為療法。
5. 處理自動化想法。
6. 會談內與期間的治療目標達成率。
7. 案主對會談內容的處理程度。

以下的問題可以協助治療師與督導更進一步界定治療中遭逢問題的本質。這樣治療師就可以系統化、優先排序出一或多個具體的目標來做處理。

## 診斷、概念化與治療方案設計

### 診斷

1. 針對案主，我是否依據DSM系統在五軸向作了正確的診斷？
2. 案主是否有可能有藥物方面的問題？

### 概念化

1. 我是否有使用「認知概念表」（見第270頁，**圖13.1**）標定出案主最核心的失功能認知與行為？
2. 我是否利用新的資料修正我原先的概念化架構，並且策略性的在適當的時機提供給案主知悉？而這樣的概念化是否合理？對案主來說他是否認同？

### 治療方案設計

1. 我的治療，是否是以案主疾病的認知架構以及我個人的概念化為基礎？我是否持續在治療上依據概念化的結果作必要的調整？
2. 我是否將標準的認知行為療法依據案主在第一軸（或第二軸）的診斷狀態做出調整？
3. 我是否曾向案主說明他的生活需要有大幅度的轉變，而僅靠治療的效果有限？
4. 我是否在治療中提供案主必要的技巧訓練？
5. 我是否有適宜的將案主家屬也納入治療系統中？

## 同盟關係

### 共同合作關係

1.我和案主兩個人是否是真正的合作關係？我們是用團隊的方式在運作嗎？彼此都很努力嗎？我們兩個都覺得要為案主的進步負責嗎？
2.我們是否沒有找到案主最核心的問題？
3.我是否在治療過程中將案主導向合適的順應及控制層次？
4.我們都同意治療的目標嗎？
5.我是否有清楚解釋治療以及做家庭作業背後的原因？

### 案主的回饋

1.我是否經常鼓勵案主提供真誠的回饋？
2.我是否經常檢視案主在會談中的情緒，並且在我注意到有任何轉變時，將背後的自動化想法抽離出來？

### 案主對治療與治療師的看法

1.案主對於治療與治療師是否保持正面的態度？
2.案主相信治療能夠幫助他嗎（及時或一點點）？
3.案主是否認為我是有能力的、共同合作的，以及關心他的？

### 治療師的反應

1.我是否關心我的案主？這樣的關心是否恰當？
2.我是否覺得自己有能力可以幫助我的案主？我自己感覺是否勝任？
3.我是否對案主或自己有任何負向的想法？我是否有評估這些想法並做出任何回應？
4.我是否將治療中的同盟問題作為成長的機會，而不僅只是頻頻抱怨？
5.我是否對於治療的成效有過於樂觀的投射？

## 會談的結構與速度

### 流程

1. 我們是否很快在會談的開始就具體設定了完整流程？
2. 我們是否有排定議題的優先順序，並且概略的決定所分配的時間？
3. 我們是否共同決定討論主題的先後順序？

### 會談速度

1. 我們是否排定適當的時間來討論認知治療中的基本議題：心情檢核、每週生活回顧、設定會談流程、作業回顧、討論流程的主題、設定新的家庭作業、不定期的摘要以及回饋？
2. 如果問題超出我們原本設定的時間，或是在會談中發現流程之外的重要問題時，我們是否共同決定該如何做？
3. 當有必要時，我是否適當且委婉的中斷案主談話？或我們是否花費太多時間在沒有建設性的事情上？
4. 我們在會談後是否有足夠的時間，來確認案主有記下重點，理解並同意新的家庭作業？是否確認案主的核心信念有被鬆動、消除，使案主能夠在會談後保持穩定的情緒？

## 熟悉認知行為療法

### 目標設定

1. 案主是否設定了合理而具體的目標？案主是否整週都能夠將目標謹記在心？案主是否有承諾會努力往目標邁進？這些目標是否符合案主的能力？案主是否有試著要去改變別人？
2. 我是否定期檢視案主是否有朝向目標進步？
3. 我是否幫助案主堅持接受治療是值得的信念（比如達到目標）？

## 期望

1. 案主對自己和我的期望是什麼？
2. 案主相信所有問題能快速簡單地解決嗎？案主瞭解採取主動及合作性角色的重要性嗎？
3. 案主瞭解學習特定工具和技巧的必要性，並且經常在會談之間運用它們嗎？

## 問題解決導向

1. 案主是否有指出特定的問題想解決的？
2. 案主是否真的有要和我共同合作來解決問題，還是只是說說罷了？
3. 案主是否害怕解決自己的問題，因為如此一來他又會被別的問題所絆住（像是人際或工作上的決定）？

## 認知模式

案主是否瞭解自動化想法會影響他的情緒與行為（有時候還包含生理狀態），而他的某些想法是扭曲的，而如果他試著去檢驗及回應這些想法的話，他會感到好很多，也會有比較適應性的行為？

## 家庭作業

1. 我們是否有依據案主的核心議題規劃家庭作業？
2. 案主是否瞭解家庭作業與治療以及他的目標之間的關係？
3. 案主是否在整週都有思考我們擬定的家庭作業，並且認真而仔細的完成家庭作業？

# 處理自動化想法

標定並選擇關鍵的自動化想法

1. 當案主苦惱時，我們是否正確地標定出閃過案主腦中真正的話或心

像？

2. 我們是否找出相關的自動化想法了？

3. 我們是否有選出關鍵的主要自動化想法（例如：與負面情緒或失功能關聯最高的想法）

### 對自動化想法與信念的回應

1. 我們是否不只是找出核心的認知，並能同時檢視與做出回應？

2. 我是否避免假設案主的想法都是扭曲的？我是否引導案主共同去發現，並避免用說服或挑戰的方式？

3. 如果某一種詢問的方法沒有用，我是否嘗試用其他的方法？

4. 和案主討論出更多的解決方法後，我是否澄清案主對這些解決方法的相信程度？案主的負面情緒是否有所降低？

5. 如果有需要的話，我們是否有嘗試以其他的技巧來降低案主的苦惱？若有需要的話，我們是否討論將來可能出現的相關認知問題？

### 極大化認知改變

「我們是否有將案主新的、更具功能的想法或理解等記錄下來？」

## 會談內與期間的治療目標達成率

確認整體治療目標與每一次會談的治療重點

1. 我是否有適當的向案主說明治療的目標不只是讓他感覺更好，也在於教導他終身的技巧，讓生活更好？

2. 我是否在每次會談裡，協助案主找出一個或多個重要的問題進行討論？

3. 我們是否有把時間分別放在問題解決與認知重建上？

4. 家庭作業內容是否同時包含行為改變以及認知改變這兩個部分？

## 維持連貫的焦點

1.我是否使用引導式探索來協助案主找出相關的信念？
2.我是否可以說明案主最重要的核心信念，並且與較不重要的信念作區別？
3.我是否可以持續探索新問題與核心信念的關係？我們是否一致的在這個方向上作努力？
4.如果有討論到案主的童年事件，我們是否有清楚討論事件與治療的關係在哪？我是否有協助案主讓他瞭解早期的信念與現在問題之間的關係，而這樣的頓悟是否可以幫助他面臨接下來的一週？

## 介入

1.我是否依據治療目標以及案主的會談議程選擇介入的方法？
2.我自己是否清楚瞭解案主失功能的信念，以及將為案主帶來的適應性信念？
3.我是否有檢測案主難過的程度，以及他在會談前後對於自動化想法所執著的強度，以便我瞭解這次會談的介入是否成功？
4.如果介入並不成功，我是否有其他可以嘗試的治療方向與方式？

# 案主對會談內容的處理程度

## 監測案主的理解程度

1.我是否在會談中經常摘要（或是請案主摘要）？
2.我是否有請案主用他自己的話試著做出結論？
3.我是否有注意到案主表現出困惑或不同意的非語言訊息？

## 將問題概念化增進理解

1.我是否有確認我對案主的假設？
2.如果案主對於我所解釋的難以理解，是因為我做錯了什麼？我說得

不夠具體？我的詞彙難以理解？還是與我在一次會談或會談中所提供的訊息量有關？

3.案主理解上的困難是否來自於負面情緒的干擾？分心了？當下出現了自動化想法？

### 穩固學習效果

1.我用什麼方法來確保案主會在接下來的一週內，甚至在治療結束後，仍可以記住治療中的重點？

2.我是否有鼓勵案主每天閱讀他的治療紀錄？

 ## 當治療卡住時

有時候，案主可能在某一次的會談中感覺不錯，但是接下來的治療卻沒有明顯的進步。資深的治療師會利用以下五個關鍵的系列問題來排除其他因素，並考量各種可能。當治療師確立了案主的診斷、形成概念化並完成治療方案後（同時正確地採用治療技術），治療師與督導會進行以下的評估：

1.我和案主是否有穩固良好的治療同盟？

2.我們是否對於案主的治療目標都清楚瞭解？案主是否同意為了目標而努力？

3.案主是否真的相信認知模式？也就是案主是否相信自己的想法會影響到他的情緒與行為，而他的想法有時候是失功能的，去檢視這些失功能的想法並做出回應，對於案主的情緒狀態與行為將有正面幫助？

4.案主對認知行為療法的反應：他是否會安排會談議程、與治療師共同合作解決問題、確實執行家庭作業以及提供回饋？

5.案主的生理狀態（如生病、藥物副作用、不當用藥等）或外在環

境（如家暴的配偶、壓力過大的職業、經濟問題或犯罪問題等）會影響到案主與治療師合作的效果？

 亡羊補牢

依據所找出的問題，治療師可以參考以下的建議：

1. 進行更深入的診斷評估。
2. 轉介案主進行生理或神經心理衡鑑。
3. 調整治療師對案主的概念化架構，並且與案主討論其正確性。
4. 閱讀與案主軸一、軸二診斷有關的書籍。
5. 從案主的經驗中，尋求其對治療過程以及治療師的具體回饋。
6. 重新設定案主的治療目標（若可能的話，治療師也可評估達成治療目標的好處與壞處）。
7. 找出治療師自己對案主或治療技巧的自動化想法，並做出回應。
8. 和案主一起複習認知模式的內容，並誘發案主的疑慮或誤解。
9. 和案主一起重新回顧治療計畫（並引導案主說明他所在意或懷疑的部分）。
10. 重新回顧案主在治療中的責任（並鼓勵案主說出自己的想法）。
11. 強調設定與執行家庭作業的重要性，並請案主在每次會談期間完成。
12. 針對案主核心的自動化想法、信念與行為進行處理。
13. 確認案主瞭解會談內容並且確實記錄重點。
14. 依據案主的需求與偏好，調整（在原本的治療方向上或是設立新的治療方向）會談的速度與結構、所涵蓋的問題量或難度、治療師表達同理的程度、治療師指導或說服的方式，和／或問題解決的相關焦點。

治療師在將治療中的問題概念化時。同時也不斷地監控自己的想法與情緒，避免讓自己的認知狀態阻礙了待解決的問題。因為偶爾有些治療師會對案主、療法，和／或自己本身有負面的想法。典型的治療師可能會有的假設包含：

1. 如果我打斷案主的陳述，他會覺得我在控制他。
2. 如果我在會談時都設定一個流程，我會錯過某些重要的議題。
3. 如果我錄下會談的內容，我會容易把注意力放在我自己身上。
4. 如果我的案主對我生氣，他會取消會談。

最後，當治療師在會談中遇到困難時，治療師可以選擇把問題災難誇大化，去責怪自己或案主，或是治療師也可以選擇把這樣的困難視為一個磨練的機會，試著去調整概念化與治療規劃，並且增進自己的實務技巧及能力，強化面對不同案主的治療能力。

# Chapter

# 21 邁向認知行為
治療師之路

陳品皓

　　本章簡要列出開始一個標準的認知行為療法的進行方式。在對案主進行治療前，治療師應該將認知行為中的基本技巧應用在自己身上，以增進對各項技巧的熟捻度（見**附錄B**，包括案主的工作表、測驗與小冊子等）。自己先練習這些技巧能夠幫助治療師事先修正治療中會遇到的困難，也可以理解案主的立場，以及過程中可能會遇到的實際或心理上的阻礙。對治療師來說，若想要得心應手的使用認知行為療法，可以參考以下的建議（若讀者未曾試過）：

1. 當你經驗到憂鬱或焦慮時；當你出現不適應的行為或是避免適應行為時，試著監控你的情緒，並且找出你自己的自動化想法。

2. 寫下你的自動化想法。如果你略過這一步，那你就失去了去瞭解你的案主在進行同樣步驟時，他們可能遇到的困難，如沒有機會寫、沒有動機、時間、精神及希望。當在會談中使用像是指定家庭作業這類的技術時，你就可以很快地在自己和案主之間作個比較。你會想：「我做這個作業會不會有困難？我要怎麼鼓勵自己完成這個作業？做作業時我會遇到什麼困難嗎？我需要一步一步地說明步驟嗎？」換句話說，身為一位認知行為治療師，你的進步來自於對自己及人性的瞭解，並且將它帶入治療的過程中。

3. 找出阻礙你進行上個步驟的自動化想法。像是：「我不需要將我的自動化想法寫下來」、「這些我已經都很瞭解了，我用想的就可以了」這類的想法都會妨礙你的進步。良好而適當的反應，承認了這些想法中部分的事實，但更強調了執行的重要性：「雖然事實是『我的確不需要認知行為療法的工具就可以有所收穫』，但另一個事實是『如果我把它詳實記錄下來，我會學到更多』，透過切實走過這些程序，可以更理解案主為什麼會有困難、感受是什麼，以及案主在哪邊有可能會卡住，實際做一次沒什麼大不了的，只是多花一點點的時間而已。」

4. 一旦你開始擅長找出自己的自動化想法與情緒，當你感到自己的情緒有變化時，就開始記錄這些改變。儘管你的認知沒有扭曲，你也

可以對自動化想法做出適應性的回應，但進行思考紀錄表並不代表一定可以帶來情緒上的改變（請記得，認知行為治療師並不是要去消滅負面情緒，而是要試著去減少情緒的失功能程度）。然而，不管進行自動化想法的記錄對你個人有沒有效，練習它對你的治療技巧絕對會有所幫助，同時有助你教導案主如何進行。

5. 填寫認知概念表的下半部，選出三個你情緒低落或是出現失功能行為的情境。如果在找這些情境遇到困難，先找出你當時的想法、情緒，或是探究想法背後的意義，重新閱讀本書的相關章節。

6. 繼續填寫認知概念表的上半部。當你感到憂鬱時，看看是否有無助感、不被愛、不值得等主要議題出現，一旦找出一個核心信念，就繼續往下填寫其他表格。

7. 接著，運用上面所找到的核心信念，填寫核心信念工作表（見第323頁，圖14.3）。檢驗你對於情境的詮釋，看看你是否曲解了訊息以用來支持負向核心信念，或是你忽略、貶抑了與信念相左的證據。請注意：這些練習不會影響到你的正向核心信念，但透過填寫紀錄，你會更熟悉如何有效應用在案主身上。

8. 嘗試其他的基本技巧：活動日程表、自我陳述列表、回應自發性心像、以「好像、猶如」的方式行動、寫下並閱讀你的因應卡、進行功能性的自我比對，以及在做決定時分別寫下優缺點。

9. 在練習過這些基本的概念與治療工具後，你可以選擇一個不太複雜的案主，作為你首次認知行為療法的對象。如果你選擇了一個相當困難的案主，本書所列的標準治療歷程可能會不太適合。對於首次使用認知行為治療的新手來說，理想的案主是單極性憂鬱症，或是適應性疾患的案主，並且沒有第二軸的診斷。另外，最好是選擇一個新接案的個案，儘量避免採用不同取向且已經晤談了一陣子的舊個案。本書也建議治療師盡可能地依循本書的治療指引進行。在這邊特別要提醒讀者：治療師若對其他學派相當熟悉，常常很容易會退回採用其他學派的技巧，而阻礙了認知行為療法的進行。實務上，治療師也可以對目前的個案實行認知行為療法的技術，但是要

記得必須先向案主解釋這麼做的理由、背後的邏輯，以及在案主的同意下進行。

10. 在案主同意下進行記錄。透過和同儕或督導的回顧有助於治療師的進步。而本書提供的認知治療評量表與手冊（見**附錄C**）則是在評估治療時不可或缺的工具。量表不僅可以由督導使用來協助新手治療師評估自己的工作及計畫的進步程度，也可以提供研究者用來評估治療師是否稱職。

11. 持續不斷透過閱讀認知行為治療的相關書籍精進自己。治療師也應該閱讀寫給案主的相關手冊、文章及書籍，這樣才能提供案主適合的閱讀治療建議。

12. 參考Wright、Basco，以及Thase（2006）的導覽指引，以強化自己在認知行為治療的專業能力。

13. 參加真正由專業醫師進行的認知行為治療會談〔見**附錄B**〕

14. 參與區域性或由貝克認知行為治療學會提供的訓練與督導機會〔見**附錄B**〕。

15. 最後，治療師也可以考慮加入認知治療學院的研討會，這是認知行為治療師的正式機構；學生或臨床醫師可以成為常態會員，或申請認知治療師的認證。治療師也可以參加由其他認知治療協會所舉辦的，在區域、全國或國際性的研討會〔見**附錄B**〕。

# 附錄部分

陳品皓

# 附錄A　認知個案撰寫表

本撰寫表內所附的格式係經「認知治療學院」（Academy of Cognitive Therapy）同意使用。表格相關的指導說明及計分訊息可參考：www. academyofct.org.

## I.個案史

### A.基本資料

莎莉是一位十八歲的高加索白人女性，大學生，與一位室友共同住在大一新生宿舍。

### B.主訴

莎莉尋求憂鬱與焦慮的治療。

### C.近期病史

在新學期開始幾個月後，莎莉出現憂鬱與焦慮的症狀，在接案會談時，她主訴的症狀如下：

1. 情緒症狀：悲傷、焦慮、罪惡感、失去喜樂及興趣、無望感以及孤獨感。
2. 認知症狀：想法悲觀、難以集中注意力、難做決定、輕度災難性想法、自我批判。
3. 行為症狀：社交退縮、迴避任何被視為挑戰的情境（與教授、室友說話，對課業的堅持等等）。
4. 生理症狀：失去活力、疲累、低度的性欲（libido）、哭泣、心神不寧、坐立不安、無法放鬆、食慾降低、睡眠中斷。

莎莉面臨一般大學新生的壓力：尤其是第一次遠離家園，並且遇

到學業上較大的挑戰。她舉止得宜但是在症狀出現後，開始有了社交孤立。

## D.精神科病史

莎莉無任何精神科病史。

## E.個人及社交史

莎莉在家排行老二，哥哥大她五歲，學業成績表現比莎莉優異。母親對莎莉相當嚴厲。父親對莎莉則是相當支持，但因為工作需要，長時間不在家中，她的雙親常會有嚴重的爭執，但是莎莉不覺得對她有任何影響。長大後，莎莉會害怕嚴厲的老師，並且對自己的得分容易感到焦慮。她對於自己學業表現趕不上哥哥一事相當自責，但兄妹兩人的感情和睦。莎莉在高中時期有穩定親密的朋友，以及正常的約會。她的學業表現相當良好。

## F.病史

莎莉並無影響心理功能或治療過程之病史。

## G.心智檢查

莎莉的定向感佳，但有憂鬱心情。

## H.診斷（DSM-IV-TR）

1.第一軸：重度憂鬱，單一發作，中度296.22。
2.第二軸：無。
3.第三軸：無。
4.第四軸：心理壓力評估，輕度（第一次離家）。
5.第五軸：整體功能評估量表（GAF），近期60，過去最好85。

## II.個案概念化

### A.誘發事件

　　莎莉的憂鬱症由於第一次上大學遠離家園，加上首次遇到課業上的困難而誘發。焦慮可能阻礙了學習的效率；莎莉之後變得相當自責及悶悶不樂。當她從社交圈與社交活動退縮後，缺乏正向的投入使她的心情更低落了，就如同她在課業上的挫敗一樣。

### B.近期認知行為的橫斷面評估

　　莎莉近期遇到的典型困擾就是在學習上的問題。當想要試著讀書時，莎莉會出現自動化的想法：「我無法做到」、「我太失敗了」、「我永遠達不到標準」；她也有一個關於自己的心像：「被書包壓得整個人垂頭喪氣，舉步維艱、備受踐踏。」而這些想法及心像讓莎莉的心情變得更悲傷。在另一個莎莉準備考試的情境中，她會出現自動化想法如：「這實在是太難了，如果助教不教我怎麼辦？如果我不及格怎麼辦？」然後她開始感到焦慮，很難集中注意力。她同時也有自動化想法：「我應該要更努力一些。」然後她開始感到罪惡感。在這種狀況下，她停止複習，躺在床上並且不時落淚。

### C.認知與行為的縱斷面評估

　　莎莉總是對自己存在輕度的無能感。當她在課業表現屬於平均之上時，她也不是班上最傑出的學生。好成績對她來說很重要，因此她發展出了一些假設：「如果我很努力用功，那或許成績還算可以，但如果我不用功的話，就會失敗」；「如果我把自己的懦弱隱藏起來，我看起來還算可以〔在那個當下〕，但如果我向外求助，我就會顯露出我的無能」。她的補償性行為策略包含非常認真地努力念書，並且避免向外求助，這樣她就不會顯露出自己的懦弱。一旦她憂鬱了，她常會使用迴避的機制（學校、挑戰、社會機會）。莎莉對於他人的信念大部分來說是

正向與合宜的；她會看到別人良好的一面，但她卻常常會被權威的形象所威嚇。她也相信自己的世界是安全、穩定且可以預測的。

## D.優勢能力

莎莉有很高的心理能力，是客觀且具適應性的。她在憂鬱病發之前是相當聰穎且努力的。她對於治療相當有動機，也具備與別人發展良好穩定關係的能力。

## E.暫時性假設（概念摘要）

對莎莉來說，她大部分的時間都認為自己是明理有能力、有價值且令人喜愛的。她對自己無能的這個覺察是她的弱點，這主要有三個原因：(1)在她成長過程中，母親過於嚴厲的批判；(2)支持她的父親總是不在家裡；(3)她習慣將自己不好的部分與其他人做比較，比如說莎莉常常會將自己不利的部分與哥哥比較，但哥哥大她五歲，自然很多事情都會表現得比莎莉優秀。莎莉並沒有看到這種落差是由於年紀上的差異所造成的；相反的，她把這種比較的差異結果視為是自己無能的結果。她也會把自己不足的部分跟班上最優秀的同學相比。

莎莉長期會對於跟自己無能有關的訊息特別注意，並且忽略、忽視了那些證明她有能力的訊息。她發展出幾條規則以確保她的無能感不會被別人發現，像是：「我一定要非常認真的工作」、「我一定要完全發揮我的潛力」、「我必須要隨時表現自己最好的一面」等等。結果，她發展出以下這些補償性行為策略：她對自己有非常高的期待、非常認真工作、對於自己的缺點非常介意，並且不主動開口求人。直到她上了大學，她的生活被相關的假設所引導：「如果我能夠在學業上得到高分，才代表我還可以」；「如果我隱藏我的弱點，別人就不會覺得我無能了」。

整個高中生活，莎莉的能力還足以應付課業的要求（達到她的標準），但是在大學的課業表現上，她開始在功課上掙扎，她變得很焦慮。她核心信念中認為自己無能的部分被啟動了，她開始出現對於失敗

的恐懼型自動化想法。她的焦慮阻礙了學習及問題解決的效率，她也開始從同學中退縮，並且逃避學習與其他的挑戰。然後這必然導致她深層的假設主宰了她的想法：「如果我不表現得更好，這代表我很無能」、「如果我求助，別人會覺得我很無能」等。隨著她表現愈來愈差，她開始不斷認為自己是無能的，而腦力的衰退以及社交退縮讓她得不到應有的支持，這些都可能與莎莉憂鬱症的發作息息相關。

## III.治療計畫

### A.問題清單

1.學習及寫報告
2.課堂自願性的表現及面對考試
3.社交退縮
4.對室友、教授缺乏自我肯定
5.耗費太多時間在躺床

### B.治療目標

1.降低自我批判
2.教導基本的認知工具，像是思考紀錄表等
3.縮短躺在床上的時間
4.用健康的方式尋找樂趣
5.在學習、考試、報告等過程中能夠解決問題
6.自我肯定技巧

### C.治療計畫

治療計畫是要透過協助莎莉對自動化想法的回應（尤其是與無能及不適切有關的想法），來降低莎莉的憂鬱與焦慮，使用活動日程表來增加她的活動，並且在課業與作業上學習如何解決問題，透過角色扮演

（role-playing）的方式建立自我肯定，調整負向的信念。

## IV.療程

### A.治療關係

莎莉可以很快進入治療，她覺得治療師是關懷且耐心的。

### B.介入歷程

1.教導案主標準的認知技巧，以便檢驗及回應她的自動化想法（能夠讓她看到自己的失功能、扭曲，以降低憂鬱與焦慮的症狀）。
2.引導莎莉進行行為實驗，以用來檢驗她的某些假設。目的在於降低使用迴避的策略，並且增加自我肯定感。
3.協助莎莉規劃並增加合宜的活動。
4.持續進行問題解決。
5.透過角色扮演來教導自我肯定。

### C.障礙

無。

### D.結果

莎莉的憂鬱在三個月的療程後，逐漸降低了，直到她完全症狀緩解為止。

# 附錄B　認知治療的相關資源

## A.訓練課程

貝克認知行為治療學會（www.beckinstitute.org）位於費城近郊，能夠提供院內、外、遠距離及線上訓練課程。

## B.治療師及患者的參考資料

讀者可以從貝克認知行為治療學會的網址中（www.beckinstitute.org）得到以下資訊：

1.病患手冊（patient booklet）
2.套裝工作量表（worksheet packet）
3.認知治療評分量表及手冊（Cognitive Therapy Rating Scale and Manual）
4.貝克醫師及貝克博士出版之書籍、DVD及錄音帶
5.相關教育資源目錄
6.認知治療學院認證之心理健康專業機構提供轉介參考

## C.衡鑑工具

相關手冊及量表須由Pearson 公司訂購（www.beckscales.com），如：

1.Beck Depression Inventory-II（貝克憂鬱量表II）
2.Beck Depression Inventory-Fast Screen for Medical Patients（貝克憂鬱量表——一般病人快速篩選版）
3.Beck Anxiety Inventory（貝克焦慮量表）
4.Beck Hopelessness Scale（貝克無望量表）
5.Beck Scale for Suicidal Ideation（貝克自殺意念量表）

6.Clark-Beck Obsessive-Compulsive Inventory（克拉克—貝克強迫症狀量表）

7.Beck Youth Inventories-Second Edition（貝克青年量表—第二版）

## D.認知行為治療專業組織

1.Academy of Cognitive Therapy（認知治療學院，www.academyofct.org）

2.Association for Behavioral and Cognitive Therapies（行為認知治療協會，www.abct.org）

3.British Association for Behavioural and Cognitive Psychotherapies（英國行為與認知心理治療協會，www.babcp.com）

4.European Association for Behavioural and Cognitive Therapies, EABCT（歐洲行為認知心理協會，www.eabct.com）

5.International Association for Cognitive Psychotherapy（國際認知治療協會，www.the-iacp.com）

# 附錄C　認知治療評量表

附錄C的量表主要是用於研究，以及提供認知治療學院作為治療師能力評估的工具，並經認知治療學院允許使用*。本量表及相關手冊可參考：www. academyofct.org

治療師：＿＿＿＿＿＿　案　主：＿＿＿＿＿＿　會談日期：＿＿＿＿＿

錄音帶編號：＿＿＿＿　紀錄者：＿＿＿＿＿　紀錄日期：＿＿＿＿

會談：＿＿＿＿＿＿　（　）錄影機　（　）錄音機　（　）實地觀察

## 指導語

每一個項目，都是針對治療者實施六點量表評估，並且計分在題號旁邊。描述都是以偶數呈現，如果您認為治療師的表現落於兩個數字之間，請直接填寫基數（1、3、5）即可。比如說，您認為治療師在設立議題上表現很好，但是並沒有設定優先順序，請打5分，而不是4或6分。

如果選項中的描述與您的評分不符合，請忽略它們並且利用以下的評分標準計分：

0分＝差　　1分＝勉強可以　　2分＝普通　　3分＝滿意

4分＝佳　　5分＝很好　　6分＝非常好

每題皆要做答，勿留空白。每一題請針對治療師的能力評估，同時也將案主的困難度納入考量。

# 第一部分　一般治療技巧

____ 1.流程

0 治療師沒有設定流程。

2 治療師設定流程，但模糊不清或未完成。

4 治療師與案主共同合作設定成熟滿意的流程，包含特定的目標問題（如工作焦慮、對婚姻不滿）。

6 治療師與案主共同合作針對問題設定合宜的流程，且時間充足，並且有建立優先順序及遵照流程進行。

____ 2.回饋

0 治療師沒有詢問案主給予回饋，用以確認案主對於會談的瞭解或回應。

2 治療師引導案主給予回饋，但是沒有提出足夠的問題確認案主瞭解治療師在會談中的主軸或是案主是否滿意會談。

4 治療師詢問足夠的問題以確保案主瞭解治療師會談的主軸，也確認案主對於會談的回應。治療師依據案主的這些回應，適當調整自己的行為。

6 治療師在會談中對於案主的口語或非口語回饋，皆能夠熟練的引導與回應（例如引導對會談的回應、定期確認案主是否瞭解、會談尾聲幫助做重點摘要）

____ 3.理解

0 治療師一再地無法理解案主所說的內容，並且失去重點。同理技巧貧乏。

2 治療師通常可以具體的回應、改述案主的陳述，但是常常無法對隱微的主題做出回應。在傾聽與同理的能力方面有限。

4 治療師常常可以透過案主口頭表達的訊息以及其他方式所呈現出來的溝通訊息，理解案主「內在」的狀態。在傾聽與同理上能力佳。

6 治療師似乎可以理解案主的「內在」世界，並且可以徹底熟練的因為這種理解而對案主做出合宜的口語、非口語回應（治療師回應的音調傳達出對案主訊息同理式的理解）。有極佳的傾聽與同理能力。

____ 4. 人際效能

0 治療師人際技巧貧乏，對案主感覺有敵意、貶低對方，或是消極無幫助的。

2 治療師不會消極，但是很明顯的有人際問題。有時候治療師會出現不必要的沒耐心、冷漠、無誠意，或是難以表達信心與效能感。

4 治療師表現出令人滿意的溫暖、關懷、自信、同理與專業。沒有明顯的人際問題。

6 治療師表現出理想的溫暖、關懷、自信、同理及專業，且適合會談中的案主。

____ 5. 合作

0 治療師沒有與案主合作的意圖。

2 治療師試圖與案主合作，但是在定義案主關注的問題或是建立關係上有困難。

4 治療師能夠與案主合作，聚焦在案主與治療師關切的重要議題上，並且發展治療同盟。

6 合作關係良好；治療師鼓勵案主盡可能在會談中以積極主動的角色進入（如透過提供機會的方式邀請案主），讓兩者能夠像團隊一樣工作。

____ 6. 時間利用

0 治療師在會談的時間結構上沒有處理好，會談似乎漫無目的。

2 會談較有方向，但是治療師在結構或掌握時間上有明顯的困難（比如太少結構性、結構缺乏彈性、步調太慢、太快等）。

4 治療師能夠合理而成功的利用時間；治療師能夠合宜的掌握治療的時間與速度。

6 治療師利用時間有效率，能聰明的限制無關的話題，並且能掌握適合案主的會談節奏。

## 第二部分　概念、策略與技術

____ 7.引導發現

0 治療師常常出現辯論、說服、責備等言語。治療師似乎不斷在考驗案主，使案主變得防衛；或是強迫案主接受自己的觀點。

2 治療師太過於使用說服與辯論的方式，而不是去引導案主發現。然而治療師對案主整體的支持度是足夠的，因此案主並不會有感受到被攻擊或有防衛反應。

4 治療師大部分的時候可以引導案主從新的觀點看事情（像是檢驗證據、思考其他可能、好壞缺失的權重），而不是透過辯論的方式要對方接受。治療師在應用問題上合宜。

6 治療師在會談中能夠聰穎的利用引導發現技巧來探索問題，並且幫助案主得到新的結論，在技巧與其他介入間達到一種新的平衡。

____ 8.聚焦在關鍵認知或行為

0 治療師沒有導引出特定的想法、假設、心像、意義或行為。

2 治療師使用合宜的技術來導引出案主的認知或行為；然而治療師難以找到癥結，或是聚焦在無關的認知與行為問題上。

4 治療師聚焦在與案主問題相關的特定認知與行為上；然而治療師可能太過聚焦在過多核心認知或行為上，以致於對進程給予太多的承諾。

6 治療師能夠技巧性的聚焦在關鍵想法、假設與行為上。且這些和案主的問題有密切相關，治療師並能提供合理的進步保證。

____ 9.改變的策略（注意：這個選項的重點在治療師用以改變所採行的策略品質，而不是治療師能夠多有效的應用它，也不是治療是否真的有改變）

　　0　治療師沒有選擇認知行為技巧。

　　2　治療師選擇了認知行為技巧，然而對於這些應用來改變的技巧似乎不太清楚，或是看起來與案主的改變無關。

　　4　治療師可以使用一致的策略達成改變，且有合理的保證，以及能將這些策略融入認知行為技巧。

　　6　治療師使用一致的策略達成改變，且所採用的策略合理，融入了合宜適切的認知行為技巧。

____ 10.認知行為技術的應用（注意：在這個選項中，重點在於技巧使用的技術性，而不是技巧使用的適合性，也不是有無造成改變）

　　0　治療師沒有使用任何認知行為技巧。

　　2　治療師使用認知行為技巧，但是在使用上有瑕疵。

　　4　治療師使用認知行為技巧有中等的程度。

　　6　治療師非常有技巧以及機智地使用認知行為技巧。

____ 11.家庭作業

　　0　治療師沒有分派與認知行為治療相關的家庭作業。

　　2　治療師在分派家庭作業部分有明顯的困難（像是：沒有回顧先前的作業、沒有充分地解釋作業、作業分派不合宜）。

　　4　治療師回顧案主先前的家庭作業，並且分派與治療主題相關的「標準的」認知治療家庭作業，且治療師有充分地解釋家庭作業。

　　6　治療師回顧先前的家庭作業，並且以認知治療為架構，仔細小心的分派當週的家庭作業，且作業的「制定」是協助案主能夠將會談中所學到的納入新觀點、檢驗假設、行為實驗等精神。

## 第三部分　其他考量

____ 12 a.在本次會談中有無任何其他特別的問題出現（像是不做家庭作業、在案主與治療師之間出現人際議題、對於接續的治療感到無望、疾病復發）？

（　　）是（　　）否

____ 12 b.以下描述何者為真？

0 治療師無法適當的處理在會談中出現的特定問題。

2 治療師適切的處理會談中所出現的特定問題，但是所使用的策略或架構與認知療法不一致。

4 治療師試圖以認知的架構來處理會談中的特別議題，且在技巧的應用上有中等水準。

6 治療師相當善於以認知的架構及技巧來處理會談中的特別議題。

____ 13.在會談中是否有任何明顯不尋常的原因導致治療師無法以本評量所提供的格式進行標準評估？

（　　）是（請詳述原因）

_____

_____

_____

_____

（　　）否

## 第四部分　整體評估與意見

_____ 14.對於身為認知治療師的整體表現，您會給受試者幾分的成績？

| 0 | 1 | 2 | 3 | 4 | 5 | 6 |
|---|---|---|---|---|---|---|
| 差 | 勉強可以 | 普通 | 滿意 | 佳 | 很好 | 非常好 |

_____ 15.如果您即將要進行一項認知治療的研究，您覺得您這次會選擇
受試者加入研究嗎（本會談是否有代表性）？

| 0 | 1 | 2 | 3 | 4 |
|---|---|---|---|---|
| 完全不會 | 可能不會 | 一半一半 | 應該會 | 絕對會 |

_____ 16. 您覺得與案主工作的難易度為何？

| 0 | 1 | 2 | 3 | 4 | 5 | 6 |
|---|---|---|---|---|---|---|
| 接受度高　無困難 | | | 中等困難 | | | 極端困難 |

_____ 17.對治療師改善的任何意見或建議：

_____

_____

_____

_____

_____

____　18.**整體評估**

請針對治療師在紀錄中的技巧表現，提供整體性的評估分數，並圈出適當的數字。

| 評分 | 0 | 1 | 2 | 3 | 4 | 5 |
|---|---|---|---|---|---|---|
| | 不適切 | 一般 | 尚可 | 可 | 佳 | 極佳 |

# 參考書目

Alford, B. A., & Beck, A. T. (1997). *The integrative power of cognitive therapy.* New York: Guilford Press.

American Psychiatric Association. (2000). *Diagnostic and statistical manual of mental disorders* (4th ed., text rev.). Washington, DC: Author.

Antony, M. M., & Barlow, D. H. (Eds.). (2010). *Handbook of assessment and treatment planning for psychological disorders* (2nd ed.). New York: Guilford Press.

Arnkoff, D. B., & Glass, C. R. (1992). Cognitive therapy and psychotherapy integration. In D. K. Freedheim (Ed.), *History of psychotherapy: A century of change* (pp. 657–694). Washington, DC: American Psychological Association.

Barlow, D. H. (2002). *Anxiety and its disorders: The nature and treatment of anxiety and panic* (2nd ed.). New York: Guilford Press.

Beck, A. T. (1964). Thinking and depression: II. Theory and therapy. *Archives of General Psychiatry, 10,* 561–571.

Beck, A. T. (1967). *Depression: Causes and treatment.* Philadelphia: University of Pennsylvania Press.

Beck, A. T. (1976). *Cognitive therapy and the emotional disorders.* New York: International Universities Press.

Beck, A. T. (1987). Cognitive approaches to panic disorder: Theory and therapy. In S. Rachman & J. Maser (Eds.), *Panic: Psychological perspectives* (pp. 91–109). Hillsdale, NJ: Erlbaum.

Beck, A. T. (1999). Cognitive aspects of personality disorders and their relation to syndromal disorders: A psychoevolutionary approach. In C. R. Cloninger (Ed.), *Personality and psychopathology* (pp. 411–429). Washington, DC: American Psychiatric Press.

Beck, A. T. (2005). The current state of cognitive therapy: A 40-year retrospective. *Archives of General Psychiatry, 62,* 953–959.

Beck, A. T., & Beck, J. S. (1991). *The personality belief questionnaire.* Bala Cynwyd, PA: Beck Institute for Cognitive Behavior Therapy.

Beck, A. T., & Emery, G. (with Greenberg, R. L.). (1985). *Anxiety disorders and phobias: A cognitive perspective.* New York: Basic Books.

Beck, A. T., Freeman, A., Davis, D. D., & Associates. (2004). *Cognitive therapy of personality disorders* (2nd ed.). New York: Guilford Press.

Beck, A. T., Rush, A. J., Shaw, B. F., & Emery, G. (1979). *Cognitive therapy of depression.* New York: Guilford Press.

Beck, A. T., Wright, F. D., Newman, C. F., & Liese, B. S. (1993). *Cognitive therapy of substance abuse.* New York: Guilford Press.

Beck, J. S. (2001). A cognitive therapy approach to medication compliance. In J. Kay (Ed.), *Integrated treatment of psychiatric disorders* (pp. 113–141). Washington, DC: American Psychiatric Publishing.

Beck, J. S. (2005). *Cognitive therapy for challenging problems: What to do when the basics don't work.* New York: Guilford Press.

Beck, J. S. (2011). *Cognitive behavior therapy worksheet packet* (3rd ed.). Bala Cynwyd, PA: Beck Institute for Cognitive Behavior Therapy.

Bennett-Levy, J., Butler, G., Fennell, M., Hackman, A., Mueller, M., & Westbrook, D. (Eds.). (2004). *Oxford guide to behavioral experiments in cognitive therapy*. Oxford, UK: Oxford University.

Benson, H. (1975). *The relaxation response*. New York: Avon.

Burns, D. D. (1980). *Feeling good: The new mood therapy*. New York: Signet.

Butler, A. C., Chapman, J. E. Forman, E. M., & Beck, A. T. (2006). The empirical status of cognitive-behavioral therapy: A review of meta-analyses. *Clinical Psychology Review, 26*, 17–31.

Chambless, D., & Ollendick, T. H. (2001). Empirically supported psychological interventions. *Annual Review of Psychology, 52*, 685–716.

Chiesa A., & Serretti, A. (2010a). Mindfulness based cognitive therapy for psychiatric disorders: A systematic review and meta-analysis. *Psychiatry Research*.

Chiesa A., & Serretti, A. (2010b). A systematic review of neurobiological and clinical features of mindfulness mediation. *Psychological Medicine, 40*, 1239–1252.

Clark, D. A., & Beck, A. T. (2010). *Cognitive therapy of anxiety disorders: Science and practice*. New York: Guilford Press.

Clark, D. A., Beck, A. T., & Alford, B. A. (1999). *Scientific foundations of cognitive theory and therapy of depression*. Hoboken, NJ: Wiley.

Clark, D. M. (1989). Anxiety states: Panic and generalized anxiety. In K. Hawton, P. M. Salkovskis, J. Kirk, & D. M. Clark (Eds.), *Cognitive-behavior therapy for psychiatric problems: A practical guide* (pp. 52–96). New York: Oxford University Press.

D'Zurilla, T. J., & Nezu, A. M. (2006). *Problem-solving therapy: A positive approach to clinical intervention* (3rd ed.). New York: Springer.

Davis, M., Eshelman, E. R., & McKay, M. (2008). *The relaxation and stress reduction workbook* (6th ed.). Oakland, CA: New Harbinger.

DeRubeis, R. J., & Feeley, M. (1990). Determinants of change in cognitive therapy for depression. *Cognitive Therapy and Research, 14*, 469–482.

Dobson, D., & Dobson, K. S. (2009). *Evidence-based practice of cognitive-behavioral therapy*. New York: Guilford Press.

Dobson, K. S., & Dozois D. J. A. (2009). Historical and philosophical bases of the cognitive-behavioral therapies. In K. S. Dobson (Ed.), *Handbook of cognitive-behavioral therapies* (3rd ed., pp. 3–37). New York: Guilford Press.

Edwards, D. J. A. (1989). Cognitive restructuring through guided imagery: Lessons from Gestalt therapy. In A. Freeman, K. M. Simon, L. E. Beutler, & H. Arkowitz (Eds.), *Comprehensive handbook of cognitive therapy* (pp. 283–297). New York: Plenum Press.

Ellis, A. (1962). *Reason and emotion in psychotherapy*. New York: Lyle Stuart.

Evans, J. M. G., Hollon, S. D., DeRubeis, R. J., Piasecki, J. M., Grove, W. M., Garvey, M. J., et al. (1992). Differential relapse following cognitive therapy and pharmacology for depression. *Archives of General Psychiatry, 49*, 802–808.

Feeley, M., DeRubeis, R. J., & Gelfand, L. A. (1999). The temporal relation of adherence and alliance to symptom change in cognitive therapy for depression. *Journal of Consulting and Clinical Psychology, 67*, 578–582.

Foa, E. B., & Rothbaum, B. O. (1998). *Treating the trauma of rape: Cognitive-behavioral therapy for PTSD*. New York: Guilford Press.

Frisch, M. B. (2005). *Quality of life therapy*. New York: Wiley.

Garner, D. M., & Bemis, K. M. (1985). Cognitive therapy for anorexia nervosa. In D. M. Garner & P. E. Garfinkel (Eds.), *Handbook of psychotherapy for anorexia nervosa and bulimia* (pp. 107–146). New York: Guilford Press.

Goldapple, K., Segal, Z., Garson, C., Lau, M., Bieling, P., Kennedy, S., et al. (2004). Modulation of cortical–limbic pathways in major depression. *Archives of General Psychiatry, 61*, 34–41.

Goldstein, A., & Stainback, B. (1987). *Overcoming agoraphobia: Conquering fear of the outside world*. New York: Viking Penguin.

Greenberg L. S. (2002). *Emotion focused therapy: Coaching clients to work through their feelings*. Washington, DC: American Psychological Association.

Hayes, S. C., Follette, V. M., & Linehan, M. M. (Eds.). (2004). *Mindfulness and acceptance: Expanding the cognitive-behavioral tradition*. New York: Guilford Press.

Holland, S. (2003). Avoidance of emotion as an obstacle to progress. In R. L. Leahy (Ed.), *Roadblocks in cognitive-behavioral therapy: Transforming challenges into opportunities for change* (pp. 116–131). New York: Guilford Press.

Hollon, S. D., & Beck, A. T. (1993). Cognitive and cognitive-behavioral therapies. In A. E. Bergin & S.L. Garfield (Eds.), *Handbook of psychotherapy and behavior change: An empirical analysis* (4th ed., pp. 428–466). New York: Wiley.

Hollon, S. D., DeRubeis, R. J., & Seligman, M. E. P. (1992). Cognitive therapy and the prevention of depression. *Applied and Preventive Psychiatry, 1*, 89–95.

Jacobson, E. (1974). *Progressive relaxation*. Chicago: University of Chicago Press, Midway Reprint.

Kabat-Zinn, J. (1990). *Full catastrophe living*. New York: Delta.

Kazantzis, N., Deane, F. P., Ronan, K. R., & Lampropoulos, G. K. (2005). Empirical foundations. In N. Kazantzis, F. P. Deane, K. R. Ronan, & L. L'Abate (Eds.), *Using homework assignments in cognitive behavior therapy* 35–60). New York: Routledge.

Kazantzis, N., Whittington, C., & Dattilio, F. (2010). Meta-analysis of homework effects in cognitive and behavioral therapy: A replication and extension. *Clinical Psychology: Science and Practice, 17*, 144–156.

Khanna, M. S., & Kendall, P. C. (2010). Computer-assisted cognitive-behavioral therapy for child anxiety: Result of a randomized clinical trial. *Journal of Consulting and Clinical Psychology, 78*, 737–745.

Kuyken, W., Padesky, C. A., & Dudley, R. (2009). *Collaborative case conceptualization: Working effectively with clients in cognitive behavioral therapy*. New York: Guilford Press.

Layden, M. A., Newman, C. F., Freeman, A., & Morse, S. B. (1993). *Cognitive therapy of borderline personality disorder*. Needham Heights, MA: Allyn & Bacon.

Lazarus, A. A., & Lazarus, C. N. (1991). *Multimodal life history inventory*. Champaign, IL: Research Press.

Leahy, R. L. (2003). Emotional schemas and resistance. In R. L. Leahy (Ed.), *Roadblocks in cognitive-behavioral therapy: Transforming challenges into opportunities for change* (pp.91–115). New York: Guilford Press.

Leahy, R. L. (2010). *Beat the blues before they beat you: How to overcome depression*. Carlsbad, CA: Hay House.

Ledley, D. R., Marx, B. P., & Heimberg R. G. (2005). *Making cognitive-behavioral therapy work: Clinical process for new practitioners*. New York: Guilford Press.

Lewinsohn, P. M., Sullivan, J. M., & Grosscup, S. J. (1980). Changing reinforcing events: An approach to the treatment of depression. *Psychotherapy: Theory, Research, Practice, and Training, 17*(3), 322–334.

Linehan, M. M. (1993). *Cognitive-behavioral treatment of borderline personality disorder.* New York: Guilford Press.

Ludgate, J. W. (2009). *Cognitive-behavioral therapy and relapse prevention for depression and anxiety.* Sarasota, FL: Professional Resource.

MacPhillamy, D. J., & Lewinsohn, P. M. (1982). The pleasant events schedule: Studies on reliability, validity, and scale intercorrelation. *Journal of Consulting and Clinical Psychology, 50,* 363–380.

Martell, C., Addis, M., & Jacobson, N. (2001). *Depression in context: Strategies for guided action.* New York: Norton.

McCown, D., Reibel, D., & Micozzi, M. S. (2010). *Teaching mindfulness: A practical guide for clinicians and educators.* New York: Springer.

McCullough, J. P., Jr. (1999). *Treatment for chronic depression: Cognitive behavioral analysis system of psychotherapy.* New York: Guilford Press.

McKay, M., Davis, M., & Fanning, P. (2009). *Messages: The communication skills book* (2nd ed.). Oakland, CA: New Harbinger.

McKay, M., & Fanning, P. (1991). *Prisoners of belief.* Oakland, CA: New Harbinger.

McMullin, R. E. (1986). *Handbook of cognitive therapy techniques.* New York: Norton.

Meichenbaum, D. (1977). *Cognitive-behavior modification: An integrative approach.* New York: Plenum Press.

Needleman, L. D. (1999). *Cognitive case conceptualization: A guidebook for practitioners.* Mahwah, NJ: Erlbaum.

Niemeyer, R. A., & Feixas, G. (1990). The role of homework and skill acquisition in the outcome of group cognitive therapy for depression. *Behavior Therapy, 21*(3), 281–292.

Persons, J. B. (2008). *The case formulation approach to cognitive-behavior therapy.* New York: Guilford Press.

Persons, J. B., Burns, D. D., & Perloff, J. M. (1988). Predictors of dropout and outcome in cognitive therapy for depression in a private practice setting. *Cognitive Therapy and Research, 12,* 557–575.

Raue, P. J., & Goldfried, M. R. (1994). The therapeutic alliance in cognitive-behavioral therapy. In A. O. Horvath & L. S. Greenberg (Eds.), *The working alliance: Theory, research, and practice* (pp. 131–152). New York: Wiley.

Resick, P. A., & Schnicke, M. K. (1993). *Cognitive processing therapy for rape victims: A treatment manual.* Newbury Park, CA: Sage.

Riso, L. P., du Toit, P. L., Stein, D. J., & Young, J. E. (2007). *Cognitive schemas and core beliefs in psychological problems.* Washington, DC: American Psychological Association.

Rosen, H. (1988). The constructivist–development paradigm. In R. A. Dorfman (Ed.), *Paradigms of clinical social work* (pp. 317–355). New York: Brunner/Mazel.

Rush, A. J., Beck, A. T., Kovacs, M., & Hollon, S. D. (1977). Comparative efficacy of cognitive therapy and pharmacotherapy in the treatment of depressed outpatients. *Cognitive Therapy and Research, 1*(1), 17–37.

Safran, J. D., Vallis, T. M., Segal, Z. V., & Shaw, B. F. (1986). Assessment of core cognitive processes in cognitive therapy. *Cognitive Therapy and Research, 10,* 509–526.

Salkovskis, P. M. (1996). The cognitive approach to anxiety: Threat beliefs, safety-seeking behavior, and the special case of health anxiety obsessions. In P. M. Salkovskis (Ed.), *Frontiers of cognitive therapy: The state of the art and beyond* (pp. 48–74). New York: Guilford Press.

Shadish, W. R., Matt, G. E., Navarro, A. M., & Phillips, G. (2000). The effects of psychological therapies under clinically representative conditions: A meta-analysis. *Psychological Bulletin, 126,* 512–529.

Simons, A. D., Padesky, C. A., Montemarano, J., Lewis, C. C., Murakami, J., Lamb, K., et al. (2010). Training and dissemination of cognitive behavior therapy for depression in adults: A preliminary examination of therapist competence and client outcomes. *Journal of Consulting and Clinical Psychology, 78,* 751–756.

Smucker, M. R., & Dancu, C. V. (1999). *Cognitive behavioral treatment for adult survivors of childhood trauma: Imagery rescripting and reprocessing.* Northvale, NJ: Aronson.

Stirman, S. W., Buchhofer, R., McLaulin, B., Evans, A. C., & Beck, A. T. (2009). Public–academic partnerships: The Beck initiative: A partnership to implement cognitive therapy in a community behavioral health system. *Psychiatric Services, 60,* 1302–1304.

Tarrier, N. (Ed.). (2006). *Case formulation in cognitive behaviour therapy: The treatment of challenging and complex cases.* New York: Routledge.

Tompkins, M. A. (2004). *Using homework in psychotherapy: Strategies, guidelines, and forms.* New York: Guilford Press.

Weissman, A. N., & Beck, A. T. (1978). *Development and validation of the Dysfunctional Attitude Scale: A preliminary investigation.* Paper presented at the annual meeting of the American Educational Research Association, Toronto, Canada.

Wenzel, A. Brown, G. K., & Beck, A. T. (2008). *Cognitive therapy for suicidal patients: Scientific and clinical applications.* Washington, DC: American Psychological Association.

Williams, J. M. G., Teasdale, J. D., Segal, Z. V., & Kabat-Zinn, J. (2007). *The mindful way through depression: Freeing yourself from chronic unhappiness.* New York: Guilford Press.

Wright, J. H., Basco, M. R., Thase, M. E. (2006). *Learning cognitive-behavior therapy: An illustrative guide.* Arlington, VA: American Psychiatric Publishing.

Wright, J. H., Wright, A. S., Salmon, P., Beck, A. T., Kuykendall, J., & Goldsmith, J. (2002). Development and initial testing on a multimedia program for computer-assisted cognitive therapy. *American Journal of Psychotherapy, 56,* 76–86.

Young, J. E. (1999). *Cognitive therapy for personality disorders: A schema-focused approach* (3rd ed.). Sarasota, FL: Professional Resource.

Young, J. E., & Klosko, J. (1994). *Reinventing your life: How to break free of negative life patterns.* New York: Dutton Press.

Young, J. E., Klosko, J. S., & Weishaar, M. E. (2003). *Schema therapy: A practitioner's guide.* New York: Guilford Press.

心理學叢書

## 認知治療：基礎與進階

作　　者 / Judith S. Beck
譯　　者 / 陳品皓、羅悟悟、曾孟頤、蔡佳縈
出 版 者 / 揚智文化事業股份有限公司
發 行 人 / 葉忠賢
總 編 輯 / 閻富萍
地　　址 / 新北市深坑區北深路三段 258 號 8 樓
電　　話 / (02)8662-6826
傳　　真 / (02)2664-7633
網　　址 / http://www.ycrc.com.tw
 E-mail / service@ycrc.com.tw
 I S B N / 978-986-298-156-6
二版一刷 / 2014 年 12 月
二版四刷 / 2020 年 6 月
定　　價 / 新台幣 580 元

＊本書如有缺頁、破損、裝訂錯誤，請寄回更換＊

國家圖書館出版品預行編目（CIP）資料

認知治療：基礎與進階 / Judith S. Beck 著；陳
品皓等譯. -- 初版. -- 新北市：揚智文化，
2014. 12
　　面 ；　公分. --（心理學叢書）
譯自：Cognitive behavior therapy: basics
and beyond, 2nd ed.
　ISBN　978-986-298-156-6（平裝）


　1.心理治療

178.8　　　　　　　　　　　　　103017983